rowohlt
BERLIN

Jan Roß

BILDUNG –

EINE ANLEITUNG

Rowohlt · Berlin

Originalausgabe
Veröffentlicht im Rowohlt · Berlin Verlag,
Berlin, Februar 2020

Satz aus der DTL Documenta
bei Dörlemann Satz, Lemförde
Druck und Bindung
CPI books GmbH, Leck, Germany
ISBN 978-3-7371-0047-2

Meinen Söhnen
Leo und Benedikt

INHALT

Einleitung:

UNSERE UNSICHTBAREN HELFER

In den vergangenen fünf Jahren habe ich in Indien gelebt, als Korrespondent der Wochenzeitung «Die Zeit». Bald nach meiner Ankunft im Land lernte ich einen jungen Autor aus Kaschmir kennen, der paradiesisch schönen und wie von der Geschichte verfluchten Region zu Füßen des Himalaya. Kaschmir ist die einzige mehrheitlich muslimische Provinz im mehrheitlich hinduistischen Indien, viele Kaschmiris wollen nicht zu Indien gehören und hassen den indischen Staat als Besatzungsmacht, gewaltsamer Widerstand trifft auf brutale Repression. Der Kaschmirkonflikt ist ein Desaster wie die Palästinafrage, genauso traumatisch und hoffnungslos und auf allen Seiten schmutzig – nur eines, über das man im Westen viel weniger weiß und für das man sich kaum interessiert. Basharat Peer, der Autor, war mit dem Bürgerkrieg aufgewachsen und hatte ein Buch darüber geschrieben: Demonstrationen, Kontrollposten und Razzien; Dorfjungen, die zu den antiindischen Milizen gingen und nie wiederkamen; das «Verhörzentrum» der Sicherheitskräfte, aus dem die Schreie der geprügelten Gefangenen in die Schlafsäle des benachbarten Schulgebäudes drangen.

Jetzt saßen wir an einem schönen Frühlingsnachmittag auf der Dachterrasse eines Cafés in Delhi, mit Blick in die Wipfel der Bäume, die zu den umliegenden Villen gehörten. Basharat war gerade mit einem neuen Projekt fertig geworden, der Arbeit an einem Drehbuch. Kino ist in Indien eine

Angelegenheit von nationaler Bedeutung (wie sonst nur Kricket), und «Haider», nach Basharats Drehbuch entstanden, war der erste Film, der den Kampf zwischen Staat und Rebellen in Kaschmir realistisch darstellte, ohne falsche patriotische Rücksichten auf die Ehre von Polizei und Militär. Doch neben seiner politischen Brisanz war noch etwas ungewöhnlich an diesem Kinostück. «Haider» war eine Neubearbeitung von William Shakespeares «Hamlet».

Basharat Peer erzählte mir, er habe in Shakespeares Tragödie die Tragödie seiner eigenen Heimat wiedergefunden. Ein Regisseur, der schon zwei Filme nach Shakespeare-Dramen gedreht hatte, wollte noch einen dritten versuchen, am liebsten über Kaschmir, und hatte Basharat um Hilfe gebeten. Der Autor nahm sich den «Hamlet» vor und stolperte darüber, dass Dänemark, der Schauplatz der Handlung, im Stück ein «Gefängnis» genannt wird – für ihn klang das nach Kaschmir mit seinen allgegenwärtigen Kasernen, den dauernden Ausgangssperren und dem Hausarrest für Oppositionelle. An Kaschmir erinnerte ihn auch das politisch vergiftete Klima von Misstrauen und Verrat, das in «Hamlet» herrscht, bis in die Familie hinein: «dass der Bruder den Bruder tötet», wie er mir an diesem Nachmittag sagte, «dass deine eigenen Leute deine Feinde werden».

Bei Shakespeare hat Hamlets Onkel Hamlets Vater ermordet und Hamlets Mutter geheiratet – das ist der Hintergrund, das treibende Motiv, des ganzen Dramas. Hamlet muss das Verbrechen rächen und kann sich nicht dazu durchringen, das macht ihn zur tragischen Figur. In Basharats Peers Filmversion «Haider» ist der Vater ein Arzt, der verwundete Guerillakämpfer versorgt, und sein Onkel ein

Anwalt, der mit dem indischen Sicherheitsapparat kollaboriert und dabei seinen Bruder beseitigen lässt. Der Sohn, der auswärts studiert, kehrt nach Hause zurück, um das Verschwinden seines Vaters aufzuklären. Er findet heraus, wer der Schuldige ist, er sollte den Täter zur Rechenschaft ziehen, aber wie Hamlet blockieren ihn Depression, eine komplizierte Mutterbindung und moralische Skrupel. Das Zweifeln und Zögern, die innere Gespaltenheit, Markenzeichen von Shakespeares melancholischem Prinzen, die ihn zur wahrscheinlich berühmtesten Figur der Weltliteratur gemacht haben – das alles kam Basharat vollkommen vertraut und wirklichkeitsnah vor: «Das Zerrissensein, das ist die Realität von Kaschmir.» Hamlets Problem war sein eigenes, er war auch kein revolutionärer Tatmensch geworden, kein Rächer der Ungerechtigkeit, sondern ein Intellektueller.

Als wir uns damals in Delhi unterhielten, war ich noch nie in Kaschmir gewesen. Erst später in meiner Korrespondentenzeit bin ich hingereist, um darüber zu schreiben. Aber ich kannte den «Hamlet». Die klaustrophobische Atmosphäre von Staatskontrolle und Familienrücksichten, in der Shakespeares Held keine Luft zum Atmen bekommt und wo er zwischen Widerstand und Lähmung zerrieben wird, verriet mir mehr über Kaschmir als alle politischen Studien und Artikel, die ich darüber gelesen hatte. Ich konnte mich auf einmal in diese fremde Welt hineinversetzen, ich konnte mitfühlen und begreifen. Shakespeare und sein Werk stifteten etwas Gemeinsames, Verbindendes zwischen Basharat und mir. Sie hatten ihm eine Sprache gegeben, um eine sonst kaum vermittelbare Erfahrung auszudrücken, und mir die Fähigkeit, sie zu verstehen. Ein vier Jahrhunderte altes

Stück eines Engländers brachte im Jahr 2014 einen Inder (der keiner sein wollte) und einen Deutschen zusammen, eine urabendländische Geschichte lieferte den Schlüssel zu einem aktuellen politischen Konflikt in Asien. Ein Kunst- oder Gedankenwerk, das so etwas kann, nennen wir einen Klassiker.

Solche Erlebnisse sind gemeint, wenn in diesem Buch von Bildung die Rede ist. Bildung ist, was solche Erlebnisse möglich macht. Es sind Glückserlebnisse. Sie sind nichts Mühsames und Pflichtmäßiges, sie gehören in den Schubladen meines Bewusstseins nicht mit Anstrengungen wie Lernen und Arbeit zusammen, nicht mit kalten, technischen Begriffen wie Information oder Kompetenz, sondern mit dem, was das Leben lebenswert macht: Liebe und Freundschaft, Reisen und Natur. Bildung ist etwas Existenzielles und Menschliches, sie geht nicht bloß unseren Kopf an, sondern auch unser Herz und unsere Seele. Mein Buch soll die Leserinnen und Leser mit dieser Freude anstecken und ihnen dabei helfen, selbst ähnliche Erfahrungen zu machen. Es ist eine Einladung und Anleitung, das sogenannte kulturelle Erbe in Besitz zu nehmen und sich darin zu Hause zu fühlen, als wirkliche Erben: als Töchter und Söhne, denen dieser einschüchternde und etwas verödete Geistespalast und sein antikes Mobiliar tatsächlich gehören.

«Bildung» ist ein abschreckendes Wort. Es klingt streberhaft, nach ehrgeizigen Eltern, die angestrengt die perfekte Schule für ihre Kinder suchen. Oder bürokratisch, nach Kultusministerkonferenz. Oder altmodisch und elitär, als würde man einer Zeit nachtrauern, da der Weg in die bessere Gesellschaft mit Goethezitaten und einem humanistischen Abitur gepflastert war. Um nichts davon wird es in diesem Buch gehen. Ich bin kein Bildungspolitiker und kein Didaktikexperte, ich will weder für das Gymnasium noch für die Gesamtschule werben, ich werde nicht zu beweisen versuchen, dass das Lateinlernen für das Medizinstudium nützlich ist, und ebenso wenig aufzählen, welche Bücher man gelesen haben muss, um auf jeder Party mitreden zu können.

Denn jenseits von Karriere, Politik und Angeberei bedeutet Bildung etwas sehr Einfaches: dass wir nicht allein sind beim Versuch, das Leben zu meistern und die Welt zu verstehen. Wenn wir die Geschöpfe eines großen Dichters wie Shakespeare einmal kennengelernt haben, im Buch oder auf dem Theater, dann begleiten sie uns wie Freunde, ihre Reden sprechen zu uns, ihre Erfahrungen werden unsere, sie stehen uns kaum weniger lebendig vor Augen als wirkliche Menschen. In der Depression (oder in der politischen Vereinsamung) haben wir Hamlet an unserer Seite. In der unglücklichen, von gesellschaftlichen Vorurteilen und familiärer Engstirnigkeit kaputtgemachten Liebe: Romeo und Julia. In der Eifersucht: Othello. Die Welt bekommt durch das Paralleluniversum der Klassiker eine Dimension hinzu, sie wird größer und tiefer, aber auch vertrauter, voller Bezugs- und Anknüpfungspunkte, voller Chancen, sich zu vergleichen und wiederzuerkennen.

Während meines Studiums in Tübingen hat uns mein Lehrer, der Philologe und Rhetorikprofessor Walter Jens (damals für mich der Inbegriff eines gebildeten Menschen), einmal erklärt, warum in der Literatur der alten Griechen die

Götter- und Heldengeschichten eine so enorme Rolle spielen. Sein Beispiel: Vor mehr als zweieinhalb Jahrtausenden hat die Lyrikerin Sappho, die erste Autorin der Weltliteratur, ein Liebesgedicht verfasst, in dem sie über die Trennung von einer Freundin klagt. Das Thema ist rein persönlich und intim. Aber die Macht der Gefühle erklärt Sappho überhaupt nicht privat, sondern mit einer scheinbar weit hergeholten Sagenerzählung: Sie erinnert sich an die Geschichte von Helena, der schönsten Frau der Welt, verheiratet mit dem besten Mann, dem König von Sparta, die plötzlich und ohne Rücksicht ihre Ehe, ihre Familie und ihre Heimat zurücklässt, als die Liebesgöttin Aphrodite sie mit Verlangen nach dem jungen trojanischen Prinzen Paris erfüllt. Der «Raub der Helena» war der berüchtigtste Skandal der Antike, der Vorfall, der den Trojanischen Krieg ausgelöst hat.

Doch was hat das alles in Sapphos Gedicht zu suchen, warum redet sie nicht einfach im eigenen Namen von ihrer Sehnsucht und ihrem Schmerz, warum hängt sie sich an ein sagenhaftes und literarisches Vorbild an? Die Antwort lautet: weil sie dann nicht mehr allein ist. Das mythische Modell hilft ihr, das eigene Schicksal, die Überwältigung durch die Übermacht der Liebe, zu verstehen und zu ertragen, es in einen größeren Rahmen zu stellen, die Sprachlosigkeit des Unglücks zu überwinden. Der Dichterin geht es elend, aber um ihre Schultern liegt ein sagenhafter Königinnenmantel und verleiht ihr Würde. Die Helena-Geschichte verbindet Sappho mit einer geistigen Heimat, einem Kosmos von Sinn und Bedeutung, einer inneren Welt, die ihr niemand zu nehmen und die niemand zu zerstören vermag. So wie das Hamlet-Drama es für Basharat Peer und seine

Kaschmiris getan hat. So wie Sapphos uraltes Gedicht es für eine Liebende oder einen Liebenden von heute tun kann.

Mit dem Erbe von Dichtung und Kunst, aber auch von Geschichte, Wissenschaft und Philosophie sind wir wie mit einer Wolke von guten Geistern umgeben – und Bildung bedeutet, das magische Losungswort zu kennen, mit dem wir diese Geister zum Sprechen bringen und zu Hilfe rufen können. Lesern und Kinozuschauern von «Harry Potter» ist der «Patronuszauber» vertraut, mit dem man in der Not, als Beistand gegen die Mächte der Finsternis, die Erinnerung an das Liebste und Beste im Leben heraufzubeschwören vermag, wie einen Talisman. Bildung ist der Patronuszauber der Menschheit – und für jeden von uns.

Im Kampf um die Gerechtigkeit mobilisiert sie die Propheten des Alten Testaments, die im Namen Gottes gegen die Reichen und Mächtigen ihrer Zeit gewettert haben – aber ebenso die atheistischen Propheten des Sozialismus, Marx und Engels. Zum Dilemma, ob wir für eine gute Sache lügen oder Krieg führen dürfen, holt sie Rat bei einem wunderlichen preußischen Junggesellen, der seine Stadt nie verließ und die ganze Welt im Kopf hatte, namens Immanuel Kant. Zur Verantwortung des Wissenschaftlers hört sie als Zeugen Galileo Galilei, der wusste, dass sich die Erde um die Sonne dreht und diese Wahrheit öffentlich verleugnete, weil die Kirche ihn dazu zwang und er sich vor der Folter fürchtete. Das alles sind keine toten Autoritäten, es sind unsichtbare Zeitgenossen, die für uns mitdenken, mitentdecken, mitempfinden. Bildung heißt nicht, sich Kenntnisse und Fähigkeiten anzutrainieren, sondern sich einer Gemeinschaft anzuschließen, einer Schwestern- und Bruderschaft.

Trotz aller unangenehmen Assoziationen von Zeugnisnoten und 19. Jahrhundert lebt in unserer Gesellschaft eine tiefe, ungestillte Sehnsucht nach Bildung. Man kann vielleicht nicht mehr sagen, was den gebildeten Menschen ausmacht, aber er ist immer noch ein Ideal, mit dem Charme unzeitgemäßer Souveränität. So wie es Leute gibt, bei denen jeder sofort erkennt, dass sie gut angezogen sind, obwohl ihnen die Mode offenkundig vollkommen gleichgültig ist. «Bildung» klingt solide, nach Halt und Haltbarkeit; das macht sie in einer Zeit der Verunsicherung auf neue Weise attraktiv.

Sie verspricht Orientierung im Unterschied zur bloßen Information, die unter dem Eindruck der Online-Datenflut inzwischen eher als Bedrohung erscheint. Bildung steht für das, was wirklich zählt und Bestand hat, für «Werte». Das gibt ihr eine moralische Qualität, als Bastion gegen relativistische Beliebigkeit. Bildung soll auch zur Behauptung unserer kollektiven Identität dienen, als Antwort auf die zunehmend schwierige Frage, wer «wir» eigentlich sind, in einer pluralistischen, globalisierten, multikulturellen Welt. «Wir» sind dann angeblich die Eigentümer und Hüter der jüdisch-christlichen Zivilisation oder der Aufklärung. Siehe das erstaunliche Comeback, das die jahrzehntelang fast verschwundene, hoffnungslos veraltete Kategorie des «Abendlands» in unseren Tagen erlebt. Das Abendland ist wieder populär, seit man sich damit gegen den Islam abgrenzen kann.

Auch in diesem Buch geht es recht abendländisch zu, das dürften meine Leserinnen und Leser schnell merken. Sie werden immer wieder auf Gestalten und Werke aus der Antike stoßen, besonders aus dem alten Griechenland. Das hat mit meiner persönlichen Bildungsgeschichte zu tun. Ich habe in der Schule Latein und Altgriechisch gelernt und später Klassische Philologie studiert: Sprache und Literatur des griechisch-römischen Altertums. Die Welt der Antike hat mich schon als Jungen fasziniert, wie andere Kinder für Raumfahrt oder Tiefseeforschung schwärmen. Gustav Schwabs «Sagen des klassischen Altertums» oder historische Romane wie «Ich, Claudius, Kaiser und Gott» von Robert von Ranke-Graves habe ich verschlungen. Meine Eltern hatten mich zunächst auf eine neusprachliche Oberschule geschickt, aber irgendwann erklärte ich, dass ich Griechisch lernen und auf ein humanistisches Gymnasium wechseln wollte. Der eigenwilligen Entscheidung verdanke ich mehr Freude als fast jeder anderen in meinem Leben.

Meine Altertumsliebe ist also eine ziemlich individuelle Marotte. Ich glaube, dass sie trotzdem eine ganz gute Voraussetzung ist, wenn man unsere Kultur verstehen und verständlich machen will. Durch viele Jahrhunderte hindurch haben europäische Künstler und Denker kaum etwas so wichtig genommen und so gründlich studiert wie die Antike. Kein anderes Geisteserbe, von der Bibel abgesehen, hat unser gesamtes Weltbild ähnlich stark beeinflusst wie «die Alten», wie man sie in früheren Zeiten nannte. Der englische Mathematiker und Philosoph Alfred North Whitehead wollte durchaus keinen Witz machen, als er einmal erklärte, das ganze westliche Denken bestehe nur aus ein paar Fußnoten zu Platon, dem größten theoretischen Kopf des antiken Athen.

Das Abendland ist eine wunderbare Sache. Die Abendländerei dagegen, die uns Abendländer zu Kulturträgern erklärt, damit andere (vor allem Muslime) als Halbwilde dastehen, ist ausgesprochen widerwärtig. Waffen für einen «Kampf der Kulturen» will dieses Buch keineswegs bereitstellen. Überhaupt ist die reaktionäre Attitüde, die Verachtung für die da unten oder die da draußen, die schwerste Hypothek auf allem, was unter der Fahne «Bildung» segelt; von ihr muss man sich unbedingt freimachen. Bildung bedeutet im Gegenteil Großzügigkeit und die Ausdehnung unseres Gesichtskreises, nicht Abschottung, sondern Neugier: auf vergangene Zeiten und ferne Länder, auf geistige Abenteuer, auf die Geschichten außerordentlicher Frauen und Männer. Der schlimmste Feind, der eigentliche Gegensatz des gebildeten Menschen, ist nicht der Barbar, es ist der Spießer, der alles schon zu wissen meint und selbstzufrieden in seinem Denken und Dasein ruht.

Die Welt der Bildung ist größer als Europa oder der Westen. Ich kann nach meinen fünf Jahren in Indien nicht behaupten, dass mir mehr gelungen ist, als nur an der Oberfläche der Zivilisation zu kratzen, die hier seit vier Jahrtausenden heimisch ist. Doch so viel habe ich immerhin mitbekommen, dass ich ein Stück «Stammeskunst» ästhetisch genauso ernst nehme wie ein italienisches Barockgemälde und Mahatma Gandhi in meinen Augen kein weniger hellsichtiger Kritiker der Moderne ist als die intellektuell von Marx und Hegel herkommenden Denker Max Horkheimer und Theodor W. Adorno mit ihrer «Dialektik der Aufklärung». Ein indisches Götter- und Heldengedicht wie das dschungelhaft poetische «Ramayana» gehört genauso zum Vorrat der ewigen Menschheitsgeschichten wie die Epen des griechischen Urpoeten Homer. Dasselbe gilt für die Meisterwerke der arabischen oder persischen, chinesischen oder japanischen Literatur, mit denen ich weniger in Berührung gekommen bin. Dank meiner eigenen Biographie sind meine Perspektive und dieses Buch unvermeidlich «eurozentrisch». Aber hoffentlich wenigstens nicht borniert.

Vor dem Abendlandsgetue muss man sich also in Acht nehmen. Dagegen gibt es nicht den mindesten Grund, sich für die zentrale Rolle der Hochkultur in einem Buch über Bildung zu schämen oder zu entschuldigen. Die Schöpfungen und Gedanken von Shakespeare und seinen Geniekollegen, vom Kampf um Troja bis zu Freuds Entdeckung des Unbewussten, sind wirklich die Bildungsschätze, die zu kennen sich mehr als alles andere lohnt. Für den Einwand, dass man heute nicht mehr so viel Gewicht auf die klassischen Meisterwerke und Meisterdenker legen könne, bin ich mit voller Überzeugung schwerhörig, um nicht zu sagen taub. Die Kritik wäre überzeugender, wenn es einen echten Gegenvorschlag gäbe, eine andere Bildungsidee, die der Menschheit auf ihrem mühsamen Weg durch die Geschichte vorangeleuchtet hätte und mit der man sich ein Leben lang vergnüglich und gewinnbringend beschäftigen könnte. Shakespeare & Co. sind in Wahrheit ohne ernstzunehmende Konkurrenz. Man sollte sich ungeniert zu ihnen bekennen, nicht mit frustriertem Kulturpessimismus (die Geistesheroen werden vergessen, die Welt verdummt), sondern mit fröhlicher Siegeszuversicht: Dies ist das Beste, und wer es einmal richtig damit probiert hat, wird gar nicht mehr genug davon bekommen können.

Im Übrigen stimmt es keineswegs, dass die Konzentration auf die großen Namen und Werke elitär und exklusiv wäre. Es ist im Gegenteil genau die ästhetische und intellektuelle Hochprominenz, die es bis in die Populärkultur und das Alltagsbewusstsein geschafft hat und für die sich die meisten Leute am stärksten interessieren. Wie der Sport und das Entertainment hat auch die Kunst- und Geistesgeschichte ihre Stars, die selbst den Nichtfans etwas sagen, und diese Stars sind die Klassiker. Sie in den Mittelpunkt zu stellen, ist gerade nicht snobistisch, sondern demokratisch. Jeder hat vom Ödipuskomplex oder von der «unsichtbaren Hand des Marktes» gehört, jeder weiß, dass ein Don Juan so etwas wie ein Playboy ist und ein Don Quichotte ein liebenswürdiger Narr. Jeder versteht es, wenn ein langwieriger Besuch auf dem Einwohnermeldeamt «kafkaesk» war oder ein zynischer Machtpolitiker «machiavellistisch» ist. Aber der Ruhm und die Popularität der Klassiker in der Alltagskultur sind vage und andeutungshaft, wie ein Gerücht, und es gibt ein legitimes Bedürfnis, mehr darüber zu erfahren. Das ist es, was Bildung tut: Sie verwandelt das Gerücht in Erkenntnis.

Mir selbst ist das Kennenlernen dieser Schätze leicht gemacht worden. Ich bin in einem Elternhaus mit Büchern, Opernbesuchen und Gesprächen über Literatur und Musik groß geworden. Meine Mutter und mein Vater stammen durchaus nicht aus dem alten Bildungsbürgertum; beide sind Akademiker der ersten Generation. Trotzdem war es eine privilegierte Herkunft, und ich habe von den Startbedingungen, die meine Familie mir bot, später im Leben sehr profitiert. Allerdings hatte der Geist, der bei uns zu Hause herrschte, nichts mit dem Anspruch auf irgendeinen Elitestatus zu tun. Sondern einfach damit, dass man klares

Denken und gute Sprache, Wissen und Schönheit und Geschichte ernst und wichtig nahm.

Die nachfolgenden Kapitel sind teils sachlicher, teils persönlicher gehalten. Manche handeln recht seriös von «Bildungsinhalten» (kein schönes Wort): von der Antike, der Bibel und ihren bis heute reichenden Wirkungen etwa oder von Philosophien und Theorien, dank derer wir den Menschen anders sehen als vorher. Andere, wie die Abschnitte über Kunst und Musik, sind laienhafter und impressionistischer, denn diese herrlichen Dinge liebe ich zwar, bin aber alles andere als ein Experte. Es ist klar, dass kein Kompendium alles Wissenswerten geboten werden kann, nicht einmal in den allerspärlichsten Umrissen. Ich stelle Beispiele vor, und lieber diskutiere ich in einem Kapitel zwei oder drei Figuren oder Werke leidlich eingehend, als dass ich ein langes und trockenes Verzeichnis von Pflichtlektüren abarbeite.

Die Auswahl ist hoffentlich nicht willkürlich, aber unweigerlich subjektiv; sie spiegelt meine Kenntnisse und Vorlieben. Bei den Naturwissenschaften bin ich ein vollkommener Laie, und sie eignen sich kaum zur sprachlichen Darstellung. Ein paar Funde und Neuerungen, die unser Weltbild revolutioniert haben (und die ich halbwegs verstehe), werden dennoch geschildert. Insgesamt will das Buch nichts vorschreiben, sondern anbieten und anregen – zur Auffrischung oder Revision von eigenen früheren «Bildungserlebnissen», in der Schule oder außerhalb; zu neuen Entdeckungen; zum Widerspruch gegen den Autor. Trotz des Bekenntnisses zum kulturellen Establishment soll Bildung nicht staatstragend und sozialkonform verstanden werden, als geistiger Überbau der bestehenden Verhältnisse. So beschäftigt sich ein Kapitel gerade mit den Klassikern der Rebellion, mit künstlerischen und intellektuellen Kampfansagen an das Patriarchat, den Kapitalismus, die weiße Kolonial- und Rassenarroganz. Die 1919 im Berliner Tiergarten von rechten Milizionären totgeschlagene Revolutionärin Rosa Luxemburg gehört genauso in die Galerie der humanen Schutzpatrone wie der Weimarer Geheimrat und Minister Johann Wolfgang von Goethe.

Wieder andere Passagen handeln mehr vom «Wie» der Bildung, von Kulturtechniken oder Wesenszügen, die ein gebildeter Mensch braucht oder die zu ihm passen. Das Lesen natürlich: Wie kann man es üben und Freude daran gewinnen? Das Erinnern, ohne das es keine Geschichte gibt. Ich versuche auch, die sträflich unterschätzte und vernachlässigte Haltung des Bewunderns wieder zu Ehren zu bringen. Man denkt leicht, dass sich im Staunen vor dem Schönen, Guten und Wahren Naivität oder eine Art geistiger Obrigkeitsglaube ausdrücken, ein Mangel an kritischer Distanz. Wer bewundert, scheint ein bisschen schlicht oder sogar töricht zu sein. Doch in Wahrheit ist die Bewunderung die Mutter der Kultur. Sie schafft die Motivation, das Bewunderte kennenzulernen und sich anzueignen, es für die Zukunft zu bewahren – und dann sich daran zu messen und es in Frage zu stellen.

Es wird Leserinnen und Leser geben, denen bei diesem Lob der Bildung unwohl bleibt – und zwar nicht aus irgendeiner Zeitgeisthörigkeit heraus, sondern aus sehr achtbaren, letztlich moralischen Gründen. Wird hier nicht zu viel Wert auf etwas gelegt, das am Ende doch nur die Weltanschauung eines abgehobenen, saturierten Milieus ist, der Gruppen-Marker eines spezifischen Segments der oberen Mittelschicht? Was ist mit Leuten, die den Namen «Shakespeare» nicht einmal buchstabieren könnten und denen zugleich nichts, gar nichts an echter Humanität fehlt? Ist es nicht wichtiger, ein guter Mensch zu sein als ein gebildeter?

Selbstverständlich ist das so. Bildung ist nicht das Wichtigste und Höchste, sondern etwas Vorletztes – und ein gebildeter Mensch, wenn er wirklich einer ist und kein aufgeblasener Kulturprotz, weiß das auch. Beim Jüngsten Gericht wird uns keiner nach unserer Kant-Lektüre fragen (übrigens auch nicht nach unserer Bibelkenntnis). Und wenn wir im Leben auf unsere Kant-Lektüre ein bisschen zu stolz waren, wird uns das bei dieser Gelegenheit nicht zum Vorteil gereichen. Doch heißt das nicht, dass Bildung moralisch und menschlich ohne Wert wäre. Es gibt so etwas wie eine Ethik der Bildung, eine Haltung und Denkweise, die mit ihr vielleicht nicht notwendig, aber doch natürlich verbunden ist. Bildung bedeutet Horizonterweiterung, sie bricht den Seelenkäfig der Phantasielosigkeit auf, die sich keine andere Welt und keine andere Weltsicht als die eigene vorstellen kann. Sie dehnt die Grenzen unserer Vorstellungskraft aus, sie lehrt Einfühlung und Toleranz, sie macht offen für die Überraschungen der Zukunft. Zugleich hat Bildung mit Bewahren und Wiederfinden und Heimkehr zu tun, mit der Suche nach Ursprüngen und Quellen – danach, woher wir kommen. Sie lässt Tradition nicht verkommen und wirft das Vergangene nicht weg, sondern rettet es und hebt es auf. Bildung ist jenseits von «rechts» und «links». Sie ist Neugier, also Fortschritt. Aber auch Treue, also konservativ.

Für Basharat Peer, den Hamlet-Nachdichter aus Kaschmir, mit dem ich an jenem Frühlingsnachmittag in Delhi auf der Dachterrasse saß, war Shakespeare nicht nur ein Schutzpatron. Er war auch eine Kontrollinstanz. In jedem schweren politischen Konflikt, in jedem Krieg oder Bürgerkrieg, ist die Versuchung groß, die eigenen Leute nur als Opfer zu sehen und die Widersacher nur als Täter. In einer großen Dichtung jedoch gehen die Rechnungen mit Gut und Böse so glatt nicht auf. Hamlet, der feinsinnige Gewissensmensch, dem zweifellos Unrecht geschieht, tötet ohne Bedenken Menschen oder schickt sie in den Tod, wenn er sie verachtet oder sie ihm gleichgültig sind. Die komplizierten Psychospiele, mit denen er im Intrigendickicht des dänischen Königshofs manövriert, treiben seine Verlobte Ophelia in den Wahnsinn und in den Selbstmord. Der Held der Tragödie ist kein Held wie im Comic oder in der vaterländischen Geschichtslegende. Und seine Gegenspieler, selbst wenn sie Verbrechen begangen haben wie Hamlets brudermordender und thronräuberischer Onkel, sind nicht ohne Nachdenklichkeit und Verantwortungsgefühl.

Indem er sich auf den «Hamlet» einließ, entschied sich Basharat gegen Karikatur und Ideologie und für Wahrhaftigkeit, auch wenn sie weh tat. Die Militanten, die ein unabhängiges Kaschmir wollen, stellte er als wirkliche Menschen dar, nicht als fanatisch bombende Terroristen, wie der indische Staat sie gern sehen möchte. Aber umgekehrt musste er auch den Kollaborateuren und Polizeispitzeln plausible Motive geben, und er musste zeigen, dass an den Händen der vermeintlichen Freiheitskämpfer Blut klebt. Vielleicht ist ihm das nicht leichtgefallen; ich weiß es nicht, ich habe ihn nicht danach gefragt. Doch wenn ich es getan und davon gesprochen hätte, dass Shakespeare uns keine moralische Schummelei durchgehen lässt, dass er uns zwingt, auch zu unseren Freunden streng zu sein und zu unseren Feinden fair – ich bin mir sicher, Basharat hätte mich sofort verstanden.

Bildung macht uns nicht automatisch zu guten Menschen. Aber schlecht zu sein, nämlich engherzig und selbstgerecht, das macht sie ein ganzes Stück schwerer. Und das ist eine große Sache.

1. Die alten Griechen:
DIE ENTDECKUNG DES EIGENTLICHEN

Ich muss dreizehn oder vierzehn Jahre alt gewesen sein, als ich zum ersten Mal die Akropolis in Athen gesehen habe. Meine Eltern hatten mich auf eine Griechenlandreise mitgenommen, und als wir den Weg zum antiken Burgberg mit seinen Tempeln hinaufstiegen, passierte etwas Seltsames, das ich damals als Frühjugendlicher, mäßig sensibel für die Gefühlswelt der Erwachsenen, nicht recht verstanden habe. Mein Vater wurde plötzlich blass, ihm blieb die Sprache und beinahe der Atem weg, und er musste sich mit weichen Knien auf einen der mehrtausendjährigen Steine niedersetzen, die überall herumlagen.

Der Schwächeanfall hatte nichts mit Erschöpfung zu tun. Mein Vater war mattgesetzt von der Schönheit der Marmorruinen, die da vor ihm auftauchten. Aber es war noch etwas anderes im Spiel. In dem altsprachlichen Gymnasium, das meine Mutter und er dreißig Jahre vorher besucht hatten, war von der Kultur des Altertums stets in den höchsten Tönen die Rede gewesen: von den Staatsmännern, Dichtern, Künstlern und Denkern Athens und ihren unsterblichen Werken, die angeblich den Gipfel menschlicher Zivilisation darstellten und für alle Zeiten unerreichte Vorbilder sein sollten. Doch diese ganze Schulantike war irgendwie unwirklich gewesen, etwas, das bloß in Büchern stand, eine Legende, wie die Geschichten von König Artus und den Rittern der Tafelrunde oder die klassischen Götter- und

Heldensagen von Gustav Schwab. Der Gymnasialhumanismus hatte keinen Bezug zur Realität; unvorstellbar, dass man eines Tages tatsächlich vor den Überresten dieser Kultur stehen, sie mit eigenen Augen anschauen und mit den Händen anfassen würde. Jetzt kam, mit der Wucht eines Schocks, das Bewusstsein: Das alles, wovon sie uns immer erzählt haben, gibt es also wirklich. Als hätte der Zollbeamte des Feenlandes einem gerade den Pass gestempelt und den Schlagbaum zur Weiterfahrt geöffnet – und würde ein bisschen ungeduldig darauf warten, dass man endlich den Zündschlüssel umdreht und den Motor anlässt.

Wir sind dann den Akropolisfelsen weiter hochgestiegen, zu den Tempeln, die im 5. Jahrhundert vor Christus gebaut wurden: das spirituelle Zentrum des antiken Athen, in dem damals auch die Staatskasse untergebracht war, ein Vatikan, der gleichzeitig als Fort Knox diente. Im Altertum sah diese Architektur nicht so edel weiß aus wie heute; der Marmor war bunt bemalt. Die Umrisse der Tempel aber waren klar und schlicht, von fast verächtlicher Schnörkellosigkeit, verglichen mit den Wülsten, Bögen, Vorsprüngen, Kuppeln, Schnecken und Nischen, mit denen der Mensch seine Bauten sonst gern verziert. Wir schauten den Abhang des Burgbergs hinunter in das Dionysos-Theater, wo die griechischen Dramendichter ihre Stücke aufführten und ihre Heldinnen und Helden wie Antigone, Ödipus oder Medea in Extremsituationen verstrickten, die seitdem mit einem griechischen Wort «tragisch» heißen. Und wir sahen, in weniger als einem Kilometer Entfernung, die Pnyx, den Hügel, auf dem in der Antike die athenische Volksversammlung tagte, die Geburtsstätte der Demokratie.

Doch am stärksten im Gedächtnis geblieben sind mir von diesem Tag acht Worte, die wir nur zufällig mitbekamen. Im Museum auf dem Akropolisfelsen, in dem die wichtigsten Funde der Ausgrabungen ausgestellt sind, trafen wir eine englischsprachige Besuchergruppe mit einem griechischen Führer, der die Exponate ziemlich redselig erläuterte. Nach einem längeren Rundgang kamen die Leute zu einem Marmorrelief aus der Zeit um 460 vor Christus, das oft «die trauernde Athene» genannt wird. Es zeigt die Schutzpatronin Athens, die Göttin des Krieges und der Weisheit, stehend, im Profil, den Helm auf dem Kopf, leicht vorgeneigt, auf ihren Speer gestützt, den Blick gesenkt. Schwer zu sagen, ob sie wirklich trauert oder eher nachdenklich ist. Das Bild ist jedenfalls ein Musterbeispiel für das, was man «klassisch» nennt: weder karg noch üppig, weder kalt noch gefühlig, sondern in einer vollkommenen Balance – in einer Mitte nicht zwischen den Extremen, sondern über ihnen. Vor diesem Steinrelief nun hielt der wortreiche Führer an, stoppte seinen bisherigen Redefluss, startete keinerlei Erläuterungsversuche, wie ich sie eben gerade gemacht habe, sondern wandte sich an seine Gruppe mit einem einzigen Satz: «Look at it and keep it in mind.» Und dann kam nichts mehr. Die acht Worte sind in unserer Familie zu einem geflügelten Wort für den Respekt vor dem Schönen und Großen geworden. Und eine Gipskopie der «trauernden Athene» hängt bis heute in der Wohnung meiner Eltern an der Wand über dem Kachelofen.

Die Griechenverehrung, die meine Eltern in der Schule erlebt hatten, war keine spezielle Marotte ihrer Lehrer. Sie war das kulturelle Glaubensbekenntnis zweier Jahrhunderte, besonders in Deutschland. «Humanistische Bildung», die auf dem Studium der griechischen und lateinischen Literatur in den Originalsprachen beruhte, galt als höchste Form der Bildung überhaupt. Für geistig und künstlerisch angehauchte Kreise war Athen zeitweise eine heilige Stätte wie Jerusalem (oder noch ein bisschen heiliger), die Griechenvergötterung trug Züge einer Ersatzreligion. Gestiftet hatte diesen eigentümlichen Kult Mitte des 18. Jahrhunderts ein Schustersohn aus der preußischen Provinz: Johann Joachim Winckelmann. Winckelmann, der in Armut aufgewachsen war und nach einem ungeliebten Theologiestudium zunächst jahrelang in einem kümmerlichen Brotberuf als Schulmeister gelitten hatte, brachte es schließlich als Altertumsexperte in einem märchenhaften internationalen sozialen Aufstieg bis zum Vatikanbibliothekar und Kurator der Kunstschätze eines Kardinals in Rom. Er starb 1768 als europäische Berühmtheit.

Winckelmann war homosexuell, die unverklemmte Darstellung nackter männlicher Schönheit in der Antike bedeutete für ihn ein Ideal und ein Befreiungserlebnis, und etwas vom existenziellen Charakter der Griechenbegeisterung hat sich in der «humanistischen» Tradition trotz aller Biederkeit späterer Bildungsbürger erhalten. «Die reinsten Quellen der Kunst», erklärte Winckelmann 1755 voller Enthusiasmus, «sind geöffnet: glücklich ist, wer sie findet und schmecket. Diese Quellen suchen, heißt nach Athen reisen.» Und er fuhr gebieterisch fort, eine unverrückbare Kulturnorm für seine Zeitgenossen und für die Nachwelt setzend: «Der einzige Weg für uns, groß, ja, wenn es möglich ist, unnachahmlich zu werden, ist die Nachahmung der Alten.» Der Satz ist übrigens bloß das zweitberühmteste Winckelmann-Zitat. Noch weiter tiefer eingegraben hat er sich in die Herzen der Humanisten mit einer anderen Prägung, die nur aus vier Wörtern besteht: «Edle Einfalt, stille Größe». Das war Winckelmanns Formel für das Wesen antiker Kunstwerke, für das Geheimrezept ihrer Schönheit. Nicht Schmuck und Pracht, sondern ästhetisches Understatement.

Man kann sich heute fast nicht mehr vorstellen, in welchem Ausmaß diese Parolen Gehör fanden und befolgt wurden. Goethe feierte Winckelmann wie einen Heros oder Heiligen und verfasste mit seiner «Iphigenie auf Tauris» ein eigenes Griechendrama nach klassischen Vorbildern, in dem er ein Evangelium der Menschlichkeit in antikem Gewand predigte. Als sich der hohe preußische Beamte Wilhelm von Humboldt nach der Niederlage seines Staates gegen Napoleon 1806 daranmachte, das Schulwesen des Landes zu reformieren, konnte er sich für die richtige Erziehung der künftigen Elite kein besseres Rezept vorstellen als möglichst viel Griechisch und Latein. Das war die programmatische Grundsteinlegung des humanistischen Gymnasiums. Selbst die schärfsten ideologischen Antipoden teilten im 19. Jahrhundert immer noch die gemeinsame Basis der Antikenkenntnis und -bewunderung: Der Vordenker des revolutionären Proletariats Karl Marx hatte seine Doktorarbeit über frühgriechische Philosophie geschrieben, und Friedrich Nietzsche, der Prophet des herrenhaften Übermenschen, war Professor für Klassische Philologie in Basel gewesen. Worüber auch immer man sonst stritt und sich verfeindete, an der Vortrefflichkeit des Altertums wenigstens konnte für einen gebildeten Menschen kein Zweifel bestehen.

Das Interessante an dieser Antikenbegeisterung ist nicht, dass sie übertrieben war. Das Interessante ist, dass sie trotz aller Übertreibungen nicht völlig falsch war. Zwar stimmt es keineswegs, dass das alte Griechenland perfekt oder ein Paradies gewesen wäre. Athen hat die Demokratie erfunden, aber es war zugleich eine Sklavenhaltergesellschaft. Ihre ganze Kultiviertheit hat die Athener und ihre Nachbarn und Gegner nicht daran gehindert, sich untereinander mit barbarischer Grausamkeit zu bekriegen. Die griechische «Polis», der Stadtstaat, in dem sich in klassischer Zeit alles politische Leben abspielte, griff mit einer Rücksichtslosigkeit ins Eigentum und in die Freiheit ihrer Bürger ein, die kein Bewohner eines modernen liberalen Gemeinwesens akzeptieren würde. Menschenrechte waren unbekannt. Ein Philosoph wie Aristoteles argumentierte ohne Bedenken, dass kranke und schwächliche Kinder in der Wildnis ausgesetzt und dem Tod preisgegeben werden sollten.

Doch das alles ändert nichts daran, dass die Griechen wirklich etwas Besonderes waren. Nicht bloß wegen der Schönheit ihrer Kunst, in Werken wie der «trauernden Athene», die von keinem Michelangelo und keinem Picasso übertroffen wurden. Es ist, als habe das menschliche Bewusstsein hier einen neuen Grad von Klarheit und Schärfe erreicht, im Guten wie im Bösen. Die Griechen hatten einen spektakulären, manchmal geradezu unheimlichen Sinn für das Wesentliche, für den Kern der Sache, für das, was hinter den Erscheinungen liegt, für das Freilegen von Strukturen und Prinzipien. Sie waren Weltmeister darin, Schleier wegzuziehen und den Dingen auf den Grund zu gehen. Sie haben, könnte man sagen, das Eigentliche entdeckt: die Tatsache, dass es etwas «Eigentliches» im Unterschied zum Peripheren oder Illusorischen überhaupt gibt. Es passt absolut, dass sich ihre Bildhauer so auf nackte Körper spezialisiert haben.

Daher ist die wichtigste Erfahrung bei der Beschäftigung mit der Antike nicht etwa, was für eine schwierige, entlegene Kultur das war und wie viel man wissen muss, um sie zu verstehen. Sondern im Gegenteil: Die Griechen konfrontieren uns mit einer fast brutalen Einfachheit, die wir aus unserer feinschattierten, hyperdifferenzierten Gegenwart überhaupt nicht mehr gewohnt sind. Eine Tragödie des Sophokles ist nicht etwa komplizierter als ein heutiges TV-Drama, sie ist tatsächlich viel simpler, fast schematisch: weniger Psychologie, weniger Ausstattung, Kontext und Hintergrund, weniger Tendenz, Moralisieren und Sentimentalität – nichts als ein präzise angeordneter Menschenversuch, in dem die Konsequenzen von Hochmut oder Verblendung demonstriert werden, wo ein überdimensionierter Held mit der unerbittlichen Ordnung der Dinge in Konflikt gerät und dabei zugrunde geht.

Ein Text eines griechischen Philosophen hat keine Fußnoten und am Ende kein Literaturverzeichnis, der Autor benutzt keine vorher schon feststehende Terminologie, die er mitbringt und die der Leser kennen muss; er erfindet seine eigenen Begriffe und baut seine Gedankenarchitektur vor unseren Augen. Der Philosoph ist nicht Professor für Philosophie, nicht Rezensent einer philosophischen Fachzeitschrift, nicht Gastgeber einer philosophierenden Fernsehshow, er ist einfach Philosoph. Im Unterschied zu unserer routinierten Kultur, wo immer alles schon da gewesen ist, eine lange Vorgeschichte hat, in einem unentrinnbaren Netz von Bedingungen und Konsequenzen festhängt, wo man nie wirklich etwas anfängt, sondern immer weitermacht, erleben wir im alten Griechenland, dass das Neue möglich ist. Es ist das Abenteuer einer historischen Jugendzeit. Bei den Griechen sehen wir die Welt, als sei sie gerade eben fertig geworden, und uns bleibt als den ersten Menschen in dieser Welt nur das Staunen.

Die griechische Klarheit kann bezaubernd sein, doch sie kann auch die Kälte unbarmherziger Erkenntnis haben. Der Historiker Thukydides schildert in seinem Geschichtswerk den Verlauf des «Peloponnesischen Krieges», den Athen und Sparta, die beiden wichtigsten griechischen Stadtstaaten, von 431 bis 404 vor Christus (also sehr bald nach dem Bau der Akropolistempel) gegeneinander führten. Es war ein zäher, bitterer Bruderkampf, in dem die klassische Epoche Griechenlands und die Blütezeit der athenischen Demokratie ein quälendes Ende fanden. Im fünften Buch seines Geschichtswerks berichtet Thukydides über einen Disput zwischen Athen und der kleinen Insel Melos. Die Athener haben eine Delegation zu den Meliern geschickt, um die bisher eher feindlich gesonnene Insel zum Kriegseintritt an ihrer Seite zu bewegen. Athen ist mächtig, Melos ist es nicht – es versteht sich von selbst, dass dieses Gefälle bei den diplomatischen Verhandlungen eine Rolle spielt. Aber die unverblümte Direktheit, mit der das geschieht, ist atemberaubend.

Gleich zu Beginn wischen die Athener alle moralischen Gesichtspunkte beiseite: Wir werden, sagen sie, uns nicht etwa auf historische Verdienste wie unseren Sieg über die Perser berufen (das war Athens vaterländische Großtat im Interesse aller Griechen, sein panhellenischer Ruhmestitel, ein halbes Jahrhundert vorher errungen). Gerechtigkeit, erklären sie, gibt es nur unter Gleichen; zwischen Starken und Schwachen herrscht ein ganz anderes, rein kräftemäßiges Verhältnis: Der Starke tut, was er kann, der Schwache erduldet, was er muss. Sie stellen Melos vor die krasse, nicht einmal mit rhetorischer Heuchelei verschleierte Alternative: Unterwerfung oder Untergang. Die Melier fragen, ob nicht eine freundschaftliche Neutralität akzeptabel wäre. Nein, antworten die Athener, wenn wir uns so billig zufriedenstellen ließen, würden unsere anderen Vasallenstädte den Respekt vor uns verlieren und womöglich rebellisch werden.

Die Melier versuchen, sich dem aufgezwungenen, gangsterhaft rohen Diskussionsklima anzupassen, und halten verzweifelt Ausschau nach Argumenten für ihre Sache: Ist es nicht auch für den Mächtigen vorteilhaft, sich an Spielregeln zu halten – falls er irgendwann seine Macht verliert und selbst auf Fairness angewiesen ist? Ist es wirklich klug, sich durch Grausamkeit verhasst zu machen und Widerstand oder Rachegelüste zu provozieren? Werden nicht die Spartaner, die andere, gegnerische Großmacht in diesem Krieg, einer von den Athenern angegriffenen Insel zu Hilfe kommen?

Doch die Athener erklären das alles für wirklichkeitsfremdes und verlogenes Gerede. Das Recht des Stärkeren ist in ihren Augen die einzige Realität: «Wir glauben, dass vermutlich auch die Götter, sicher aber die Menschen mit Naturnotwendigkeit immer, so weit ihre Gewalt reicht, Herrschaft ausüben. Wir haben dies Gesetz weder erlassen noch, da es nun einmal besteht, als Erste davon Gebrauch gemacht. Sondern wir haben es als gültig übernommen und werden es als ewig gültig der Nachwelt hinterlassen. Wir wenden es an in dem Wissen, dass auch ihr und andere, die in den Besitz derselben Macht wie wir kämen, genauso handeln würden.»

Die athenischen Gesandten fahren ab, kopfschüttelnd über den Unverstand der Melier. Bald erscheint das athenische Heer, schließt Melos mit einer Mauer ein und beginnt die Belagerung. Sie schleppt sich eine Weile hin, aber schließlich verstärken die Athener ihre Truppen und machen ernst mit dem Krieg. Als ihnen auch noch Verrat zu Hilfe kommt, «ergaben sich die Melier auf Gnade oder Ungnade. Die Athener töteten alle erwachsenen melischen Männer, soweit sie ihrer habhaft wurden, Frauen und Kinder verkauften sie in die Sklaverei. Den Ort gründeten sie selbst neu, indem sie später fünfhundert Siedler dorthin schickten.»

Die massenmörderische Geschichte des 20. Jahrhunderts hat uns an Berichte von schlimmeren historischen Verbrechen gewöhnt, mit mehr Opfern und wilderer Schlächterei. Aber man wird kaum ein neueres Beispiel finden, das die Skrupellosigkeit einer amoralischen Politik mit solcher Radikalität, in so klinischer Reinheit zeigt wie hier bei Thukydides im «Melierdialog», wie die Passage von den Altertumsgelehrten genannt wird. Keine religiöse Verbrämung, keine Beschwörung irgendwelcher Werte, keine Ideologie. Es passiert alles in vollem Bewusstsein und auf offener Szene, gewissermaßen im gleißenden Sonnenlicht eines schattenlosen griechischen Mittags. Die Athener praktizieren nicht nur das Recht des Stärkeren, sie proklamieren es ausdrücklich und ohne Gewissensbisse, sie bekennen sich dazu als Maxime und formulieren es mit der Allgemeingültigkeit eines Weltgesetzes.

Der «Melierdialog» liest sich, als habe ein Naturforscher zum ersten Mal das chemische Element «Macht» isoliert, ohne jede Beimischung anderer Stoffe. Thukydides ist bis heute der ultimative Lehrer der Realpolitik; wer wissen will, wie Macht pur funktioniert, kann auf moderne Studien zu den internationalen Beziehungen verzichten und gleich den «Peloponnesischen Krieg» lesen. Dabei hat Thukydides aber kein Grinsen im Gesicht, er ist frei von der sadistischen Genugtuung, mit der so viele Verfechter der Realpolitik den Idealisten reinreiben, dass sie blauäugig seien und die Welt nicht verstünden. Thukydides trumpft nicht auf mit seiner Illusionslosigkeit, er ist einfach ernst, und vielleicht ist er in seinem Innern traurig. Der größte aller Geschichtsschreiber ist kein Zyniker, der sich über das Böse im Menschen freut, sondern ein Wahrheitssucher, der es aushalten muss.

Das typisch griechische Talent zur Konzentration, die Begabung zum Wesentlichen, zeigt sich schon in dem Werk, mit dem die griechische Literatur anfängt und das die Griechen selbst als eine Art Gründungsurkunde ihrer Zivilisation betrachtet haben: Homers «Ilias», sein Epos, seine Verserzählung, über den Trojanischen Krieg. Die Gelehrten können es nicht genau datieren, es stammt wahrscheinlich aus der Mitte des 8. Jahrhunderts vor Christus. Das war dreihundert Jahre vor den Akropolistempeln, dem Peloponnesischen Krieg und dem «Melierdialog», und die Welt, in der die «Ilias» spielt, ist noch älter, eine halb historische, halb mythische Heroenzeit. Es ist nicht klar, wer Homer war und ob es ihn wirklich gegeben hat. Hinter dem schriftlichen Text des Epos steht offenbar eine lange Tradition mündlicher, von Sängern memorierter und vorgetragener Poesie. Auf welchem Weg aus diesem Material schließlich das Buch wurde, das wir heute lesen, lässt sich nicht mehr exakt rekonstruieren. Doch die fertige «Ilias» ist ein genau durchdachtes Werk, und wer immer ihren Plan entworfen und durchgeführt hat, der ist für uns Homer, der erste griechische und europäische Dichter.

Aber worin besteht nun das «typisch Griechische», die Konzentration auf das Wesentliche, im Fall der «Ilias»? Sie schildert, sagten wir, den Trojanischen Krieg, den zehnjährigen Kampf zwischen Griechen und Trojanern, nachdem der Trojanerprinz Paris die Griechenkönigin Helena entführt hat und die Griechen mit einem Heer vor den Mauern Trojas erschienen sind, um die Stadt zu belagern und zu erobern. Nur dass diese Inhaltsangabe in Wahrheit komplett in die Irre führt. Homer berichtet nämlich gar nicht, was sich in zehn langen Jahren Krieg ereignet hat. Sondern er greift einen kurzen Zeitabschnitt heraus und traktiert in den fast sechzehntausend Versen der «Ilias» nicht mehr als ein paar Wochen im letzten Kriegsjahr. Gleichzeitig konstruiert er die Handlung um ein einziges Motiv herum, oder besser: von einem einzigen Motiv her, das das gesamte Geschehen antreibt und beherrscht. Statt einer episodenhaften Und-dann-und-dann-Geschichte entwirft er ein kompaktes Drama, das einer inneren Logik gehorcht. Er schafft etwas Ganzes, etwas Klares, etwas Zwingendes. Etwas Griechisches.

Das Motiv, das die Geschichte zusammenhält, ist «der Zorn des Achilleus». Es wird gleich in den allerersten Worten des Epos angeschlagen. Agamemnon, der oberste griechische Feldherr, hat Achilleus, dem stärksten Kämpfer der Griechen, nach einem entgleisten Rangstreit unter Alphamännern eine kriegsgefangene Sklavin weggenommen, die dem Helden als sein Anteil an den erbeuteten Gütern und Schätzen zusteht. (Noch ein Stück Barbarei, das sich nicht mit Winckelmanns Nobelgriechentum verträgt: In Homers Welt ist es selbstverständlich, dass Frauen Kriegsbeute sind und dass der Sieger sie sexuell ausnutzen darf.) In einer archaischen, heroischen Gesellschaft, in der Ruhm und Ehre die höchsten Werte darstellen, ist Agamemnons Respektlosigkeit eine unverzeihliche Kränkung. Achilleus zieht sich aus dem Kampf zurück und überlässt die übrigen Griechen ihrem Schicksal. Sollen sie zusehen, wie sie allein mit den Trojanern unter der Führung des gewaltigen Königssohns Hektor fertigwerden.

Die Gestalt des Achilleus, der untätig in seinem Zelt grollt, liegt von nun an wie ein überlebensgroßer Schatten über der ganzen Handlung. Die abwesende Hauptfigur, der Held, der seinen Job nicht mehr machen will und nein sagt, ist der Schlüssel zu allem. Wenn jetzt Griechen und Trojaner kämpfen und die Griechen in die Defensive geraten, dann steht dem Leser immer vor Augen, wie anders alles aussehen könnte, wenn Achilleus dabei wäre. Die Griechen flehen ihn nach bitteren Niederlagen an, in die Schlacht zurückzukehren, sie wollen den Schaden und die Kränkung wiedergutmachen, vielfach, nicht bloß die Sklavin zurückgeben, die Agamemnon ihm abgenommen hat, sondern außerdem

Gold und schön geschmiedete Kessel und Becken und zwölf Pferde und sieben weitere gefangene Frauen und nach der Einnahme von Troja noch viel mehr; sie demütigen sich vor ihm – doch es hilft alles nichts, Achilleus bleibt hart.

Er ist nicht dumm oder brutal, keine Karikatur einer Kampfmaschine, nicht «Achill das Vieh», wie ihn die DDR-Schriftstellerin Christa Wolf in den 1980er Jahren aus der Perspektive eines feministischen Pazifismus in einer Erzählung angeklagt hat. Achilleus spricht davon, dass er die Sklavin, um die das ganze Zerwürfnis sich dreht, wirklich liebt. Er deutet an, dass er das Blutvergießen vor Troja satthat und sich nach einem friedlichen Dasein sehnt. Vor langer Zeit ist ihm seine Zukunft vorausgesagt worden, und die Prophezeiung stellte ihn vor eine Entscheidung: entweder unsterblicher Ruhm als Kämpfer und ein früher Tod – oder ein langes, gewöhnliches Leben. Warum, fragt Achilleus sich jetzt, nicht das Leben wählen?

Aber im eisernen Nein zu seinen Landsmännern, in seiner unerschütterlichen Verweigerung, steckt auch Hochmut, Selbstverliebtheit, Blindheit für das Leiden und Sterben der anderen, die er im Stich lässt. Steckt, in einer Welt des Ehrgeizes und der Disziplin, in der die «Ilias» nun einmal spielt, Verrat an der eigenen Bestimmung. Man ahnt, dass in der Maßlosigkeit des Achilleus die Gefahr einer Katastrophe lauert. Und man staunt über ein angebliches Kriegs- und Heroengedicht, in dem es in Wahrheit überhaupt nicht darum geht, dass irgendwelche baumstarken Kerle einander niedersäbeln, sondern um das, was in ihrem Innern vorgeht. Homers Helden machen Erfahrungen, sie sind widersprüchlich, sie besitzen Tiefe. Sie haben eine Seele.

Dann kommt die Katastrophe tatsächlich. Als die Trojaner weiter vordringen und dem Lager der Griechen bedrohlich nahe kommen, bleibt Achilleus zwar immer noch in seinem Zelt. Aber er erlaubt seinem engsten Freund Patroklos zu kämpfen, er schickt ihn als eine Art Stellvertreter und lässt ihn sogar die eigene Rüstung tragen, wie ein Doppelgänger, ein zweites Ich. Patroklos wird von Hektor getötet. Es ist eine verhängnisvoll ironische Wendung, wie ein Hohnlachen des Schicksals: «Der Zorn des Achilleus», sein Stolz und seine Unerbittlichkeit, haben sich gegen ihn selbst gekehrt und ihn das Liebste gekostet. Die «Ilias» ist im Grunde schon eine Tragödie, die als literarische Form erst dreihundert Jahre später von den Griechen perfektioniert wurde: eine poetische Höllenmaschine, in der gerade die Größe des Helden, der Exzess seiner Stärken oder die Übersteigerung seines Selbstgefühls den Untergang heraufbeschwören.

Schließlich, zu spät für seinen toten Freund, begräbt Achilleus den Streit mit Agamemnon und kehrt in den Kampf zurück. Er erschlägt Hektor. Er bindet die Leiche des Gefallenen an seinen Streitwagen und schleift sie durch den Staub. Er ist voller rasender Wut gegen sein Opfer, gegen die Welt, vielleicht auch gegen sich selbst. Und er weiß, dass er mit der Entscheidung zum Kämpfen, zur Wiederaufnahme seines fast schon aufgegebenen Heldenlebens, den eigenen frühen Tod beschlossen hat.

Homer, haben wir gesagt, ist kein Breitbanderzähler, kein erschöpfender Chronist, sondern er destilliert die Essenz heraus. Er dreht nicht Kino, er baut Drama. In dem kurzen Ausschnitt, den er gewählt hat, zeigt er den gesamten Trojanischen Krieg. Wie etwa die schöne Helena den Prinzen Paris bei einem Besuch in Sparta so fasziniert hat, dass er sie mit sich aufs Schiff nahm und nach Troja brachte, das gehört zur Vorgeschichte und ist nicht Teil der «Ilias»-Handlung. Stattdessen führt der Dichter Helenas Wirkung auf die Trojaner in der belagerten Stadt vor: Eigentlich müsste sie ihnen suspekt sein (schließlich haben sie dem Entführungsskandal den verheerenden Krieg zu verdanken), aber sie können sich ihrem Zauber nicht entziehen, sie bestaunen sie wie ein Weltwunder – genau wie Paris an jenem verhängnisvollen Tag seines Frauenraubs. Die Urszene des ganzen Troja-Geschehens, die Episode, die alles ausgelöst hat, wird gewissermaßen in das Epos eingespiegelt, sie wird in ihm präsent gemacht. Genauso holt Homer auch das Ende des zehnjährigen Krieges in seine Dichtung hinein, den Untergang Trojas. Denn der Tod Hektors nimmt die Vernichtung seiner Stadt schon vorweg: Dies war der Mann, auf dessen Schultern die Hoffnungen der Trojaner ruhten; seit er gefallen ist, kann nichts mehr das Verhängnis aufhalten. Im Augenblick seines Sterbens ist der Krieg in Wahrheit bereits verloren, in seinem Ende steckt das Ende des Ganzen. Homer braucht gar nicht mehr zu erzählen, wie die Griechen schließlich Troja erobern und verwüsten, er hat es im Grunde schon erzählt. Er bringt das Wesentliche heraus, den Kern der Sache.

Und am Ende den Kern des Menschen. Im allerletzten «Gesang», wie die Kapitel der «Ilias» traditionell genannt werden, kommt Hektors Vater, Trojas alter König Priamos, zu Achilleus ins Zelt, ins Lager der Griechen, um Hektors Leichnam zur Bestattung zu erbitten. Achilleus will den Toten, der ihm den Freund umgebracht hat, eigentlich im

Staub liegen lassen, den Vögeln und Hunden zum Fraß. Es ist sein alter Extremismus. Aber diesmal passiert etwas Neues. Priamos verleiht seiner Bitte Nachdruck, indem er von Achilleus' eigenem alten Vater spricht: auch der ein hilfloser Mann, genauso wie der Trojanerkönig selbst, aber ein Mann, der noch seinen Sohn hat und sich auf den Tag des Wiedersehens freut – während Priamos vor Hektors Totschläger auf den Knien liegt und um Herausgabe des Leichnams flehen muss.

Dann folgt einer der Augenblicke, für die es sich gelohnt hat, lesen zu lernen: «Scheue dich doch vor den Göttern, Achilleus», sagt der alte König, «erbarme dich meiner, / Immer des Vaters gedenk, doch verdien' ich noch größeres Mitleid; / Denn ich dulde, was nie noch ein Mensch auf Erden erduldet, / Da ich die Hände des Manns, der die Söhne mir mordete, küsste. / Sprach's und weckte in ihm der Sehnsucht Leid um den Vater.» Achilleus hört und versteht: «Sacht ergriff er den Greis bei der Hand und schob ihn beiseite. / Beide voll schwerer Gedanken. Um Hektor, den mordenden, weinte / Kläglich der eine, der Greis, vor den Füßen gekrümmt des Achilleus; / Aber Achilleus beweinte den eigenen Vater, beweinte / Patroklos wieder; das Haus erscholl vom Stöhnen der Männer. / Als aber endlich sein Klagen gestillt der edle Achilleus, / Und geschwunden ihm war aus Brust und Gliedern die Sehnsucht, / Sprang er vom Sessel empor und zog den Greis in die Höhe, / Tief sich erbarmend des weißen Haupts und des weißen Kinnes.»

In der Solidarität zweier Gequälter kommen Achilleus und Priamos zusammen. Dem Schmerz entgeht keiner der «Sterblichen», wie die Menschen bei Homer im Gegensatz zu den ewigen, vom Leid unberührten Göttern heißen. Die Einsicht in diese Gemeinsamkeit reicht tiefer als die Feindschaft von Kriegsgegnern und die Verschiedenheit der Lebenslagen. Ein schwacher Greis zu sein oder ein kraftstrotzender Kämpfer, Trojaner oder Grieche, auf der Siegerseite zu stehen oder bei den Verlierern – das sind jetzt die letzten Nebensachen, die Homer beiseiteräumt, wie Rüstungen oder Kleider, die er seinen Helden abnimmt, bei seinem finalen Vorstoß ins Eigentliche. Am Schluss bleibt nichts übrig als die nackte, pure Menschlichkeit: verletzlich, aber auch würdevoll, in ihrer Art würdevoller als alles, was die Götter, in ihrer privilegierten Schicksallosigkeit, jemals erleben oder zustande bringen können. Die «Ilias» endet mit der Entdeckung der Humanität. Look at it and keep it in mind.

Für meinen Tübinger Lehrer Walter Jens war Homers «Ursachenforschung», die im Zorn des Achilleus den Kern des Troja-Geschehens ausmachte, der Beginn einer Bewegung, die sich durch die ganze griechische Geistesgeschichte ziehen sollte: «Immer wurde die Fülle der Erscheinungen, die es am Ende mit einem Blick zu überschauen gilt, zu einem Urprinzip zurückgeleitet. Das Reich des Scheins in seiner Vielfalt und die Einheit zu erkennen, das Komplexe zu reduzieren und vom Sichtbaren auf das Unsichtbare, von der Erscheinung auf die Idee zu schließen und hinter dem Trug die Wahrheit zu zeigen, ist hellenisch.» Auch die Tragödiendichter folgten diesem Muster, wenn sie den Sturz des Helden auf einen zentralen Punkt, auf die «Hybris», die frevelhafte Selbstüberhebung, zurückführten. Und schließlich hat das Bedürfnis nach erhellender Vereinfachung eine ganz neue menschliche Denkweise hervorgebracht: die Rationalität von Philosophie und Wissenschaft.

Das geschah im 6. vorchristlichen Jahrhundert, nicht in Athen, sondern in Kleinasien, an der südwestlichen Mittelmeerküste der heutigen Türkei, die damals griechisch besiedelt war. In den blühenden Hafen- und Handelsstädten der Region kamen Waren, Menschen, Informationen aus der ganzen damals bekannten Welt zusammen; sie waren eine natürliche Geburtsstätte für unkonventionelle, experimentelle Ideen. Aber auch Süditalien, wo viele griechische Stadtstaaten politische Ableger, sogenannte «Kolonien», gegründet hatten, die manchmal reicher geworden waren als die Gemeinwesen des Mutterlands, wurde ein Schauplatz des intellektuellen Aufbruchs.

Welches ist, wollen die frühen Denker wissen, der Ur- und Grundstoff, die Basissubstanz, von der letztlich alle Dinge ausgehen und aus der sie abgeleitet sind? Für Thales, der um 624 bis 547 vor Christus im kleinasiatischen Milet lebte, ist es das Wasser. Andere entscheiden sich für die Luft oder das Feuer. Es sind kühne Spekulationen, die mit großem Selbstbewusstsein vorgetragen werden und die alten Daseinsdeutungen des Mythos und der Dichter verdrängen sollen. Auf Homer und seinen Poetenkollegen Hesiod, denen die Griechen bis dahin ihr Weltbild verdankten, blicken manche der frischgebackenen Philosophen mit aggressiver Verachtung herab. «Alles», sagt einer von ihnen voller Empörung über die Unmoral der Sagen und Epen mit ihren Liebschaften und Intrigen auf dem Olymp, «alles haben Homer und Hesiod den Göttern angehängt, was bei den Menschen Schande und Tadel bringt: dass sie stehlen und die Ehe brechen und sich gegenseitig betrügen.» Ein anderer spricht davon, dass Homer es verdient hätte, aus dem kulturellen Leben vertrieben und ausgepeitscht zu werden. Dass etwas über lange Zeit geglaubt oder für gut gehalten wurde, dass jemand seit Menschengedenken eine unangefochtene Autorität war, das zählt auf einmal nicht mehr als Argument. Das Denken geht auf Distanz zum Bestehenden und Hergebrachten, und der Einzelne emanzipiert sich von der Gemeinschaft.

Die Welterklärungen der frühgriechischen Denker hören sich oft kaum weniger gewaltsam und phantastisch an als die alten Mythen. «Ist es wirklich nötig», hat Friedrich Nietzsche, der sich als einer der ersten modernen Philosophen intensiv mit den Denkern der Frühzeit beschäftigte, zur Wasser-These des Thales gefragt, «hierbei stille zu stehen und ernst zu werden?» Nietzsches Antwort: «Ja, und aus drei Gründen: erstens, weil der Satz etwas vom Ursprung der Dinge aussagt; zweitens, weil er dies ohne Bild und Fabelei tut, und endlich drittens, weil in ihm, wenngleich nur im Zustande der Verpuppung, der Gedanke enthalten ist ‹alles ist eins›. Der erstgenannte Grund lässt Thales noch in Gesellschaft mit Religiösen und Abergläubischen, der zweite aber nimmt ihn aus dieser Gesellschaft und zeigt ihn uns als Naturforscher, aber vermöge des dritten Grundes gilt Thales als der erste griechische Philosoph.» Mit ihm beginnt der Weg vom Überlieferten zum Selbstgedachten, vom Poetischen zum Sachlichen, vom Besonderen zum Allgemeinen.

Anders als die späteren griechischen Philosophen Platon und Aristoteles, von denen vollständige Schriften erhalten sind, kennen wir diese frühen Denker nur aus Berichten über sie, bestenfalls aus Fragmenten ihrer Werke. Anaximander, ein jüngerer Zeitgenosse des Thales, ist der Erste, von dem ein wörtliches Zitat überliefert ist, ein einziger Satz: «Woraus das Werden der seienden Dinge ist, in das hinein geschieht auch ihr Vergehen gemäß der Notwendigkeit; denn sie zahlen einander gerechte Strafe und Buße für ihre Ungerechtigkeit gemäß der Ordnung der Zeit.» Das klingt kryptisch, aber eines ist klar: Anaximander formuliert so etwas wie die Tatsache der Naturgesetzlichkeit. Das Wesen der Welt ist nicht Spiel, Willkür, Zufall, sondern ein Zusammenhang von Ursache und Wirkung, ein System.

Die Pythagoreer (die ihre Schule auf jenen Weisen zurückführten, den man aus dem Mathematikunterricht vom «Satz des Pythagoras» her kennt) sahen die Lösung der Welträtsel in elementaren Zahlenverhältnissen, die sie zunächst in der Musik aufspürten, bei der Erklärung der Intervalle. Solche «Harmonien» sollten auch den Lauf der Himmelskörper bestimmen – eine eigentümliche, mystische Doktrin, die jedoch gleichzeitig das mathematische Naturverständnis begründete, das in der Neuzeit zur Basis der gesamten modernen Physik wurde. Leukipp und Demokrit, die ersten «Atomisten», erklärten, alle Gegenstände seien aus kleinsten, unteilbaren Partikeln zusammengesetzt, die in ihren unerschöpflichen Kombinationen die unterschiedlichsten stofflichen Eigenschaften hervorbringen würden: «Nur scheinbar hat ein Ding Farbe, nur scheinbar ist es süß oder bitter, in Wirklichkeit gibt es nur Atome und den leeren Raum.» Da ist sie wieder, die typisch griechische Denkfigur von Schein und Wesen. Der Ansatz der Atomisten ist materialistisch, das genaue Gegenteil der kosmischen Zahlenmetaphysik der Pythagoreer. Aber was die ideologischen Widersacher trotz allem verbindet, ist das Streben weg von der Vielfalt der Phänomene und hin zum gemeinsamen Nenner des integrierenden Prinzips. Der Vorstoß zur wahren Realität, die jenseits der täuschenden Sinneswahrnehmungen liegt. Die Aufdeckung einer einfachen Tiefenstruktur unter der verwirrenden Oberfläche. Die Grundhaltung von Wissenschaft und Philosophie.

Mit den Griechen fing an, was viel später, in einer anderen Epoche, im europäischen 18. Jahrhundert, «Aufklärung» genannt werden sollte – und bis heute kann man nirgendwo sonst so ursprünglich und unverbraucht wie bei den Griechen kennenlernen, was Aufklärung bedeutet: eine neue, respektlose Freiheit im Verhältnis zu Religion und Tradition; der Anspruch des Individuums, sich seine eigenen Gedanken zu machen und auf die großen Fragen seine eigenen Antworten zu geben; der Glaube an Verstand und Vernunft als Zugang zum sichtbaren wie zum unsichtbaren Universum. Die kritische Mentalität, die sich zunächst der Natur zuwandte, machte auf Dauer auch vor Gesellschaft und Politik nicht halt. Die sogenannten Sophisten, reisende Weisheits- und Rhetoriklehrer, die von Stadt zu Stadt zogen und gegen teils schwindelerregende Honorare die Söhne der Elite unterrichteten, stellten die Fundamente der sozialen Ordnung in Frage: Sind die Gesetze wirklich Ausdruck der Gerechtigkeit – oder bloß willkürliche menschliche Verabredungen, ein Diktat der Mächtigen? Ist die Wahrheit, die der Redner vor Gericht oder in der Ratsversammlung für seine

Position reklamiert, eine objektive Größe oder bloß eine Frage des Standpunkts?

Es war eine brillante, fiebrige, polarisierte Epoche, wie die unruhigen 1920er Jahre im Berlin der Weimarer Republik, und die Konservativen schlugen mit gleicher Wucht und Schärfe gegen die Zweifler und Neuerer zurück. Der Komödiendichter Aristophanes griff seinen literarischen Zeitgenossen, den Tragödienautor Euripides, als zersetzenden Neinsager an, der in seinen Stücken die Mannestugenden der alten Zeit verriet. Platon stellte in seinen Dialogen die Sophisten als intellektuelle Verführer dar und entwarf als Gegenideal zur disziplinlosen athenischen Demokratie einen strikt kontrollierten Philosophenstaat. Die Griechen haben nicht nur die Aufklärung erfunden, sondern auch die Gegenaufklärung, die Kritik an den Kritikern, das Widerspiel von Fortschrittsglauben und Fortschrittsskepsis, den Pendelschlag zwischen «Links» und «Rechts» in der Welt der Ideen.

Mit den Erfolgen der Rationalität wuchs zugleich das Leiden unter ihr, wuchs auch der Sinn für die blinden Flecken des Rationalismus. Damals setzte die bis heute wirksame Dynamik ein, dass die Kräfte der Veränderung ihrerseits geistigen Widerstand auslösen: das romantische Heimweh von Jean-Jacques Rousseau, der aus der Künstlichkeit der Rokoko-Zivilisation «zurück zur Natur» wollte. Die «Dialektik der Aufklärung», in der Max Horkheimer und Theodor W. Adorno argumentierten, dass ausgerechnet die hoffnungsvolle Moderne in die Barbarei des Faschismus umschlug. Das ökologische Bewusstsein, das in der entfesselten Technologie und Industrie die Gefahr der Naturzerstörung und der menschlichen Selbstentfremdung erkannte. Es sind alles Variationen und Weiterentwicklungen eines Motivs, das aus dem antiken Griechenland stammt, aus dem Kampf zwischen kultureller Revolution und Konterrevolution.

Ihre Obsession mit dem Verstehenwollen und Auf-den-Begriff-Bringen hat die Griechen nicht einmal im Augenblick der tödlichen Krise verlassen. Thukydides, der Verfasser des «Melierdialogs» und Historiker des Peloponnesischen Kriegs, hat die verheerende Konfrontation nicht etwa im Nachhinein oder aus sicherer Entfernung, als unbeteiligter Beobachter, beschrieben. Thukydides war selbst Zeuge, Mitwirkender und Leidtragender der Selbstzerfleischung Griechenlands. Er stammte aus einer vornehmen athenischen Familie und hatte im Krieg als General gedient, bevor ihn seine eigenen Landsleute wegen eines angeblichen militärischen Versagens in die Verbannung schickten. Trotzdem hat er mit Distanz und Objektivität über den Krieg geschrieben. Trotzdem ist er ihm auf den Grund gegangen – wie die Naturphilosophen den Urstoff der Welt gesucht haben.

Das ist es, was ihn eigentlich interessiert, nicht irgendwelche Schlachten oder Feldzüge. Thukydides tut die Streitereien, die 431 vor Christus zum Kriegsausbruch zwischen Athen und Sparta geführt haben, als letztlich belanglos ab. Der wirkliche Konfliktherd liegt tiefer; die Akteure selbst reden nicht darüber, sie kennen ihn vielleicht gar nicht, der Historiker muss ihn erst herauspräparieren: «Für den wahrsten und zugleich am wenigsten ausgesprochenen Grund halte ich das Großwerden Athens, das den Spartanern Furcht einflößte und sie zum Krieg zwang.» Die traditionell dominierende griechische Landmacht Sparta fühlte sich von einem umtriebigen, ehrgeizigen Athen bedroht, das in kurzer Zeit mit Hilfe seiner Flotte ein neuartiges Seereich aufgebaut hatte. Der Einflussgewinn einer aufsteigenden und die Statusangst einer etablierten Macht: Das ist die schlichte, schlagende Formel, auf die Thukydides den Konflikt bringt. Wie ein wissenschaftlich geschulter Arzt, der nicht bei den Symptomen des Patienten stehenbleibt, sondern sich auf die Diagnose der zugrundeliegenden Krankheit konzentriert, hat er eine Pathologie der Politik entwickelt, eine gesetzmäßige Analyse kollektiven menschlichen Handelns. Thukydides hat im Wahnsinn des Krieges die Logik entdeckt.

Mit seiner Feststellung der wahren Ursache der Konfrontation hat Thukydides die Unterscheidung zwischen dem «Anlass» und dem «Grund» historischer Ereignisse geschaffen, die Geschichte erst verständlich macht. Das berühmteste Beispiel dürfte der Ausbruch des Ersten Weltkriegs sein. Der Anlass des Krieges war die Ermordung des österreichischen Thronfolgers Franz Ferdinand durch einen serbischen Attentäter am 28. Juni 1914 in Sarajevo. Sein Grund dagegen war die instabile Balance zwischen den Großmächten in Europa, besonders das zunehmende Selbstbewusstsein und die wachsenden Ambitionen des noch jungen, erst 1871 gegründeten Deutschen Reiches, das mit seinem Flottenbau die langjährige weltweite Seeherrschaft Großbritanniens zu gefährden schien. Eine aufsteigende gegen eine etablierte Macht: wie seinerzeit Athen gegen Sparta.

Man muss vorsichtig sein mit der Behauptung, dass Bildung nützlich sei – es ist ein etwas freudloses Argument, das einem den Spaß an der Sache eher verderben kann, außerdem lässt sich ein konkreter Gebrauchswert kaum je zweifelsfrei nachweisen. Aber im Fall der Griechen ist es schon frappierend, wie dauerhaft und belastbar ihre Einsichten sind. Sie haben die Prägnanz des morgenfrischen, unverwässerten Aha-Erlebnisses, das man nie mehr vergisst und das plötzlich ganz fernliegende Wirklichkeiten zu erhellen vermag. In den 1860er Jahren, als die Zeitstimmung schon ziemlich skeptisch war und man an Winckelmanns Musterhellenen nicht mehr recht glaubte, hat der Schweizer Kulturhistoriker Jacob Burckhardt das besondere Interesse an den Griechen genau mit dieser erstaunlichen, über große Distanz reichenden Erschließungskraft gerechtfertigt. «Es handelt sich», schrieb Burckhardt über die Faszination, die vom Altertum ausgeht, «nicht um eine phantastische Vorliebe, welche sich nach einem idealisierten alten Athen sehnt, sondern um eine Stätte, wo die Erkenntnis reichlicher strömt als sonst, um einen Schlüssel, der hernach auch noch andere Türen öffnet.» Das ist ein gutes Bild: Die Griechen haben nicht einfach bedeutende Werke geschaffen, sondern geistige Instrumente, Denkmodelle, mit denen die Menschheit weiterarbeiten kann. Nicht nur dass der Schlüssel nach 2500 Jahren immer noch passt und funktioniert. Er ist sogar rostfrei geblieben.

Unlängst hat sich der amerikanische Politikwissenschaftler Graham Allison mit der Frage beschäftigt, ob in Zukunft eine militärische Konfrontation zwischen China und den Vereinigten Staaten droht. Auch das ist ein Wettbewerb zwischen einer stellungsbehauptenden und einer vorwärtsdrängenden Macht: Die USA haben jahrzehntelang die

Weltpolitik dominiert, und ein zunehmend wohlhabendes und erfolgreiches China ist immer weniger bereit, das hinzunehmen. Im Rahmen eines Forschungsprojekts an der Harvard-Universität hat Allison sechzehn historische Beispiele zusammengestellt, in denen Staaten, die ihre internationale Position ausbauen wollten, anderen gegenüberstanden, die ihre bisherige führende Rolle verteidigten. Zwölfmal kam es dabei zum Krieg, nur in vier Fällen konnte er vermieden werden. Ein statistischer Befund, der für den weiteren Verlauf des 21. Jahrhunderts nicht gerade zuversichtlich stimmt. Der amerikanische Forscher hat für den vertrackten Mechanismus, der Aufsteiger- und Titelverteidigermächte zum fatalen Entscheidungskampf treibt, einen einprägsamen Namen gefunden – den einzig passenden, würdigen Namen. Er nennt ihn die «die Falle des Thukydides».

2. Geschichten:
VON DER WAHRHEIT ERFUNDENER WELTEN

Ein paar meiner schönsten Tage in Indien habe ich im Dschungel verbracht. Dschungel nennen die Inder nicht das, was wir Europäer uns normalerweise darunter vorstellen, also einen kreischend lauten und stickig feuchten tropischen Regenwald, in dem vor Schlingpflanzen und wimmelnden Kreaturen kein Durchkommen ist. Sondern Dschungel bedeutet in Indien: eine vom Menschen unberührte Landschaft, wo alles wächst und lebt wie seit Tausenden von Jahren, abwechselnd Hochwald und dichtes Buschwerk und savannenartige Ebenen – und natürlich Elefanten, Tiger und Leoparden, Krokodile, Papageien, Antilopen und Affen.

Unsere kleine Expedition galt einem Nationalpark im Norden des Landes. Wir wohnten in einem Jagdhaus, das vor mehr als hundert Jahren von der Forstverwaltung der britischen Kolonialmacht gebaut worden war, mit einer Art Säulenvorhalle an der Frontseite, wo man am Abend auf wackeligen Korbsesseln die unwirklich klar strahlende Sternenpracht bewundern und den rätselhaften Geräuschen lauschen konnte, die aus der finsteren Wildnis drangen. Nachts schliefen wir tief – so tief, dass wir das angstvolle, warnende Geschrei der Antilopen überhörten, als in der Dunkelheit ein Tiger um den Zaun des Geländes geschlichen sein musste, wie unser indischer Freund am Morgen erzählte.

In der Frühe, noch bevor es ganz hell wurde, und am späten Nachmittag, vor Sonnenuntergang, brachen wir mit einem Jeep in den Wald auf. Wenn eine Elefantenherde krachend aus dem Gesträuch hervorkam und den Weg überquerte, mussten wir darauf achten, nicht mit dem Wagen in ihrer Mitte eingeklemmt zu werden, als verdächtiges vierrädriges Blechtier, das in dieser Gesellschaft nicht willkommen war. Hier und da saß eine ganze Schar von Affen über einen Baum verteilt auf den Ästen, wie die Bewohner eines Mehrfamilienhauses. Der Tiger freilich blieb unsichtbar. Nur seine Spuren im Sand am Rand der Waldwege waren allgegenwärtig.

Bei allem, was wir im Dschungel sahen und erlebten, begleitete uns ein Buch. Es tauchte in allen Unterhaltungen auf, wenn wir abends auf unserer Säulenveranda bei einem Bier (gegen das Verbot der Nationalpark-Autoritäten eingeschmuggelt) den Tag noch einmal durchgingen. Doch es war kein Naturführer über die Pflanzen- und Tierwelt in Indien. Es war das «Dschungelbuch» von Rudyard Kipling – die Geschichte von der Urwaldkindheit des Menschenjungen Mowgli, von seinem Aufwachsen in einem Wolfsrudel, das ihn adoptiert hat, und von seinen Abenteuern mit dem gutartigen Bären Baloo, dem grausamen Tiger Shere Khan und der zwielichtigen Schlange Kaa.

Das «Dschungelbuch» ist eine Dichtung, ein modernes Märchen, ein poetischer Mythos. Aber hier in der Natur kam es uns vor wie der reinste Realismus. Waren die Affen, die uns eben noch einladend zugewinkt hatten, um uns im nächsten Augenblick mit provozierendem Hochmut wieder zu ignorieren, nicht wirklich jenes launische Volk, als das

Kipling sie darstellt, unverantwortlich über dem Ernst des (Urwald-)Lebens und Sterbens sich hin und her schwingend, eine quasihumane Medien- und Spaßgesellschaft mit minimaler Aufmerksamkeitsspanne? (Kipling wollte in Gestalt der Affen die Liberalen seiner Zeit karikieren, die er als eingefleischter Konservativer für haltlose Schwätzer hielt.) Spürte man nicht tatsächlich ein leichtes Bedürfnis, sich vor den Elefanten zu verneigen, wie vor Hathi im «Dschungelbuch», dem wahren König der Tiere, dem letzten Schiedsrichter aller Streitigkeiten, dem Einzigen, der in der Dürrezeit den «Wasserfrieden» ausrufen kann, unter dem Bär und Büffel, Panther und Stachelschwein nebeneinander aus demselben fast versiegten Bach trinken? Und war der Mungo, der da am Wegesrand in einem eigentümlichen Pendelgang entlangtrabte, als würde er sich wie ein Aal im Wasser vorwärtsschlängeln, nicht genauso ein schlauer Geselle wie sein literarischer Artgenosse Rikki-Tikki-Tavi, den Kipling in einer seiner Geschichten als listenreichen und menschenfreundlichen Jäger der tödlichen Kobra verewigt hat?

Natürlich waren wir nicht plötzlich kleine Kinder geworden, die Märchen wörtlich nehmen und Tiere für so etwas wie pelzige Menschen halten. (Obwohl Kipling selbst sich tatsächlich eine ordentliche Portion Anthropomorphismus gegönnt hat: «Mungos sind so kühn und klug, wie ich es zu beschreiben versucht habe. Oft kommen sie in ein Haus oder sogar in ein Büro, wo ständig Leute ein und aus gehen, und freunden sich dort mit Menschen an. Ein vollkommen wilder Mungo pflegte in Indien in mein Büro zu kommen und auf meiner Schulter zu sitzen – und sich seine neugierige Nase an meiner Zigarrenspitze zu verbrennen.») Wir wussten, dass eine Affenpopulation keine politisch labile Öffentlichkeit und ein Elefant nicht im buchstäblichen Sinne ein Monarch ist. Aber der Eindruck des Urwaldlebens war so überwältigend, dass ihm nur die Poesie gerecht werden konnte, die Beschwörung einer magischen Welt, in der hinter jedem Geschehen ein Wille, ein Charakter, eine Person stecken. Der Elefant ist majestätisch, derart majestätisch, dass es unwahrhaftig, unwürdig, eben eine Majestätsbeleidigung wäre, in ihm nicht einen wirklichen Herrscher zu sehen. Wie könnte man in den Affen, die kaum einen Augenblick auf ihren Ästen still sitzen, nicht den Inbegriff des Wankelmuts wiedererkennen, die Unberechenbarkeit gesellschaftlicher Stimmungen? In dieser überquellenden Natur die Phantasie zu mobilisieren, war kein Luxus und keine Spinnerei, es war schlicht eine Notwendigkeit, um mit der Realität mitzuhalten. Unser Dschungelerlebnis wäre nur halb so intensiv, es wäre letztlich verschenkt gewesen, wenn wir uns nicht auf das Spiel der Einbildungskraft eingelassen und die Dschungelbewohner aus Fleisch und Blut mit den Helden des «Dschungelbuchs» identifiziert hätten. Erst die Traum- und Zauberwelt des Märchens machte die Wirklichkeit komplett.

Dass ausgedachte, sogar phantastische Geschichten erwachsene Menschen derart faszinieren und ihnen zum vollen Verständnis der Wirklichkeit unentbehrlich sein sollen – das ist im Grunde so seltsam, dass man sich nicht genug darüber wundern kann. Etwas Fiktives ernst zu nehmen, sich mit erfundenen Figuren und erfundenen Geschehnissen liebevoll abzugeben, das wirkt, wenn man einmal einen Schritt zurücktritt und die Sache von außen betrachtet, vollkommen absurd. Es widerspricht allen Vorstellungen von einer gesunden, realitätstüchtigen Persönlichkeit, die zwischen Tatsachen und Illusionen unterscheiden kann und sich selbstverständlich an die Tatsachen hält. Und ist nicht Bildung überhaupt Wissen, Erkenntnis, Aufklärung – also das glatte Gegenteil von solchen Hirngespinsten?

Nur dass diese Hirngespinste merkwürdigerweise zum Kernbestand des Humanen gehören, in allen sozialen Milieus und zu allen Zeiten, sogar in den nüchternsten und vernünftigsten. Das 19. Jahrhundert ist in der Kulturgeschichte als Epoche des Realismus bekannt. Es war die Ära der Industrialisierung und der frühen Eisenbahnen, selbst die Dichter und Maler verabschiedeten sich von den Träumereien der Romantik und wandten sich der Darstellung der Alltagswirklichkeit zu. Einer der größten Schriftsteller dieser Zeit war der Engländer Charles Dickens. Als erster europäischer Autor schaffte Dickens den publizistischen Sprung über den Atlantik, um in den Vereinigten Staaten eine Massenleserschaft zu erobern. Niemand vor ihm hatte eine solche Popularität und Ausstrahlung, über die Klassenschranken hinweg und jenseits der Grenzen des eigenen Landes. Mit wenig Übertreibung könnte man ihn den Begründer der Weltliteratur nennen. In den Lehrbüchern der Literaturgeschichte erscheint auch Charles Dickens unter der Überschrift «Realismus». Aber in Wahrheit war er alles andere als «realistisch», nämlich zutiefst romantisch, ein Märchenerzähler und Zauberkünstler, und das Publikum ist mit hemmungsloser Begeisterung auf seine Tricks und Beschwörungen hereingefallen.

Die Schriftsteller veröffentlichten ihre Romane damals oft nicht gleich in Buchform, sondern zunächst als Fortsetzungsgeschichten, in wöchentlicher oder monatlicher Folge, in einer Zeitschrift oder als separate Hefte. Wenn im Winter 1840/41 im Hafen von New York die Schiffe aus London erwartet wurden, versammelten sich am Kai die Dickens-Fans, die auf die nächste Lieferung seines Romans «Der Raritätenladen» warteten. Die Leute riefen den einfahrenden Seeleuten ungeduldig zu: «Ist Klein Nell noch am Leben?» Klein Nell ist die Heldin der Geschichte, ein dreizehnjähriges engelgleiches Mädchen, das mit seinem spielsüchtigen Großvater auf der Flucht vor dessen diabolischem Gläubiger ist und vor Erschöpfung und Hunger an den Rand des Todes gerät.

Während die Serienpublikation noch im Gange und Klein Nells Schicksal einstweilen in der Schwebe war, bekam Dickens von seinen Lesern haufenweise Briefe, in denen sie ihn anflehten, das Mädchen doch bitte überleben zu lassen. Die Zahl der verkauften Exemplare des Magazins, das den «Raritätenladen» veröffentlichte, stieg auf hunderttausend, damals eine gigantische Auflage. Als Klein Nell im einundsiebzigsten Kapitel des Romans tatsächlich starb, literarisch eingelassen in das unverwechselbare Dickens-Gemisch von Tränen und Himmelsbalsam, war der Effekt ungeheuer. Der prominente Schauspieler William Macready schrieb an den Autor, mit dem er befreundet war: «Niemals habe ich gedruckte Worte gelesen, die mir so viel Schmerz bereitet haben.» Und der Richter und Literat Lord Francis Jeffrey, sonst ein eher strenger Kritiker, der von einer Freundin dabei erwischt worden war, dass er bei der Lektüre von

Klein Nells Todesszene weinte, gestand: «Ich bin eine große Gans, dass ich mich so habe gehenlassen, aber ich konnte es nicht ändern.»

Seine Lordschaft hätte sich nicht schämen müssen. Es ist keine Schande, für Dichterkreaturen und andere Kunstfiguren Gefühle zu entwickeln und sich von ihrem Schicksal anrühren und erschüttern zu lassen. Im Gegenteil: Mit der Entdeckung der Phantasie und mit der Liebe zu Phantasiegeschöpfen beginnt unser Bildungsweg, unsere ganze seelische und geistige Entwicklung. Mit Märchen, die alle Naturgesetze missachten, und mit Abenteuern, die jeden Rahmen der Wahrscheinlichkeit sprengen. Mit Drachen und Tarnkappen, mit Sternenkreuzern und Lichtschwertern. Mit dem Eintritt in eine neue, imaginäre Wirklichkeit, ein alternatives Universum, das uns zur zweiten Heimat wird. Selbst wenn ein Kinderbuch oder -film «realistisch» ist, handelt es sich doch in der Regel nicht um die Darstellung von etwas Realem, sondern um eine Erfindung, ein Produkt der Einbildungskraft. Nicht Information oder Paukerei stehen am Anfang der Bildung, sondern das Leben mit Traumgestalten.

Sich die ursprüngliche Freude an dieser Traumwelt zu erhalten, ist der Schlüssel zu allem späteren Genuss an den Werken der Literatur und Kunst. Sich etwas vormachen zu lassen, ist kein Ausdruck von Dummheit, sondern eine kostbare, unersetzliche Fähigkeit. Wehe dem, der sie verlernt. Ohne sie könnten wir keine Kurzgeschichte mit Lust und Verständnis lesen, keine Vorstellung im Theater oder in der Oper besuchen, keinen Spielfilm im Kino und keine Fernsehserie anschauen. Von der kleinen Raupe Nimmersatt bis zum größten Roman von Tolstoi oder Flaubert erstreckt sich ein bruchloses Kontinuum, dies alles gehört einem einzigen ungeteilten Reich der Phantasie an, und wer sich je verachtungsvoll von dem hungrigen Kriechtier im Bilderbuch abgewandt hat, weil er es nun besser weiß als sein leichtgläubiges Kinder-Ich und die Zeit der Märchenerzählerei endgültig hinter sich gelassen hat, der wird nie bei Anna Karenina oder Madame Bovary ankommen. Er wird nicht denken, dass sie ihm wirklich etwas zu sagen haben, er wird sich keine Mühe geben, sie kennenzulernen, und daher wird er von ihnen auch nichts Lohnendes zu hören bekommen. Man muss vergessen können, dass ihre Geschichten «nicht wahr» sind, um der tieferen Wahrheit darin und dahinter auf die Spur zu kommen.

Bildung, die doch zweifellos etwas mit Lernen und Wachsen und Reifen zu tun hat, lehrt und verlangt also paradoxerweise, dass wir nie ganz erwachsen werden. Gebildet ist gerade nicht, wer «mit beiden Beinen auf der Erde steht», der Durchblicker und Bescheidwisser, der unerschütterliche Realist. Man braucht einen Rest an Naivität, um mit Dichtung und Kunst, mit den großen Geschichten der Menschheit etwas anfangen zu können. Und nicht nur mit den großen Geschichten, sondern auch mit den großen Gedanken. Die Philosophie, wussten die antiken Griechen, fängt mit dem Staunen an, damit, dass man die Dinge nicht für selbstverständlich hält. Man muss sich erst einmal wundern, bevor man für das Verwunderliche, für das Wunderbare Erklärungen suchen und finden kann. Man darf nicht routiniert und abgebrüht sein. Wer Lösungen für das Rätsel der Welt sucht, muss die Welt zuerst als Rätsel erleben, als Geheimnis, muss sie also mit Kinderaugen betrachten. Das Wappen jedes gebildeten Menschen sieht anders aus, einmalig und unverwechselbar, zusammengesetzt aus den Wahrzeichen seiner persönlichen Helden und Vorlieben. Doch eine Figur findet sich in den Wappen aller gebildeten Menschen, und das ist Peter Pan, das Kind, das nicht erwachsen wird.

Allerdings ist die Peter-Pan-Theorie des Menschseins nicht unumstritten. Ist man wirklich automatisch ein Banause, wenn man keinen Sinn für die Schöpfungen der Phantasie hat? Kann es nicht sein, dass diese Traumwelten tatsächlich bloß belangloser Spielkram sind – oder sogar eine Art trügerisches, den Verstand benebelndes «Opium des Volkes», wie Karl Marx es von der Religion behauptet hat? Das Pro und Kontra zum Thema «Fiktion» ist in der Geschichte mit Leidenschaft und Erbitterung durchgefochten worden. Manche der Kunstfeinde waren in der Tat bornierte Fanatiker, wie die christlichen Puritaner im 17. Jahrhundert, die alle Theater als Stätten des Lasters und der gottlosen Sinneserregung schließen wollten. Oder wie die muslimischen Taliban, die im März 2001 zwei monumentale, anderthalb Jahrtausende alte unersetzliche Buddhastatuen im afghanischen Bamiyan durch Sprengung zerstörten, weil ihre dogmatische Auslegung des Islams alle bildlichen Darstellungen verbot.

Doch es gab auch höchst scharfsinnige und selbst hochkultivierte Kritiker der Kunst. So richtig ausgetragen wurde die Debatte zum ersten Mal im antiken Griechenland (wo überhaupt so vieles zum ersten Mal gedacht, gesagt und getan worden ist), und als die beiden Hauptgegner in diesem Streit traten die zwei bedeutendsten Philosophen des Altertums auf. Es ist dies eines jener Geistergespräche, bei denen zuzuhören auch zweieinhalbtausend Jahre später noch ein frappierendes Aha-Erlebnis darstellt. Es ist, als würde man einem Sonnenaufgang der Gedanken zusehen.

Auf der einen Seite stand Platon. Er stammte aus einer vornehmen Familie, wandte sich aus Frustration über die elitenfeindliche Demokratie in Athen von der Politik ab und gründete eine Art Lebens- und Studiengemeinschaft von Weisheitssuchenden – die «Akademie», von der alle «Akademiker» späterer Zeiten ihren Namen haben. Platon war der Erfinder des Idealismus, was in der Philosophie nicht bedeutet, dass man ein selbstloser Mensch ist, der sein ererbtes Vermögen für Waisenkinder in Afrika ausgibt, sondern eine moralfreie, rein intellektuelle Bedeutung hat: Der Idealist hält die sichtbare, materielle Welt nicht für die eigentliche Realität, sondern letztlich für den Widerschein einer höheren oder inneren geistigen Wirklichkeit. Diese Wirklichkeit, von der die stofflichen Dinge gleichsam bloß abgeleitet sind, nennt Platon die «Ideen».

Unsere mit den Sinnen wahrnehmbare Realität ist von der Sphäre der Ideen also schon einen Schritt zum Schlechteren, zum Irrealen hin entfernt. Wenn nun der Künstler diese Sinnenrealität, die Natur- und Menschenwelt, seinerseits in seinen Werken abbildet, nachahmt, reproduziert, dann wird die Distanz zur wahren Wirklichkeit noch größer. Die Kunst ist gewissermaßen die Kopie einer Kopie, der Abklatsch eines Abklatsches. Sie ist eine wertlose Scheinwelt. In Platons Augen rechtfertigte das drastische Konsequenzen: Als er sein Modell eines Idealstaats entwarf, die erste politische Utopie, sah er darin für die Dichter keinen

Platz, er wollte sie verbannen. Zumal er außerdem der Meinung war, dass die Gefühlsduselei der Poeten schädlich für die moralische Disziplin der Bürger sei.

Man kann schnell einwenden, Platon habe offenbar gar nicht verstanden, was Fiktion wirklich ist: Der krude Begriff der Nachahmung verfehlt das Phänomen der Kreativität, das für uns die eigentliche Leistung des Künstlers ausmacht. Erst recht werden viele die Theorie bizarr finden, dass die materielle Realität nur eine Art Schattenreich und die Ideenwelt die wahre Wirklichkeit sein soll. Andererseits kommt die scheinbar ignorante Dichterkritik von einem Mann, der selbst eine ungewöhnliche dichterische Begabung besaß. Platon war nicht nur ein glänzender Autor, der in seinen Dialogen Philosophie in Worte gebracht hat wie keiner nach ihm. Er hat an dramatischen Höhepunkten der Werke seine Lehren auch in Mythenerzählungen gekleidet, die es als poetische Schöpfungen mit jedem Kunstmärchen von Hans Christian Andersen aufnehmen können.

Entscheidend ist: Mit der Kategorie des Scheins hat Platon eine höchst wirkungsvolle Waffe gegen die Ansprüche und das Prestige der Kunst geschaffen. Dass mit Fiktionen etwas auf fundamentale Weise «nicht stimmt», dass sie etwas zugleich Substanzloses und Trügerisches sind, seinsmäßig defizitär und moralisch zweifelhaft, dass sie mit der Täuschung, sogar mit der Lüge zu tun haben – das bleibt ein wuchtiges Argument, und es ist nicht ohne intuitive Plausibilität. Der Schriftsteller Vladimir Nabokov, der Autor des Weltbestsellers «Lolita», hat in einem Interview einmal bemerkt: «Wissen Sie, wie die Dichtung begonnen hat? Ich denke immer, dass sie begonnen hat, als ein Höhlenjunge zurück zur Höhle gerannt kam, durch das hohe Gras, und im Laufen gerufen hat: ‹Ein Wolf, ein Wolf› – und da war kein Wolf.» Nabokov fügt hinzu, dass die Eltern des kleinen Neanderthalers, als überzeugte Anhänger des Wahrheitsprinzips, ihrem Sohn zweifellos eine gehörige Tracht Prügel verpasst hätten. Platons Kritik an der Kunst ist die philosophische Version dieser Tracht Prügel.

Die Gegenposition in der antiken Fiktionsdebatte hat Platons eigener Schüler Aristoteles bezogen. Aristoteles, der Lehrer des späteren Eroberers Alexander der Große, war ein pragmatischerer Denker als sein Vorgänger. Er verabschiedete sich von Platons Ideenspekulation, um die Grundlagen zu schaffen für eine ganze Reihe von empirischen Wissenschaften – von der Zoologie bis zur vergleichenden Verfassungskunde. Ein Universalgenie, das außerdem noch enorm fleißig gewesen sein muss. Seine Wirkung, nicht nur im Abendland, sondern auch in der islamischen arabischen Welt, war beispiellos; im europäischen Mittelalter galt er als Quelle des Wissens schlechthin.

Aristoteles' Gedanken zum Fiktionsproblem finden sich in seiner Schrift über die «Poetik», und hier stellt er Platons Dichterschelte geradewegs auf den Kopf. Aristoteles vergleicht die Literatur (die ihre Handlungen erfindet) mit der Geschichtsschreibung (die Fakten referiert) und urteilt erstaunlicherweise, dass die Literatur «philosophischer und bedeutender» sei. Sie stelle nämlich nicht tatsächliche Ereignisse dar, sondern «was geschehen könnte und was möglich ist, nach Wahrscheinlichkeit und Notwendigkeit», und sei damit «allgemeiner». Wir würden heute vielleicht sagen: universeller.

Das ist eine geniale Entdeckung. Aristoteles hat erkannt, dass die vermeintliche Unwirklichkeit der Kunst nicht ein Mangel ist, jedenfalls keiner sein muss, sondern einen Vorteil und Gewinn bedeuten kann: Statt an einer beschränkten Tatsächlichkeit zu kleben, eröffnet sie einen Raum von Gedankenexperimenten, von Laborsituationen, in denen man mehr über die Welt und den Menschen erfährt als durch noch so viel Faktenmaterial. Was X oder Y irgendwann einmal getan haben oder was ihnen passiert ist, erklärt der Verfasser der «Poetik», ist weniger aufschlussreich als das Muster des Geschehens, das Parallelogramm der wirkenden Kräfte, die zugrunde liegende Konstellation: wie jemand, der diesen oder jenen Charakter hat, in der einen oder anderen Situation handelt. Das ist das «Allgemeine».

Literatur ist nicht Wissenschaft (oder, wie die griechischen Denker sich ausgedrückt hätten, Philosophie), aber auf ihre Art bringt auch sie Gesetzmäßigkeiten ans Licht und schafft Erkenntnis. Sie ist mitnichten, wie Platon geglaubt hatte, bloß «Schein». Wir sagen heute ganz selbstverständlich, dass ein Roman oder ein Theaterstück «eine unangenehme Wahrheit» ausspricht, oder reden vielleicht allgemein von der «Wahrheit der Kunst». Wir machen uns nicht klar, wie wenig selbstverständlich solche Gedanken in Wirklichkeit sind und was für ein intellektueller Kraftakt erforderlich war, um sie möglich zu machen. Aristoteles hat ihn geleistet: Er hat die Wahrheit in der Fiktion gefunden.

Ein bisschen kalt und trocken wirkt diese Rettung der Poesie aber doch; man merkt, dass sie von keinem sehr poetischen Kopf stammt. Alles bleibt streng rational: Dichtung soll sich «nach Wahrscheinlichkeit und Notwendigkeit» richten. Von Imagination und Schöpfertum, gar von Magie, ist nicht die Rede. Keine Phantastereien mit Herrn Professor Aristoteles. Trotzdem hat der prosaische Philosoph mit seiner unscheinbaren Kategorie des «Möglichen» einen gewaltigen Schritt in Richtung einer Rehabilitation der Einbildungskraft getan. Das «Mögliche» steht für Optionen, Potenziale, Alternativen, Pluralismus; es signalisiert, dass in unserer einen Welt viele Welten versteckt sind oder schlummern, die nur darauf warten, aufgespürt oder geweckt zu werden. Realismus ist nicht die ganze Wahrheit; wer immer realistisch sein will, wird borniert und verkümmert. Der Mensch braucht nicht bloß Wirklichkeitssinn, er braucht auch Möglichkeitssinn. Und den lernt er im Umgang mit den Fiktionen der Literatur und Kunst.

Für mich selbst muss ich gestehen, dass ich auch ohne die klugen Rechtfertigungen der «Poetik» mit gutem Gewissen in erfundene Welten eintauchen würde. Ich liebe es einfach, wenn ich etwas erzählt bekomme oder wenn ich auf einer Maler- oder Kinoleinwand die Bilder einer imaginären Wirklichkeit vor mir sehe. «Nach Wahrscheinlichkeit und Notwendigkeit» muss es dabei nicht immer zugehen; bei Geschichten schrecke ich auch vor dem Übernatürlichen nicht zurück.

Mit definitiv halbwüchsigem Enthusiasmus habe ich mich als Korrespondent einmal von Schülern im nordindischen Shimla durch ihr Internat führen und mir von den Gespenstern erzählen lassen, die dort in den vergangenen hundertfünfzig Jahren ihr Unwesen getrieben hatten. Shimla liegt auf halbem Weg ins Hochgebirge, Wolken und Nebel lagern schemenhaft an den felsigen oder baumbestandenen Abhängen, die «Bishop Cotton School» selbst steht auf einem unübersichtlichen weitläufigen Gelände mit dunklem Kiefernwald und alten Gemäuern, mit einer würdigen Kapelle für die Schulgottesdienste und einem Speisesaal, in dem Ritter tafeln könnten – es ist das perfekte Szenario für Spuk.

Der sechzehnjährige Mohammed und seine Freunde zeigten mir das Chemielabor, in dem sich vor mehr als hundert Jahren ein Schüler bei seinen Experimenten mit gefährlichen Gasen vergiftet hatte – und den großen, tagsüber verlassenen Schlafsaal, in dem der Tote wenige Tage später einem Kameraden erschienen war. Als der verblüffte Schüler damals in dem dunklen Raum sein Öllämpchen heller stellen wollte, verschwand das Gespenst. «An jedem Geburtstag des Schulgründers», erklärte mir Mohammed, «zeigt sich der Geist wieder.» Aber immer nur dem Schulsprecher.

Wir passierten den Sportplatz, wo angeblich öfters ein kopfloser Reiter zu sehen war. Ich erfuhr von den geheimnisvollen Geräuschen, die jedes Jahr in der Nacht des 28. April zu hören sind: wie wenn ein Kricketball auf einen Schläger trifft. Denn an einem 28. April irgendwann in den 1980er Jahren war die Kricketmannschaft der Schule auf der Heimfahrt von einem Turnier in eine Schlucht gestürzt und umgekommen.

Die Führung endete auf einem Hügel am Rande des Schulgeländes unter hohen Bäumen. Mohammed und seine Freunde hatten die beste Geschichte bis zum Schluss aufgehoben. Genau hier, erzählten sie mir, traf vor vielen Jahren ein Schüler auf ein Gespenst. In panischer Angst rannte der Junge den Hügel hinab und war heilfroh, als er weiter unten einen der Wachmänner sah, die für den Schutz des Internats zuständig sind. Noch aus der Ferne schrie er ihm zu, dass er da oben einem Geist begegnet sei. «Wie sah er aus?», fragte der Wärter, der sich abgewandt hatte, weil er mit irgendeiner Arbeit beschäftigt war. «Er hatte kein Gesicht», rief der immer noch vor Angst schlotternde Schüler. «Du meinst, etwa so?», sagte der Wachmann und drehte sich um – und wo Stirn, Augen, Nase und Mund hätten sein sollen, blickte der Junge nur in eine entsetzliche Leere.

Ich glaube keinen Augenblick lang, dass Mohammed und seine Kameraden die Spukabenteuer, die sie mir als stolzes Erbe ihres Internats berichteten, für wörtlich wahr hielten. Es hätte sonst an der Bishop Cotton School in Shimla mehr Gespenster als Schüler geben müssen. Aber sie genossen es, sich in einer Kulisse zu bewegen, die durch diese Geschichten bemerkenswert und besonders wurde. Und ich genoss es auch.

Wenn ich heute die «Schatzinsel» aufschlage, Robert Louis Stevensons Geschichte von Jim Hawkins und den Meuterern und Piraten um den einbeinigen Schiffskoch Long John Silver, die nach Kapitän Flints vergrabenem Gold suchen, dann kann ich mich immer noch mühelos in den Jungen hineinversetzen, von dem die Erzählung handelt – und in den Jungen, der ich selbst war, als ich das Buch vor mehr als vierzig Jahren zum ersten Mal gelesen habe. Der weiße Band mit dem dunkelblauen Rückenschild, den ich als Zehnjähriger in der Hand hatte, muss irgendwo verloren gegangen sein. Aber der Leser ist derselbe geblieben, und seine Erwartungen an das Geschriebene und das Leben sind es im Grunde auch.

Anders als damals führe ich kein eigenes Schiffstagebuch mehr, in dem ich mir meine persönlichen Abenteuer auf See zusammenphantasiere. Doch dass eine richtige Geschichte Helden und Schurken und Sensationen braucht, dass man Spannung so wenig geringschätzen soll wie das Exotische, dass Kunst nicht irgendeine brave oder meinetwegen auch avantgardistisch anspruchsvolle Bastelarbeit ist, sondern ein Zauberspruch, der uns in eine andere Welt versetzt – das glaube ich heute genauso wie bei meiner Kinderlektüre. Auch dass es am Ende um Gut und Böse geht. Wobei es zugleich mit Gut und Böse nicht so einfach ist: Long John Silver, der verbrecherische Schiffskoch in der «Schatzinsel», ist ein extrem interessanter, komplexer Charakter. Er hat beunruhigend viel Charme. Vielleicht hat er sogar ein Gewissen. So ganz erfahren wir es bis zum Schluss nicht.

Für mich waren es Geschichten wie die von der «Schatzinsel», in denen ich meine halb ästhetische, halb moralische Grundausstattung gefunden habe. Es waren Jungengeschichten; Frauen werden sich an andere Lieblingserzählungen aus ihrer Mädchenzeit erinnern. Für meine Söhne, dreißig Jahre später, mag es das Fantasy-Epos «Herr der Ringe» gewesen sein, als Buch und als Film, das den Träumen ihren Stoff gegeben hat. Die Phantasiewelten der nächsten Kindergeneration kenne ich schon gar nicht mehr. Aber es gibt sie bestimmt. Und eines haben alle diese Geschichten gemeinsam. Es ist etwas, das sie auch mit dem «Dschungelbuch» teilen, das uns sicher durch unsere Abenteuer im indischen Urwald geführt hat. Es sind immer Märchen. Mit ihnen fängt es an, und mit ihnen hört es nie auf.

3. Die Bibel:
DER ENTWICKLUNGSROMAN DER MENSCHHEIT

Zum «Palais der Heiligen Behörde» kommt man, wenn man vom Tiber her nicht geradezu auf den Petersdom zugeht, sondern nach links durch die Kolonnaden abbiegt, den riesenhaften barocken Säulengang, der den ganzen Petersplatz einfasst. Ich war zu dem Gittertor gegangen, das hier den Kirchenstaat, das souveräne Territorium des Papstes, von der italienischen Stadt Rom trennt, hatte mich bei den Schweizergardisten, den malerisch in Landsknechtskostüme gewandeten Soldaten des Vatikans, ausgewiesen und war von ihnen quer über den Hof zum Portal eines Renaissancepalastes geschickt worden. Seit dem 16. Jahrhundert hat in diesem Palazzo das «Sanctum Officium» seinen Sitz, besser bekannt unter dem gefürchteten Namen «Inquisition»: das Tribunal, mit dem die katholische Kirche Ketzer verfolgte und Irrlehren ausrottete. In den Kellern waren damals die Kerker für die Gefangenen untergebracht.

Ich hatte mich bei einem Bürodiener gemeldet, der auf seinem sonst leeren, blankgefegten Tischchen ein geradezu provozierend einsames und makellos betipptes Blatt liegen hatte, auf dem nichts als eine Liste der Besucher stand, die an diesem Tag zu erwarten waren: wenig Schrift, breiter Rand, wie ein kostbares Gedicht in wenigen Zeilen, ein Haiku. Ich hatte in einem Vorraum einen kurzen Smalltalk mit einem Sekretär absolviert.

Jetzt saß ich in einer kleinen Sitzgruppe am Rand eines saalartig großen Arbeitszimmers einem alten Herrn in unscheinbarer schwarzer Priesterkleidung gegenüber. Es war der oberste Hüter der reinen Lehre der katholischen Kirche, der Präfekt der Glaubenskongregation, Seine Eminenz Joseph Kardinal Ratzinger.

Ich schrieb seinerzeit, Ende der 1990er Jahre, an einem Buch über den damaligen Papst Johannes Paul II. Ratzinger war der zweite Mann dieser Kirchenregierung, der wichtigste, mächtigste und klügste Berater des Papstes, der vorsichtige, traditionsbewusste deutsche Theologe, der im Reich des impulsiven polnischen Pontifex für intellektuelle und dogmatische Disziplin zu sorgen hatte. Ein klassischer Konservativer in den Diensten eines Mannes, der nicht weniger konservativ, aber viel weniger klassisch war. Zusammen hatten der Papst und sein Präfekt die linke, marxistisch inspirierte Befreiungstheologie in Lateinamerika bekämpft und in der ganzen Kirche einen entschiedenen Restaurationskurs gefahren; vor allem Ratzinger war bei vielen liberalen, reformfreudigen Katholiken geradezu verhasst. Von diesem Image her hätte man denken können, dass er seine Besucher im vollen kirchenfürstlichen Ornat empfangen würde. Aber das goldene bischöfliche Brustkreuz, das er zu seinem bescheidenen schwarzen Anzug trug, war das einzige sichtbare Zeichen von Rang und Würde.

Ich war nach Rom gekommen, um mit dem Kardinal über seinen Chef zu reden; ich wollte erfahren, ob ich mit meiner Papst-Deutung nach der Meinung seines führenden Mitarbeiters und Wegbegleiters richtiglag. Es war ein schönes, einprägsames Gespräch. Ich sah, wie sehr Ratzinger sich

Johannes Paul II. verbunden fühlte – ich merkte aber auch, dass ihm die romantische, schwärmerische Gläubigkeit des Pontifex ziemlich fremd war. Irgendwann fing ich an zu erklären, wie imponierend ich den Papst fand: einer der wirklich Großen unserer Zeit, wichtige Rolle beim Sieg über den Kommunismus, bedeutendster lebender Kritiker von Kapitalismus und Moderne. Mir kam er extrem eindrucksvoll vor, obwohl ich gar kein Katholik, sondern Protestant war und auch nicht besonders fromm. An dieser Stelle bemerkte der Kardinal, ich weiß nicht mehr, ob lächelnd oder mit eher melancholischem Gesichtsausdruck: «Sie haben es gut, Sie müssen nicht gehorchen.» So tief er Johannes Paul II. respektierte, so sehr empfand er seine Treuepflicht, das eingehegte Dasein eines Spitzenbeamten des katholischen Glaubenswesens, offenbar manchmal auch als Last.

Ein paar Jahre später musste auch Joseph Ratzinger nicht mehr gehorchen, da war er selbst Papst geworden, als Nachfolger seines alten Vorgesetzten; er hieß jetzt Benedikt XVI. Aber wahrscheinlich war es ihm bei seiner Bemerkung über das Glück meiner Ungebundenheit gar nicht so sehr um Hierarchie und um Machtfragen gegangen. Was er im Grunde gemeint hatte, was eigentlich die Grenze zwischen ihm und seinem Besucher zog, war der Unterschied zwischen drinnen und draußen: Er gehörte dazu, und ich tat es nicht. Ich war ein Zuschauer, ein interessierter und vielleicht sympathisierender Beobachter seiner Kirche, aber ich war kein Teil von ihr, und schon gar nicht war sie mein Leben. Das machte mich in gewisser Weise, aus der Perspektive der Institution, irrelevant. Aber es machte mich auch frei. Beneidenswert frei.

An dieses Gespräch vor rund zwanzig Jahren in Rom muss ich immer zurückdenken, wenn es um die Rolle der christlichen und biblischen Tradition in der Bildung geht. Das Christentum hat unsere Wirklichkeit so stark geprägt wie sonst nur Wissenschaft und Technik; man muss dieses Erbe wenigstens in Umrissen kennen, wenn man die Welt – und sich selbst – begreifen will. Die Bibel ist das Buch, ohne dass man nichts versteht: nicht unsere Feiertage wie Weihnachten, Ostern und Pfingsten, nicht die Filme von Martin Scorsese oder Clint Eastwood mit ihren religiösen Anspielungen, nicht den Nahostkonflikt, in dem um ein angeblich heiliges Land gekämpft wird.

Doch wir treten der Bibel und ihren Lehren, wenn wir nach Bildung suchen, in einer bestimmten Haltung gegenüber: nicht als Gläubige, sondern als Neugierige und Wissenssuchende. Die Schöpfungserzählung und die Passionsberichte, die Appelle der Propheten Israels und die Grübeleien des Apostels Paulus sind uns als bildungshungrigen oder gebildeten Menschen wichtig und lehrreich, sie können uns bewegen, aber sie binden uns nicht. Wir müssen uns nicht unterwerfen – umgekehrt müssen wir nicht protestieren oder rebellieren, wenn wir unsere Unabhängigkeit bewahren wollen. Wir sind frei. Wir brauchen keine Meinung dazu zu haben, ob Jesus wirklich Gottes Sohn war und am dritten Tag nach seiner Kreuzigung von den Toten auferstanden ist. Es ist erst einmal bloß eine erstaunliche, folgenreiche Geschichte, die es zu kennen lohnt. Wir haben es gut, wir müssen nicht gehorchen.

Das ist deshalb so bedeutsam, weil Religion eine berüchtigte Quelle von Streit und Missvergnügen darstellt: zwischen Gläubigen und Ungläubigen ebenso wie zwischen den Gläubigen verschiedener Glaubensrichtungen. Ständig fühlt sich irgendjemand in seinen frommen Empfindungen verletzt, während ein anderer sich von Missionsversuchen belästigt sieht. Das scheint religiöse Kultur und heilige Texte zu einem problematischen Bildungsgut zu machen, dem man vielleicht besser ausweichen sollte. Aber das stimmt nicht. Als Bildungsgegenstand ist Religion ungefährlich, weil sie hier zwischen Anführungszeichen gesetzt und in ihrem Wahrheitsanspruch suspendiert wird. Man kann sich ihr ohne Risiko mit Interesse nähern, wie einem faszinierenden, aber unberechenbaren Raubtier, das für den Augenblick sicher im Käfig hinter Gittern sitzt. Religion in der Bildung ist Religion für Ungläubige – und für Gläubige, die ihren Glauben auch einmal aussetzen können. Dann entdeckt man, wie viel in den Gottesgeschichten selbst für Gottlose zu finden ist. Als 1928 die Zeitschrift «Die Dame» sich in einer Umfrage bei der Schriftstellerprominenz der Weimarer Republik nach den stärksten literarischen Eindrücken erkundigte, antwortete Bertolt Brecht, überzeugter Kommunist und Atheist, der gerade mit der «Dreigroschenoper» die Berliner Theaterwelt erobert hatte, mit einem einzigen lapidaren Satz: «Sie werden lachen: die Bibel.»

«Bibel» heißt dem Wortsinn nach nichts anderes als «Buch» auf Griechisch. Sie ist für Christen (und in ihrem ersten Teil, dem von Christen sogenannten Alten Testament, auch für Juden) die Heilige Schrift, aber für unsere gesamte Zivilisation ist sie das fundamentale Buch, das Buch schlechthin, und wie ein wirkliches, spannendes, gedankenreiches, herausforderndes Buch kann man sie auch lesen.

Der amerikanische Autor und ehemalige Jesuitenpater Jack Miles hat in diesem Sinne einmal eine frappierende Art von Bibel-Lektüre durchgespielt. Er liest das «Buch der Bücher» als Biographie Gottes, wie einen Entwicklungs- oder Erziehungsroman, eine Lebensgeschichte.

Jeder kennt die biblische Erzählung vom Urverbrechen, dem ersten Blutvergießen der Menschheitsgeschichte: dem Totschlag, den Kain an seinem Bruder Abel begeht. Sie steht, gleich nach dem Bericht von Adam und Eva und ihrer Vertreibung aus dem Paradies, im Alten Testament im vierten Kapitel des Ersten Buchs Mose, der sogenannten Genesis. Abel, der Hirte, und Kain, der Bauer, bringen beide Gott ihre Opfer dar, der eine von den Tieren der Herde, der andere von den Feldfrüchten; und während Abels Opfer Wohlgefallen findet, wird das von Kain verschmäht. Aus Neid und Eifersucht erschlägt Kain seinen Bruder. Erst versteckt er sich schuldbewusst vor Gott, schließlich wird er zu einem ruhelosen Wanderleben ins Exil verbannt und mit dem geheimnisvollen «Kainszeichen» versehen, das ihn als Outcast markiert, an dem sich kein menschlicher Rächer vergreifen darf.

Für Jack Miles stellt Gottes Urteil über Kain nicht einfach die Durchsetzung einer vorher schon gültigen Norm aus gegebenem Anlass dar: Mord ist verboten, Kain hat gemordet, Kain muss bestraft werden. Miles sieht in der Strafe vielmehr eine Improvisation, die spontane Antwort auf eine unvorhergesehene Herausforderung. Er zeigt sehr überzeugend, wie im Bericht über Kains Bluttat Mensch und Gott zunächst gleichermaßen ratlos am Tatort stehen. Gott, der sich vorher zu diesem Thema noch gar keine Gedanken gemacht hat, bemerkt an seinem Zorn über den menschlichen

Übergriff auf einmal, dass er allein Herr über Leben und Tod sein will. Er wird jetzt, erst jetzt, ein richtender, moralischer Gott, der Gott des Gebotes: «Du sollst nicht töten.»

Wir übersehen solche Brüche und Wendepunkte normalerweise, weil wir gewohnt sind, uns die Bibel als Einheit vorzustellen. Wenn Gott im Ersten Buch Mose Kain verflucht, dann wissen wir immer schon, dass er im Zweiten Buch Mose in den Zehn Geboten den Mord verdammt, und so wirkt der Fluch über Kain ganz selbstverständlich. Aber, so Miles, das «Tastende und Versuchsweise» in Gottes Verhalten wird erst richtig begreiflich, wenn ihm im Augenblick von Kains Brudermord die Zehn Gebote selbst noch unbekannt sind, wenn er seine Entwicklung zum göttlichen Gesetzgeber noch vor sich hat.

Miles liest die Bibel streng chronologisch, in der Reihenfolge der Bücher, aus der sie besteht, und nimmt jedes dabei neu auftauchende Wesensmerkmal Gottes als neu entstandenen Charakterzug. Gott «offenbart» sich nicht, wie traditionelle Theologen diese fortschreitende Selbstentfaltung nennen würden, er erschafft und entdeckt sich. Wenn er, anders als in der Anfangszeit von Adam und Eva und Kain und Abel, später zum Propheten Jesaja von seiner Liebe spricht, dann hat er nicht vorher von seiner Liebe geschwiegen, sondern er hat erst jetzt zu lieben gelernt. Ein Bibelforscher des späten 19. Jahrhunderts pflegte die rauen Sitten, die der Allerhöchste im Alten Testament gelegentlich an den Tag legt, mit der Bemerkung zu entschuldigen: «Da war der liebe Gott noch jung.» Das ist natürlich nur eine Metapher; es soll heißen, dass dieses robuste Gottesbild einer frühen, noch etwas primitiven Epoche der Religionsgeschichte angehört.

Miles nimmt die Metapher wörtlich und verfolgt, wie der junge Gott erwachsen wird – und schließlich sogar alt.

Man muss diese Deutung der Bibel als Gottes Biographie und Lebensroman nicht zu ernst nehmen. Sie ist ein Einfall, ein Gedankenexperiment – aber ein erhellendes, aufschlussreiches. Man kann sich damit klarmachen, wie viel Prozess und Veränderung, wie viele verschiedene, aufeinanderfolgende Schritte und Stufen in diesem scheinbar kompakten, abgeschlossenen heiligen Buch stecken. Es setzt ein mit den Urereignissen der Welt und der Menschheit, mit der Entstehung des physischen und moralischen Universums: Schöpfung, Sündenfall, Sintflut. Dann folgt das eigenartige, für die ganze Bibel und ihr Weltbild entscheidende Motiv, dass Gott mit den Menschen (jedenfalls mit einem Teil der Menschheit) einen «Bund» schließt: Er verpflichtet sich ihnen gegenüber besonders und erwartet dafür von ihnen besonderen Gehorsam.

Der erste, ursprüngliche Partner dieser Abmachung ist ein Mann namens Abraham, der aus dem «Zweistromland» zwischen den Flüssen Euphrat und Tigris stammt, wo heute der Irak liegt. Eines Tages, erzählt die Bibel, «erschien ihm der Herr und sprach zu ihm: Ich bin Gott, der Allmächtige. Geh deinen Weg vor mir und sei rechtschaffen! Ich will einen Bund stiften zwischen mir und dir und dich sehr zahlreich machen.» Der Gottesbund reicht über Abraham hinaus in die Zukunft: «Ich schließe meinen Bund zwischen mir und dir samt deinen Nachkommen, Generation um Generation, einen ewigen Bund: Dir und deinen Nachkommen werde ich Gott sein.» Im Gegenzug fordert er ebenso dauerhafte Treue: «Du aber halte meinen

Bund, du und deine Nachkommen, Generation um Generation.»

In der Abraham-Episode tritt an Gott eine neue Seite hervor (der Gottesbiograph Jack Miles würde sagen, Gott wandelt sich): Er wird ein Gott der Geschichte, ein historischer Gott, der am Weg der Menschen durch die Zeit Anteil nimmt und sich in ihr langfristiges Schicksal einmischt. Die Nachkommen Abrahams, mit denen dieser Gott Jahwe (sein Name, der aus dem Hebräischen kommt, der Sprache des Alten Testaments, bedeutet etwa: «Ich bin da») in ein privilegiertes Verhältnis tritt, werden ein besonderes, auserwähltes Volk: das Volk Israel. Mit der theologischen Konstruktion von Bund und Auserwählung kommt der Gedanke in die Welt, dass Geschichte nicht einfach passiert und aus lauter verstreuten Ereignissen besteht, sondern dass sie ein Ganzes bildet und einen Sinn hat. Dass wir überhaupt von «der» Geschichte reden, im Singular, und nicht bloß von einzelnen Geschichten, dass Denker versuchen, ihr Geheimnis zu entschlüsseln, und politische Bewegungen sich bemühen, ihr eine Richtung zu geben – das alles geht auf das gemeinsame gottmenschliche Abenteuer zurück, das mit Abraham anfängt.

Zwischen Gott und seinem Volk entwickelt sich fortan eine heilige Psychodynamik, ein hochneurotisches religiöses Beziehungsdrama, das die gesamte Bibel durchziehen wird. Es beginnt ein zu immer neuen Höhen sich aufschaukelndes Hin und Her zwischen Verrat und Reue (auf der Seite Israels), zwischen Zorn und Vergebung (auf der Seite Jahwes). Großes Kino einer heilsgeschichtlichen und welthistorischen Hassliebe. Als es den Israeliten schlecht geht (sie sind in Ägypten, das zunächst wie ein vielversprechendes Gastland für chancensuchende Migranten ausgesehen hatte, in eine brutale Arbeitssklaverei hineingeraten), schickt Gott ihnen einen energischen, sendungsbewussten Anführer: Moses, der das Volk aus der Gefangenschaft befreien und in seine angestammte Heimat zwischen Mittelmeer und dem Fluss Jordan (wo der heutige Staat Israel liegt) zurückführen wird. Aber schon auf der Wanderung dahin zeigen sich die Undankbarkeit und die Verführbarkeit der Leute. Sobald das Dasein als Gottesvolk etwas mühsamer wird, wenden sie sich von Jahwe ab und tanzen stattdessen in orgiastischer Selbst- und Pflichtvergessenheit um ein götzenhaftes Idol, das Goldene Kalb – wofür der ergrimmte Jahwe dann wiederum durch Moses an den Rädelsführern der Abtrünnigkeit blutige Rache nimmt.

Mit Moses' Auftreten kommt wieder eine neue Dimension Gottes zum Vorschein, transformiert und häutet sich Jahwe noch einmal: Der Volks- und Geschichtsgott wird zum Rechts- und Gesetzesgott, der seinen Willen in den Zehn Geboten niederlegt, in einem bindenden Verhaltenskodex. «Du sollst» und «Du darfst nicht», Gebot und Verbot, Gut und Böse – das ist von nun an die alles beherrschende Unterscheidung, die Achse, um die sich die Welt dreht. Nicht dass es vorher ganz daran gefehlt hätte; Adam und Eva waren schließlich, nachdem sie verbotenerweise den Apfel vom Baum der Erkenntnis gekostet hatten, aus dem Paradies vertrieben worden. Aber seit Moses steht das Moralische und Ethische auf einmal konkurrenzlos im Mittelpunkt der Religion – und des ganzen Lebens, individuell wie kollektiv.

Es ist ein Erbe, das vom Judentum über das Christentum auf die gesamte moderne europäische und westliche Kultur übergegangen ist. Dabei ist es alles andere als selbstverständlich. Die antiken Griechen hätten diese Fixierung auf die Moral nicht verstanden; für sie waren Stil und Ansehen mindestens so wichtige Qualitäten des Menschen: «bella figura» machen, öffentlichen Respekt genießen – das stand auf der Werteskala höher als die unbedingte Beachtung eines Sitten- oder Gewissensgesetzes. Die indische Zivilisation hat sich über das richtige Handeln und Verhalten höchst subtile und ernsthafte Gedanken gemacht, aber sie zieht die Grenzen von Gut und Böse viel flexibler, viel stärker rollen- und situationsabhängig: Ein Geschäftsmann oder Soldat hat eine andere Ethik als ein frommer Einsiedler, für einen jungen Studenten gelten nicht dieselben Regeln wie für einen Familienvater. Der moralische Absolutismus, den wir dagegen von Kindheit an mit uns herumschleppen und von dem wir uns letztlich nie freimachen können, selbst wenn wir es angestrengt versuchen – der stammt aus der Bibel, der stammt von Moses.

Von Moses stammt zugleich ein machtvoller, fast gewaltsamer Schub für die menschliche Bewusstseinsentwicklung, ein Schub in Richtung Intellektualität und Abstraktion. Mit ihm verlässt die Menschheit das bequeme Flachland der dinglichen Realität und steigt auf in das strenge Hochgebirge allgemeiner Normen. In den Zehn Geboten verbittet sich Jahwe ausdrücklich jede Darstellung: «Du sollst dir kein Gottesbild machen.» Er ist Person, aber er hat keine physische Gestalt, er ist körperlos und unsichtbar, eine spirituelle Kraft und Autorität.

Sigmund Freud, der Vater der Psychoanalyse, der alles andere als gläubig war, aber Religion immens interessant fand, besonders die jüdische seiner Herkunft, hielt den Verzicht auf Anschaulichkeit und die Hinwendung zu einer intellektuellen Alternativ- und Gegenwelt für eine Neuerung mit weitreichenden Konsequenzen. Das mosaische Bilderverbot musste, schrieb er 1939, kurz vor seinem Tod, in seinem letzten Buch, «eine tiefgreifende Wirkung ausüben. Denn es bedeutete eine Zurücksetzung der sinnlichen Wahrnehmung gegen eine abstrakt zu nennende Vorstellung, einen Triumph der Geistigkeit über die Sinnlichkeit.» Darin steckt unermesslich viel. Aus der Sicht des Psychologen vor allem die Kontrolle und Sublimierung von Triebimpulsen, die Überwindung des chaotischen Egoismus reiner Bedürfnisbefriedigung durch die höheren Ansprüche eines gesetzgebenden «Über-Ichs» und der Kultur.

Der «Fortschritt in der Geistigkeit» heißt aber noch mehr – nämlich dass das Volk Israel und alle, die sich an ihm ein Beispiel nehmen, die Bedeutung von Glück und Erfolg zu relativieren lernen, dass sie weniger «außengeleitet» und von der Anerkennung durch Obrigkeiten und Kollektive abhängig sind, dass sie die Wahrheit zum höchsten Gut erheben können, selbst wenn sie dafür Entbehrung oder Erniedrigung in Kauf nehmen müssen. Was man für richtig und wichtig hält, was einem etwas bedeutet und lieb und teuer ist, woran man glaubt und wofür man einsteht – das emanzipiert sich nun von der greifbaren Wirklichkeit, von den bestehenden Verhältnissen oder tritt ihnen sogar entgegen. Es ist eine grundstürzende Umwertung der Werte. Der Gott der Zehn Gebote unterwirft die Menschen mit seinem Gesetzesregime einer Herrschaft von bisher nie da gewesener Strenge. Genauso kann man aber auch umgekehrt sagen, dass die Menschen in der Geistesmoral dieser Moses-Welt eine vorher nicht gekannte innere Freiheit gewinnen.

Zurück zur Bibelgeschichte. Die Israeliten wandern nach dem Empfang der Zehn Gebote weiter, sie nehmen ihr verheißenes Land in Besitz, sie bilden einen Staat, sie haben Könige, sie kommen in Kontakt mit den Nachbarvölkern, und mit dem Dasein als Nation sind sofort die nächsten Gefahren von Gesetzes- und Gottesvergessenheit verbunden: Machtmissbrauch, wachsende soziale Unterschiede, Anpassung an fremde Kulte und religiöse Traditionen. Der gekränkte, in seinem Anspruch auf Bundestreue verletzte Jahwe reagiert auf doppelte Weise. Zum einen mit Liebesentzug und Strafen bis hin zu veritablen historischen Katastrophen; die feindlichen Babylonier erobern sogar Jerusalem und verschleppen die Königsfamilie und die führenden Bürger der Stadt. Zum anderen dadurch, dass er auf eine neue Art zu seinem Volk redet, mit ihm kommuniziert, durch einen neuen Typus von Gesandten und Beauftragten: die Propheten.

Die Propheten konfrontieren das Volk und seine Herrscher mit ihren Verfehlungen und sagen als Vergeltung Leid und Zerstörung voraus. Sie entwickeln dabei eine Sprachgewalt, die zum Vorbild für die revolutionäre Rhetorik späterer Epochen werden sollte. «Weh euch», droht Jesaja im 8. Jahrhundert vor Christus den Reichen und Mächtigen von Jerusalem, «die ihr die Strafe wie mit Ochsenstricken herbeizieht und die Sünde wie mit Wagenseilen ... Weh denen, die das Böse gut und das Gute böse nennen, die die Finsternis zum Licht und das Licht zur Finsternis machen, die das Bittere süß und das Süße bitter machen ... Weh denen, die Helden sind, wenn es gilt, Wein zu trinken, und tapfer, wenn es gilt, starke Getränke zu brauen, die den Schuldigen für Bestechungsgeld freisprechen und dem Gerechten sein Recht vorenthalten. Darum: Wie des Feuers Zunge die Stoppeln frisst und wie das Heu in der Flamme zusammensinkt, so soll ihre Wurzel verfaulen und ihre Blüte wie Staub aufgewirbelt werden.» Kein marxistischer Propagandist, der die bürgerliche Ausbeuterklasse auf den Müllhaufen der Weltgeschichte befördern will, könnte härter auf die Pauke hauen.

Aber die Propheten des Alten Testaments sind nicht nur Unheils-, sondern auch Erlösungsprediger; für den Fall seiner Reue und Umkehr versprechen sie Israel bessere Tage, eine glorreiche Zukunft. Ihre Verheißungen sind nicht weniger wortmächtig als ihre Strafbotschaften; sie haben die Sprache der Hoffnung im großen Stil erfunden, die Sprache der Utopie. «Dann werden», malt Jesaja seine Vision einer paradiesischen Welt aus, «die Augen der Blinden geöffnet, auch die Ohren der Tauben sind wieder offen. Dann springt der Lahme wie ein Hirsch, die Zunge des Stummen jauchzt auf. In der Wüste brechen Quellen hervor, und Bäche fließen in der Steppe. Der glühende Sand wird zum Teich und das durstige Land zu sprudelnden Quellen. An dem Ort, wo jetzt die Schakale sich lagern, gibt es dann Gras, Schilfrohr und Binsen ... Die vom Herrn Befreiten kehren zurück und kommen voll Jubel nach Zion. Ewige Freude ruht auf ihren Häuptern. Wonne und Freude stellen sich ein, Kummer und Seufzen entfliehen.»

Auch diese prophetische Hoffnungsrhetorik ist in den Wortschatz der revolutionären Politik eingegangen. Als Martin Luther King, der Vorkämpfer der schwarzen Bürgerrechtsbewegung in den Vereinigten Staaten, am 28. August 1963 vor dem Lincoln-Mahnmal in Washington auftrat, hatten sich etwa eine Viertelmillion Demonstranten und Zuhörer versammelt – die größte Menschenmenge, die bis dahin je in der US-Hauptstadt zusammengekommen war. Vier Mal hob der Redner mit der Wendung «Ich habe einen Traum» an, um das Bild eines verwandelten Amerika zu beschwören, in dem eines Tages selbst in den alten Sklavenstaaten des Südens wie Georgia oder Mississippi Gleichberechtigung und Brüderlichkeit zwischen Schwarzen und Weißen herrschen würden.

Dann nahm er einen fünften Anlauf: «Ich habe einen Traum», rief King aus, «dass jedes Tal sich heben soll, jeder Berg und Hügel sich senken. Was krumm ist, soll gerade werden, was hügelig ist, werde eben. Dann offenbart sich die Herrlichkeit des Herrn, alle Sterblichen werden sie sehen.» Das war kein irdischer Appell zu sozialer Aktion mehr, das war reiner Bibeltext, Prophetenzitat, eine Endzeitvision aus dem vierzigsten Kapitel des Buches Jesaja. Eben hatte der Redner noch den Gouverneur von Alabama wegen seines Rassismus attackiert, jetzt sah er das Gottesreich vor sich – es war alles aus einem Stück, eine einzige Heils- und Befreiungsgeschichte im Himmel und auf Erden.

Doch nur zu sagen, dass die biblische Sprache Rebellen und radikalen Reformern wie Martin Luther King ihre Worte und Bilder geschenkt hat, wäre viel zu dürftig und banal. Ohne die Propheten könnte überhaupt niemand die

Wirklichkeit so ansehen, und es gäbe diese ganze Art Politik gar nicht; von den Propheten stammt das Motiv einer besseren Zukunft und die Überzeugung, dass man die Realität an einem Ideal von Vollkommenheit messen muss. Der gesamte Fortschrittsglaube, der in der Neuzeit und in der Moderne so eine zentrale Rolle spielt, ist die diesseitige Version jener vorwärtsweisenden, vorwärtsdrängenden Gottesgeschichte, die Jesaja und seine Glaubensbrüder verkündigen. Die Bibel hat die Denk-, Empfindungs- und Handlungsmöglichkeiten, die hinter jeder «progressiven» Politik stehen, erst geschaffen. Wie sie mit dem Abrahamsbund unsere Vorstellung von Geschichte vorbereitet und mit der Moses-Gesetzgebung unsere Ideen von Moral und Recht geprägt hat.

Die Bibel ist wirklich das Grund-Buch für eine ganze Zivilisation, unsere Zivilisation. Es ist kein Zufall, dass sie als letzte Instanz angerufen wird, wenn diese auf dem Spiel steht. Am 25. April 1943, mitten im Zweiten Weltkrieg, wandte sich ein deutscher Schriftsteller, der in den USA im Exil lebte, über den britischen Rundfunksender BBC an seine Landsleute im Nazireich. Thomas Mann hatte schon Dutzende solcher kurzen Radioansprachen gehalten, immer beginnend mit der Anrede: «Deutsche Hörer!»; es waren meistens Kommentare zum Kriegsverlauf oder zu den Barbareien des Hitler-Regimes. Doch diesmal berichtete er von einem Buch, das demnächst erscheinen würde: eine Sammlung von Erzählungen über die Aktualität der Zehn Gebote.

«In freier, aber von den Zeitereignissen bestimmter Erfindung», erklärt Thomas Mann seinen Hörern, «wandeln die zehn Autoren in diesem Buch die Gebote ab, die in Urzeiten der Menschheit gegeben wurden als ihr sittliches Grundgesetz. Vielmehr sie wandeln, Punkt für Punkt, die blasphemische *Schändung* ab, die diesem Grundgesetz des Menschenanstandes heute von den Mächten zugefügt wird, gegen die eine der Religion und Humanität noch anhängliche Welt nach langem Zögern zu den Waffen gegriffen hat. Mit andern Worten: Das Buch handelt vom Kriege und von dem, um was er geht.» Er selbst, so Thomas Mann weiter, habe die Einleitung beigesteuert: «Es ist auch nur eine Geschichte, aber nicht in der Gegenwart spielend wie die anderen, sondern in Urzeiten: die Geschichte Mosis, des Sohnes Amrams; die natürlich dargestellte Geschichte des Mannes, der den Dekalog, das kurzgefasste Sittengesetz der Humanität, empfing und es vom Berge Horeb oder Sinai den Menschen herniederbrachte. Da die Worte, mit denen er die Gesetzestafeln seinem Volk überhändigt, sich durchaus in den Rahmen meiner Sendungen an euch, deutsche Hörer, fügen, so mögt ihr sie hören.»

Was dann folgt, ist die gewaltigste und vernichtendste Seite Prosa, die auf Deutsch gegen den Nationalsozialismus geschrieben wurde – ohne dass der Name Adolf Hitler ein einziges Mal fällt. Es ist reine Bibelsprache, als würde wirklich das «Sittengesetz der Humanität» selbst den Menschheitsmörder verurteilen. Thomas Mann ist durchaus kein frommer Christ gewesen, die Bibel war für ihn mehr Kulturgut als Heilige Schrift; umso bemerkenswerter ist der existenzielle Gebrauch, den er von der Moses-Figur und ihrer Botschaft macht. Ich zitiere die ganze Passage, denn hier sieht man, dass Tradition und Erbe so viel mehr sind als elitärer Luxus, man erlebt, wie Bildung über sich hinauswächst, wie das Zitathafte wörtlich wird, sogar Waffe. Originalton antifaschistische Bibel, Frühjahr 1943:

«‹In den Stein des Berges›, sagt Mose, ‹metzte ich das ABC des Menschenbenehmens, aber auch in dein Fleisch und Blut soll es gemetzt sein, Israel, sodass jeder, der ein Wort bricht von den Zehn Geboten, heimlich erschrecken soll vor sich selbst und vor Gott, und soll ihm kalt werden ums Herz, weil er aus Gottes Schranken trat. Ich weiß wohl, und Gott weiß es im Voraus, dass seine Gebote nicht werden gehalten werden, und wird verstoßen werden gegen die Worte immer und überall. Doch eiskalt ums Herz soll es wenigstens jedem werden, der eines bricht, weil sie doch auch in sein Fleisch und Blut geschrieben sind und er wohl weiß, die Worte gelten.›

Aber Fluch dem Menschen, der da aufsteht und spricht: ‹Sie gelten nicht mehr.› Fluch ihm, der euch lehrt: ‹Auf, und seid ihrer ledig! Lügt, mordet und raubt, hurt, schändet und liefert Vater und Mutter ans Messer, denn so steht's dem Menschen an, und sollt meinen Namen preisen, weil ich euch Freiheit verkündete.› Der ein Kalb aufrichtet und spricht: ‹Das ist euer Gott. Zu seinen Ehren tuet dies alles und dreht euch ums Machwerk im Luderreigen!›

Er wird sehr stark sein, auf goldenem Stuhl wird er sitzen und für den Weisesten gelten, weil er weiß: Das Trachten des Menschenherzens ist böse von Jugend auf. Das aber wird auch alles sein, was er weiß, und wer nur das weiß, der ist so dumm wie die Nacht, und wäre ihm besser, er wäre nie geboren. Weiß er doch von dem Bunde nichts zwischen Gott und Mensch, den keiner brechen kann, weder Mensch noch

Gott, denn er ist unverbrüchlich. Blut wird in Strömen fließen um seiner schwarzen Dummheit willen, Blut, dass die Röte weicht aus den Wangen der Menschheit, aber sie kann nicht anders, gefällt muss der Schurke sein. Und will meinen Fuß aufheben, spricht der Herr, und ihn in den Kot treten, – in den Erdengrund will Ich den Lästerer treten hundertundzwölf Klafter tief, und Mensch und Tier sollen einen Bogen machen um die Stätte, wo Ich ihn hineintrat, und die Vögel des Himmels hoch im Fluge ausweichen, dass sie nicht darüberfliegen. Und wer seinen Namen nennt, der soll nach allen vier Gegenden speien und sich den Mund wischen und sprechen: ‹Behüte!› Dass die Erde wieder die Erde sei, ein Tal der Notdurft, aber doch keine Luderwiese. Sagt alle Amen dazu!

Und alles Volk sagte Amen.»

Im Vergleich zum wuchtigen Geschichts- und Gesetzespathos des Alten Testaments ändert sich im Neuen Testament, dem kürzeren und jüngeren Teil der Bibel, der nur für die Christen zur Heiligen Schrift gehört, das geistige und literarische Klima. Einerseits setzt sich hier in gewisser Weise das Drama zwischen Jahwe und Israel fort. Jesus tritt als der Erlöser auf, als «Messias» («Gesalbter», griechisch: Christus), den die Propheten angekündigt haben und den das Volk sehnlich erwartet – umso mehr in einer Zeit, als Palästina besetztes Land und eine Provinz des römischen Imperiums ist. Wenn er gegen die religiösen und sozialen Eliten Reden hält, dann hört er sich nicht anders an als Jesaja oder die übrigen Gottesboten früherer Jahrhunderte: «Weh euch, ihr Schriftgelehrten und Pharisäer, ihr Heuchler! Ihr seid wie die Gräber, die außen weiß angestrichen sind und schön aussehen; innen aber sind sie voll Knochen, Schmutz und Verwesung. So erscheint auch ihr von außen den Menschen gerecht, innen aber seid ihr voll Heuchelei und Ungehorsam gegen Gottes Gesetz.»

Andererseits kommen wir im Neuen Testament unverkennbar in eine andere Welt – sie ist sowohl extremer als auch intimer, komplizierter, dialektischer. Nietzsche hat die Atmosphäre der neutestamentlichen Bibelwelt einmal boshaft mit der Stimmung in einem russischen Roman des 19. Jahrhunderts verglichen, mit der spekulativen und hysterischen Intensität, die unter Dostojewskis tiefsinnigen Verbrechern und seelenvollen Prostituierten herrscht. Das trifft es gar nicht so schlecht. Die Geschichte Jesu ist erst einmal eine Geschichte des Scheiterns: Ein Wanderprediger und Wundertäter, der zeitweise eine beträchtliche Anhängerschaft um sich versammelt hat, wird schließlich von den Autoritäten seines Volkes verstoßen und von der Besatzungsmacht hingerichtet, mit dem besonders qualvollen und schmählichen Tod am Kreuz. Diese Tragödie eines Außenseiters (die im Kern sicher historisch ist) erzählen die vier Evangelien von Matthäus, Markus, Lukas und Johannes – und verwandeln sie dann mit einer halsbrecherischen Kehrtwendung in einen überirdischen Triumph: Am dritten Tag nach der Kreuzigung finden die Jünger Jesu sein Grab leer. Er ist «von den Toten auferstanden». Wenig später wird er von der Erde entrückt und fährt in den Himmel auf. Sein Erlöserstatus, sein Rang als «Messias» oder «Christus», den seine Hinrichtung gefährlich in Frage gestellt hatte, wird durch diese Wunder spektakulär bestätigt.

Die zweite Hälfte des Neuen Testaments bringt die Interpretation der Jesus-Geschichte, sie schafft die Grundlagen der christlichen «Theologie», des systematischen Nachdenkens über Gott und seinen Messias, der mit einem alttestamentlichen Ausdruck auch «Gottes Sohn» genannt wird. Im Mittelpunkt stehen die Briefe des Apostels Paulus, eines Mannes, der die Christus-Anhänger zunächst fanatisch verfolgt hat, dann aber nach einem Bekehrungserlebnis («vom Saulus zum Paulus») selbst Christ geworden ist und sich als reisender Missionar um die Verbreitung des neuen Glaubens im ganzen Mittelmeerraum bemüht. Paulus ist es, der dem verstörenden Tod Jesu einen Sinn gibt: als Opfer, das der unschuldige Erlöser auf sich nimmt, um die Sünden der Menschen, die immer wieder Gottes Gesetze übertreten, zu tilgen. Es ist eine Art heiliges Tauschgeschäft: Christus begleicht mit seinem unverdienten Leiden die religiösen und moralischen Schulden der anderen, die eigentlich die Strafe verdient hätten. Der Gottessohn stirbt stellvertretend für die Menschen. Dieses Opfer vertrauensvoll anzunehmen – das ist es, was nach christlichem Verständnis «Glauben» heißt. Wir denken, wenn wir «Glauben» hören, üblicherweise an das Fürwahrhalten von bestimmten Tatsachenaussagen wie «Es gibt einen Gott». Es geht aber eher um etwas Persönliches, um einen Akt der Dankbarkeit.

Martin Luther hat die Lehre des Paulus mit besonderem Nachdruck verfochten; sie wurde zum eigentlichen Grund für die Reformation und für die Kirchenspaltung zwischen Katholiken und Protestanten. Luther fand, dass die katholische Kirche den Glauben im Sinne des Paulus vernachlässigte und stattdessen zu viel Wert auf «gute Werke» wie

Askese oder Almosengeben legte. In seinen Augen zeigte das nicht Frömmigkeit, sondern Arroganz und Selbstüberschätzung: Der Mensch maßt sich an, seine Erlösung aus eigener Kraft zu bewirken, während das in Wahrheit nur Gott tun kann. Wer heute, jedenfalls in Europa, die katholische und die evangelische Kirche vor Augen hat, der wird vielleicht den Katholizismus für die strengere Konfession und den Protestantismus für irgendwie optimistischer, liberaler und humanistischer halten. Aber ursprünglich ist das durchaus nicht so gewesen: Für Luther war der Mensch im entscheidenden Punkt völlig hilflos, aus sich heraus unrettbar verloren und total von Gott abhängig. Diese Sichtweise hatte er von Paulus.

Paulus ist ein Denker von großer, eigenwilliger Kraft. Er schreibt schwierig; sein Stil und mehr noch seine Ideen wirken auf den heutigen Leser befremdlich. Man könnte denken, dass seine Briefe höchstens die Gläubigen angehen. Aber abgesehen von seiner theologischen und kirchengeschichtlichen Bedeutung hat er unser Bild von uns selbst enorm vertieft und bereichert. Er hatte ein epochemachendes Bewusstsein von der inneren Zerrissenheit des Menschen, davon, dass er mit sich selbst im Konflikt liegt. «Ich begreife mein Handeln nicht», beschreibt Paulus die seelische Verfassung des Sünders in seinem «Römerbrief» an die christliche Gemeinde in der Hauptstadt des Imperiums, «ich tue nicht das, was ich will, sondern das, was ich hasse … Ich tue nicht das Gute, das ich will, sondern das Böse, das ich nicht will.»

Die Schuld des Menschen besteht für Paulus nicht darin, dass er roh oder gewissenlos wäre. Sondern die Gebote der

Moral, die er genau kennt und auch anerkennt, überfordern ihn; er vermag ihnen nicht zu genügen, weiß es und leidet darunter – er leidet unter sich selbst. Der Mensch schafft nicht zu sein, was er sein sollte, aber er bekommt den Anspruch, die Verpflichtung auch nicht weg aus dem Kopf und dem Herzen; er ist aufgewacht und findet nicht zurück in den Schlaf der Unverantwortlichkeit. Diese Komplexität ist der Stoff, aus dem die Literatur ihre Helden macht und die unserer ganzen Vorstellung von einem schwierigen, mit sich selbst kämpfenden Charakter zugrunde liegt. Der Mensch des Paulus ist einer, der sich in Frage stellt, der unruhig, umgetrieben, unbefriedigt ist. Er ist der interessante Mensch.

Wir können das Neue Testament nicht so leicht als bloßes Buch lesen wie das Alte, es lässt sich nicht so einfach in ein Bildungsgut umwandeln. Das hängt mit seinem erregten und aufgewühlten, missionarisch predigenden Charakter zusammen, aber auch mit seiner zentralen Rolle in einer jahrhundertelang christlich definierten Zivilisation: Die Geschichte Jesu trägt eine zu schwere Autoritäts- und Bekenntnislast, als dass sie ohne Probleme wieder schlicht zur «story» werden könnte. Zugleich hat diese Geschichte in unvorstellbarer Menge Kunst angeregt und hervorgebracht, in der uns heute, wenn wir als Nachwelt vor ihr stehen, das Evangelium tatsächlich als Kulturgut begegnet. Die Museen sind voll von Marienbildern, von verehrungsvoll stilisierten mittelalterlichen Gottesmüttern über idyllisch blühende Heilige Familien aus Renaissance und Barock bis zu modernen, ironischen Experimenten wie der Madonna von Max Ernst, die dem Jesusknaben den Hintern versohlt.

Schriftsteller haben in der Figur Christi die Ikone der Gewaltlosigkeit entdeckt, wie Dostojewski in seinem Roman «Die Brüder Karamasow», in dem er einen unerbittlich sanften Jesus mit dem Großinquisitor des katholischen Spanien im 16. Jahrhundert konfrontiert, der Verkörperung der organisierten Religion, die herrschen will und vor Lüge und Blutvergießen nicht zurückschreckt.

Aber nirgendwo hat das Christentum so starken kulturellen Ausdruck gefunden wie in der Musik. Es ist die Religion der Musik geworden: Man muss die Bibel kennen, um große Teile der Musikgeschichte zu verstehen, und aus der Musik heraus versteht man die Bibel manchmal besser als durch die bloße Lektüre. Wenn alle Theologie verloren ginge, aber die Aufnahmen übrig blieben, auf denen Louis Armstrong «Go down, Moses» singt, den afroamerikanischen, von Sklaven stammenden Spiritual über den Auszug Israels aus der Knechtschaft in Ägypten – dann würden wir immer noch wissen, was ein «Volk Gottes» ist und welches Befreiungsversprechen für die Unterdrückten in der Religion steckt.

Johann Sebastian Bach, der das «Weihnachtsoratorium» über die Geburt Jesu und zwei «Passionen» über sein Leiden und seinen Tod geschrieben hat, hat man den «fünften Evangelisten» genannt. Wenn er in der «Johannespassion» das Gerichtsverfahren gegen Jesus vor dem römischen Statthalter Pontius Pilatus vertont, dann ist das ein metaphysischer Krimi über die Frage Gottessohn oder Staatsverbrecher – denn die Messias-Gerüchte um Jesus stellen eine Bedrohung für die bestehende Ordnung dar, und das Establishment will diesen Unruhestifter zum

Schweigen bringen. Bei Bach entspinnt sich ein undurchsichtiges Ringen auf Leben und Tod zwischen der blutdurstigen Volksmenge, dem zweifelnden Richter und einem rätselhaft schweigsamen Angeklagten. Der Gouverneur scheut sich vor einem Todesurteil gegen den Mann, der ihm als gefährlicher Aufrührer vorgeführt wird, aber so seltsam weltfremd wirkt; ihm ist die Sache unheimlich. Er möchte die Verantwortung für eine Hinrichtung, die sich als Justizmord herausstellen könnte, den Juden zuschieben; dann will er sich etwas Luft verschaffen und lässt Jesus geißeln; vielleicht beruhigt das die Situation? Doch schließlich wird Pilatus mit seinen erheblichen Bedenken und seiner noch erheblicheren Feigheit von der aggressiven Massenagitation geradezu hinweggefegt, und er schickt den Angeklagten ans Kreuz.

Man weiß die ganze Zeit über genau, was passieren wird, aber Bach macht ein musikalisches Drama daraus, das bei jeder Aufführung klingt, als sei der Ausgang des Prozesses noch offen, als könne die Geschichte auch vollkommen anders enden. Zugleich legt er über (oder unter) dieses Schauspiel eine weitere, meditative Ebene, eine Schicht von Chor- und Sologesängen, die nicht zur Handlung gehören, sondern darüber nachdenken und «nachfühlen». Das sind ganz merkwürdige, aus dem Geschehen herausfallende Betrachtungen, als würde eine Oper oder ein Musical plötzlich von einer Beichte unterbrochen. Mitten zwischen Jesus, Pontius Pilatus und den Hohepriestern in Jerusalem kommt der Zuschauer und Zuhörer zu Wort, der Christ aus Bachs Zeit, aus unserer Zeit, aus jeder Zeit, der die Passionsgeschichte als eine Art ewige Gegenwart erlebt: als Seelendrama seiner

Sünde, die für Jesu Leiden verantwortlich ist, und seiner Erlösung, die er dem Tod des Gottessohns verdankt.

Wenn Jesus während seines Verhörs geohrfeigt wird, dann meldet sich gleich darauf in einem Choral dieses kollektive Ich und fragt: «Wer hat dich so geschlagen, / Mein Heil, und dich mit Plagen / So übel zugericht'? / Du bist ja nicht ein Sünder / Wie wir und unsre Kinder, / Von Missetaten weißt du nicht.» Die Antwort: «Ich, ich und meine Sünden, / die sich wie Körnlein finden / Des Sandes an dem Meer, / Die haben dir erreget / Das Elend, das dich schläget, / Und das betrübte Marterheer.» Solche Zerknirschungsvisionen sind das zweite, innere Drama, das sich bei Bach gleichzeitig mit dem historischen Messias-Krimi abspielt. Die Reim- und Bildersprache dieser Choräle und Arien entspricht einem lange vergangenen Zeitgeschmack, aber was der Komponist hier eigentlich tut, ist heute so radikal wie bei der Uraufführung der «Johannespassion» 1724 in Leipzig: Er hat den Paulus-Menschen, den Menschen der inneren Zerrissenheit und der quälenden Selbsterforschung, in Musik gesetzt.

Und in was für eine Musik. Mein massivstes Bach-Erlebnis hatte ich im Frühjahr 1981 im Hamburger «Michel», der St.-Michaelis-Kirche. Es war eine Aufführung der «Matthäuspassion», der zweiten Bach'schen Passionsmusik. Wir Zuschauer saßen auf unseren Plätzen, der Chor und die Solisten hatten sich aufgestellt, da wandte sich der Dirigent an das Publikum. Wenige Tage zuvor war sein Lehrer gestorben, der bekannte Bach-Interpret Karl Richter. Wir wurden gebeten, aufzustehen für eine Art musikalische Gedenkminute, in der die Sänger vor Beginn der eigentlichen Aufführung den Schlusschoral aus der «Johannespassion» vortragen würden. Ich hatte meinen Platz ziemlich weit vorn auf einer Empore, die wie ein Schiffsbug in den Saal hineinragte; in Luftlinie schräg gegenüber, auf gleicher Höhe, in einiger Entfernung, war die Galerie mit den Musikern; dazwischen die Leere des Kirchenraums.

Durch diese Leere kam jetzt der Klang zu mir, in immer höheren, sich langsam auftürmenden Wellen. Der Schlusschoral der «Johannespassion» hat die Form eines Gebets. Es beginnt mit dem Wunsch nach Frieden für die Seele nach dem Tod, dann folgt die Hoffnung auf Auferstehung am Tag des Jüngsten Gerichts, mit dem nach christlichem Glauben die Welt zu Ende geht und das Gottesreich beginnt. Man kann dieses musikalische Gebet auf verschiedene Weise singen, beschaulicher oder angespannter, hier war es eine einzige, ununterbrochene Steigerung. Als die Choristen die Zeilen erreicht hatten: «Alsdann vom Tod erwecke mich, dass meine Augen sehen dich», da sangen sie schon, als ginge es um ihr Leben. Dann holten sie noch einmal Atem und endeten, halb bittend und halb fordernd, in siegreichem Zweikampf mit der donnernden Orgel, in triumphaler Bedürftigkeit: «Herr Jesu Christ, erhöre mich, erhöre mich. Ich will dich preisen ewiglich.» Es war, als würde die Musik mit voller Kraft ans Tor des Himmelreichs hämmern. In der Haut eines Gottes, der in diesem Augenblick nicht öffnet, hätte man nicht stecken mögen.

Ich war damals fünfzehn Jahre alt; ich erinnere mich nicht mehr, ob mir viel durch den Kopf ging, als das Klangmeer mich überrollte. Wenn ich mir die Szene heute ins Gedächtnis zurückrufe, dann ist sie immer vom selben Gedanken begleitet: Ich weiß nicht, ob es eine Auferstehung gibt, ob Gebete erhört werden, ob irgendetwas, das wir Menschen glauben, sagen oder tun, die Gräber öffnen und den Tod besiegen kann. Aber dies hier, diese Musik, das ist auf jeden Fall unsere beste Chance.

4. Lesen:
WIE BÜCHER ZU FREUNDEN WERDEN

Ich bin eine höchst fragwürdige Autorität auf dem Gebiet des Lesens. Nicht weil ich es nicht lieben würde – ganz im Gegenteil: Ich liebe es viel zu sehr, ich kann bei diesem Thema kaum Objektivität beanspruchen. Seit ich mich erinnern kann, war ich ein tief im Bibliotheksholz hausender Bücherwurm. Selbst bildungsfreundliche Verwandte und Bekannte meiner Eltern wirkten irritiert, wenn sie mich mitten unter angeregt plaudernden Leuten und klapperndem Kaffeegeschirr komplett abwesend mit einem Buch sitzen sahen, als würde das ganze Leben jenseits der regelmäßig umgeblätterten Seiten überhaupt nicht existieren. Und es existierte für mich wirklich nicht.

Ich bin immer ein Universalleser gewesen, ein Dauer- und Massenverbraucher des gedruckten Wortes von jederlei Art. Andere Menschen schätzen vielleicht Romane, aber sie würden keinen Band mit Gedichten aufschlagen, oder sie interessieren sich für populärwissenschaftliche Darstellungen über Meeresbiologie oder Künstliche Intelligenz, doch historische Biographien lassen sie kalt. Sie lesen, was mit ihrem Beruf, ihren Hobbys oder ihren Reisen zu tun hat. Ich für mein Teil finde Lesen generell konkurrenzlos herrlich, fast unabhängig vom Gelesenen, das Lesen als Tätigkeit, eigentlich als Lebensform. Es ist nicht einmal nur das Lesen, um das es geht, es sind die Bücher, als papierene Mitbewohner, mit denen man sich zu Hause umgeben kann wie mit einer zweiten Familie, einem virtuellen Freundeskreis. Ich kaufe viel zu viele von diesen literarischen Hausgenossen, sie stehen zweireihig in den Regalen und stapeln sich trotzdem noch auf dem Fußboden – wenn meine Frau übellaunig ist und mir ein schlechtes Gewissen einflößen will, spricht sie vom «Bücherpilz» wie von einem unaufhaltsam sich ausbreitenden Schädlingsbefall, der unsere Wohnung lebensfeindlich und unbenutzbar zu machen droht. Sie fand diese Entwicklung immer schon bedenklich. Aber während unserer Zeit in Indien, wo alles Gedruckte und Gebundene für westliche Verhältnisse geradezu sündhaft billig und die Versuchung zu ständigen Neuanschaffungen beinahe unwiderstehlich ist, hat sich die Bücherpestilenz in ihren Augen zu einer echten Seuche entwickelt.

Ich bin also Partei, wenn es um Lesen und Bücher geht. Es ist jedoch keine bloße Legende, dass Lektüre der privilegierte Zugang zum Reich des Geistes ist, der fliegende Teppich, der Menschen in die entlegensten Welten der Phantasie, der Geschichte, des Wissens und der Gedanken versetzt. Lesen überwindet Zeit und Raum, es macht das Vergangene gegenwärtig und das Ferne nah. Es ist nicht der Schlüssel zu allem, was schön und wichtig ist; es gibt auch Kunst und Musik und Film und Theater; es gibt ein Lernen, das nicht aus Büchern kommt, sondern von Vorbildern, aus der Praxis, aus der Erfahrung. Das Reisen ist ein wichtiges Bildungsinstrument, seit im 17. und 18. Jahrhundert die jungen nordeuropäischen Adligen auf eine «grand tour» zu den Kulturschätzen Frankreichs und Italiens geschickt wurden, um ihren Horizont zu erweitern und ihre Manieren zu verfeinern. Aber selbst von einer Reise hat man mehr, wenn man liest – erst, vor dem Aufbruch, über das Bevorstehende und dann, nach der Rückkehr, über das Erlebte. «Man sieht nur, was man weiß», lautet eine Redensart. Und man weiß in der Regel doch am besten, was man gelesen hat.

Die Schwierigkeit des Lesens wird zugleich über- und unterschätzt. Es ist reiner Unsinn, dass mehr oder weniger das ganze literarische Erbe aus abschreckend harten Lektürenüssen bestehen würde. Die Erzählungen des Franzosen Guy de Maupassant aus dem 19. Jahrhundert und die des Engländers W. Somerset Maugham aus dem frühen 20. zum Beispiel sind klassische Meisterwerke ihres Genres – und trotzdem kann man sie so mühelos lesen wie eine Reportage in der Zeitung oder einen Nachrichtentext auf einer Website. Sie sind unterhaltsam, sie rühren an, sie machen nachdenklich, und nach einer sehr überschaubaren Zeit ist man auf eine absolut befriedigende Weise mit ihnen fertig.

Wer einem zeitgenössischen Horrorfilm zu folgen vermag, ist auch einer der spätromantischen unheimlichen Geschichten von E. T. A. Hoffmann oder Edgar Allan Poe gewachsen. Ein Goethe'sches Liebesgedicht zu verstehen, verlangt weniger Konzentration als einer der komplexen Songs von David Bowie oder Leonard Cohen. Es gibt in der Tat eine avantgardistische Literatur, die wie für Experten geschrieben wirkt. Aber für die berühmtesten und wirkungsmächtigsten Dichtungen, auch die langen und breiten, wie etwa die Romane von Tolstoi oder Dostojewski, trifft das keineswegs zu; sie sind alle vollkommen laienkompatibel. Dasselbe gilt für zahlreiche Werke von bedeutenden Denkern, wie wir sie noch im Kapitel «Staatsbürgerkunde» kennenlernen werden. Viele von uns sind im Beruf ständig mit Protokollen, Memos und Präsentationen konfrontiert, die keineswegs weniger kompliziert daherkommen als die philosophischen Überlegungen von John Locke oder Alexis de Tocqueville. Der Unterschied ist nur, dass die Lektüre von Locke und Tocqueville deutlich mehr intellektuellen Gewinn bringt und tiefere geistige Spuren hinterlässt als das Studium von Bürodokumenten.

Stößt man beim Lesen auf eine hartnäckig unverständliche Stelle, so hilft oft eine überraschend einfache Methode weiter. Mir hat sie im ersten Semester meines Philosophiestudiums ein Professor erklärt, mit dem wir Georg Wilhelm Friedrich Hegels «Phänomenologie des Geistes» lasen. Hegel ist ein wirklich schwieriger Autor. Manche Denker wirken auf den ersten Blick sperrig und geheimnisvoll, aber das Problem liegt nur in der Terminologie; sie schreiben gewissermaßen in einer begrifflichen oder metaphorischen Fremdsprache, und wenn man ihr persönliches Idiom einmal gelernt hat, erschließt sich der Text ohne größere Mühe. Der Philosoph Martin Heidegger, der für seinen exzentrisch orakelnden Stil berüchtigt ist, gehört zu dieser Sorte von Autoren. Man kann seine Schriften relativ einfach und ohne Sinnverlust, sozusagen eins zu eins, aus dem Heideggerischen ins Deutsche übersetzen. Bei Hegel verhält sich die Sache leider anders. Er schreibt tatsächlich unklar und verworren, und manchmal quält man sich mit einer kurzen Passage endlos ab, ohne dass sich ihr ein befriedigender Sinn entlocken ließe.

Der Rat, den unser Dozent uns für solche Verständniskrisen damals gab, lautete schlicht: weiterlesen, einfach weiterlesen. Irgendetwas, das im nächsten Satz oder auf der nächsten Seite steht, wird ein Licht auf die obskure Stelle zurückwerfen. In einer Geschichte oder einer Argumentation setzt nicht nur das Spätere das Frühere voraus, sondern das Spätere kann auch das Frühere nachträglich erhellen. Kein Text, sei er erzählerisch oder darlegend, ist einfach linear, ein schnurgerader Weg von A nach Z, auf dem man mit starrem Blick voraus dem Ende des Geschehens oder des Gedankengangs entgegenliest. Die Textwanderung durchläuft vielmehr Kurven und Serpentinen, in denen man zwischendurch für eine Weile die Richtung ändert und dann nicht mehr nach vorn sieht, sondern zurück, auf den Leseweg, den man schon zurückgelegt hat. Das sind die Momente, in denen die zunächst unbegreiflichen Stellen noch einmal in den Blick kommen und ihre Rätsel sich lösen.

Gleichzeitig jedoch ist das Lesen schwieriger, als man oft denkt. «Nach dem Willen des Gesetzes», erklärte ein prominenter Kommentator im britischen Radiosender BBC am 1. Juni 1936, «wird uns allen das Lesen beigebracht. Untersuchungsbeamte der Polizei sind sehr schockiert, wenn ein Zeuge nicht lesen kann. Aber in Wahrheit gibt es eine Menge Leute, auch in den hochgebildeten und professionellen Klassen, die mit Schwierigkeit lesen. Ich meine damit, dass sie langsam und mit Anstrengung lesen, dass es sie ermüdet – dass sie nicht so leicht lesen, wie sie atmen.»

Der Sprecher, der sich da vor den englischen Rundfunkhörern der späten Zwischenkriegsepoche über die Lektüreschwächen seiner Mitbürger beklagte, war John Maynard Keynes. Keynes, der einflussreichste Ökonom des 20. Jahrhunderts und vielleicht aller Zeiten, hat in den 1930er Jahren nicht nur die Wirtschaftswissenschaft, sondern die gesamte Wirtschaftspolitik revolutioniert; von ihm stammt die Vorstellung, dass der Staat aktiv ins ökonomische Geschehen eingreifen und in der Krise nicht sparen, sondern investieren und expandieren soll. Keynes' Ideen sind bis heute umstritten, aber sein sozialliberales Denken hat auf jeden Fall maßgeblich zum Aufbau des modernen Wohlfahrtsstaats beigetragen. Zugleich war Keynes viel mehr als bloß ein Ökonom, er war ein nachgeborener allseitiger Renaissancemensch, ein kulturelles Universalgenie: Kunstsammler, Investor, Universitätsmanager, Diplomat, Finanzpolitiker und ein Bohemien, der nach Jahren extravaganter homosexueller Abenteuer eine ausgesprochen glückliche Ehe mit einer russischen Balletttänzerin führte. Seine Rolle als tonangebender öffentlicher Intellektueller spielte Keynes nicht zuletzt durch das damals noch ziemlich neue Medium des Radios – wie eben mit diesem Vortrag vom Juni 1936 «Über das Lesen von Büchern».

Was Maynard Keynes von einem Leser erwartet, spricht er klar aus: Man soll so selbstverständlich und mühelos lesen, wie man atmet. Das ist das Ideal – nur dass es für ihn im Grunde gar kein Ideal im Sinne einer anspruchsvollen, außergewöhnlichen Forderung ist, sondern der Normalzustand, denn er selbst liest so; er kann sich wahrscheinlich sogar bloß mit Anstrengung vorstellen, dass andere Leute mit größeren Schwierigkeiten lesen. Ich weiß, wovon ich rede, denn mir geht es genauso wie Keynes. Seinen Vergleich von Lesen und Atmen finde ich vollkommen naheliegend und einleuchtend. Ich weiß allerdings auch, dass ich damit nicht unbedingt auf allgemeine Zustimmung stoßen werde.

Meine Frau zum Beispiel, die Bekämpferin des Bücherpilzes, findet an Keynes' Atmungstheorie weniger Gefallen. Sie hält es für keine sonderlich glückliche Strategie der Bildungsvermittlung, mühsamere Leser für quasi physisch behindert zu erklären, als ob mit ihren elementaren Lebensfunktionen etwas nicht stimmen würde, sie nicht richtig sprechen oder gehen könnten. Irgendetwas kommt ihr daran weltfremd und hochnäsig vor. Und so schwer es mir fällt, muss ich zugeben, dass man auf diese Idee kommen kann.

Keynes scheint mögliche Einwände gegen seine elitäre Haltung vorausgeahnt zu haben, denn nach dem Hammer des Atmungsvergleichs geht er schnell und wie schuldbewusst zu praktischen Empfehlungen für seine Hörer über, und diese Empfehlungen sind durchaus menschenfreundlich und realistisch. Er schiebt die literarisch ambitionierte Romanschriftstellerei seiner Zeit kurzerhand beiseite (Jane Austen ist besser) und schlägt stattdessen die Beschäftigung mit Memoiren vor – oder mit Krimis. Keynes versichert, dass Lektüre keine lästige Pflicht sein darf. Man soll sich frei und souverän in der Masse des Gedruckten bewegen, nicht strebsam, beflissen und unterwürfig. Was einen nicht zu fesseln und zu bewegen vermag, das kann man ohne Gewissensbisse überblättern und weglassen. «Zeitungen», bemerkt Keynes mit einer Selbstverständlichkeit, die auf Journalisten wie mich bis heute leicht kränkend wirken muss, «bieten guten Übungsstoff dafür, wie man das Überspringen lernt; und wenn er seine Zeit nicht verschwenden will, muss jeder ernsthafte Leser diese Kunst beherrschen.»

Er oder sie sollte auch, lässt sich hinzufügen, die Kunst

beherrschen, eine unergiebige Lektüre abzubrechen. Das Festhalten am Buch, das man einmal begonnen hat, aus Prinzip oder in der Hoffnung, dass das Beste noch kommen wird, ist zwar eine noble Eigenschaft. Aber das Leben ist zu kurz, und die interessanten Bücher sind zu viele, um mit einem Lesestoff, der nichts taugt oder einfach zu uns nicht passt, bis zum bitteren Ende weiterzukämpfen. Meine Mutter war jahrzehntelang eine strenge Anhängerin des unbedingten Zu-Ende-Lesens und hat mit bildungspreußischer Standhaftigkeit den Grundsatz der «Treue zum Buch», wie sie es nannte, verfochten. Genauso wie sie auch im Theater selbst bei der schlechtesten Inszenierung nie zwischendurch oder in der Pause gehen wollte, während mein Vater und ich schon längst an der Garderobe unsere Mäntel abgeholt hatten. Doch im hohen Alter, jenseits der achtzig, ist dann selbst meine Mutter vom unerbittlichen literarischen Durchhalteprogramm abgekommen; inzwischen lässt sie frustrierende Lektüren unvollendet. Ich habe sie bis heute nicht nach ihren Gründen gefragt – aber ich glaube, die Zeit ist einfach zu kostbar geworden. (Das Theater allerdings bleibt nach wie vor eine andere Sache, da werden immer noch keine pflichtvergessenen Frühaufbrüche gebilligt.)

Der gute Leser, die gute Leserin ist eine selbstbewusste Leserin. Dieses Selbstbewusstsein gewinnt man nur durch Vertrautheit, durch den permanenten, intimen Umgang mit Druckerzeugnissen aller Art. Nicht bloß durch das Lesen, sondern durch das Leben in einer Bücherwelt. «Ein Leser», erklärt Keynes seinen Hörern, «sollte eine breite allgemeine Bekanntschaft mit Büchern sozusagen *als solchen* erwerben. Er sollte ihnen mit allen Sinnen begegnen; er sollte wissen, wie sie sich anfassen und wie sie riechen. Er sollte lernen, sie in die Hand zu nehmen, durch ihre Seiten zu rascheln und in ein paar Sekunden einen ersten, intuitiven Eindruck von ihrem Inhalt zu bekommen. Er sollte, im Laufe der Zeit, viele Tausende berührt haben, mindestens zehnmal so viele, wie er wirklich liest. Er sollte sein Auge über die Bücher streifen lassen, wie ein Hirte über seine Schafe, und sie mit dem schnellen, durchdringenden Blick beurteilen, den ein Viehhändler für das Vieh hat. Er sollte mit mehr Büchern leben, als er liest, umflattert von einem schattenhaften Umkreis ungelesener Seiten, deren allgemeinen Charakter und Inhalt er kennt.»

Diese Bibliothekspoesie klingt nun wieder sehr exklusiv, nach der verstiegenen Bilderwelt eines exzentrischen Hochkulturaristokraten. (Wenn nicht sogar nach einer drohenden schweren Epidemie von Bücherpilz.) Was Keynes uns hier vorschwärmt, hat jedoch einen ganz konkreten, praktischen Sinn. Ich bin kein Technologiepessimist und kein Papierästhet; ich finde nichts Anstößiges dabei, wenn jemand seine Lektüre auf dem Tablet, dem Laptop oder dem Smartphone erledigt. Ich bin auch kein Bibliophiler, der unbedingt schöne oder seltene Ausgaben sein Eigen nennen will; ein großer Teil meiner Bibliothek besteht aus wenig ansehnlichen Taschenbüchern. Aber in einem Punkt hat Keynes unbedingt recht: Das Buch als Buch, «als solches», wie er es ausdrückt, besitzt eine echte, eigene Bildungsbedeutung, es ist allein schon als materieller Gegenstand ein besonders taugliches Vehikel des Geistes.

Gedruckte und gebundene Worte, Worte in Buchform, haben eine handliche, zugängliche Dinglichkeit, die gewissermaßen den Aufbau eines unverbindlichen Erstkontakts ermöglicht: Man kann sich zu ihnen in eine vorläufige Beziehung setzen, ohne sie gleich durchstudieren zu müssen. Das ist der Sinn des Blätterns und Musterns, von dem Keynes so enthusiastisch spricht. An einen Text, den man auf dem Bildschirm aufruft, kann man sich nicht auf diese Weise herantasten: Man muss ihn ernsthaft lesen, sonst bleibt er einem komplett fremd. Bei Büchern dagegen bestehen fließende Übergänge zwischen Unkenntnis und Bekanntschaft. Wenn wir sie in der Nähe haben, lässt sich gar nicht verhindern, dass etwas von ihnen in uns einsickert, dass sie sich irgendwie mitteilen. Das Buch, das ungelesen im Regal steht, kann zum Gegenstand des Gesprächs mit einer Freundin werden, die es kennt und es zufällig bei uns im Zimmer entdeckt hat – schon erfahren wir etwas darüber, und es nimmt in unserem Kopf eine Gestalt und Bedeutung an, ohne dass wir es jemals aufgeschlagen hätten. Bücher sprechen zwar nur zu uns, wenn wir sie lesen. Aber ihre Präsenz macht sich gleichsam auch schweigend bemerkbar, auf geheimnisvollen, unvorhersehbaren Wegen. Für eine Textdatei gilt das nicht.

Die Ungezwungenheit, die man sich im Umgang mit dem Geschriebenen und Gedruckten angewöhnen sollte, illustriert Keynes am Beispiel des Stöberns. «Eine Buchhandlung», erklärt er seinen Zuhörern, «ist nicht wie ein Fahrkartenbüro der Eisenbahn, das man aufsucht, wenn man weiß, was man will. Einen Buchladen sollte man unentschlossen betreten, fast träumerisch, und sein Auge ungehindert von dem anziehen lassen, was sich da bietet. Die Runde von Buchhandlung zu Buchhandlung zu machen und hier und da einzutauchen, wie die Neugier es einem eingibt, sollte das Unterhaltungsprogramm eines Nachmittags sein. Empfinden Sie keine Schüchternheit und kein Schuldgefühl, es in Anspruch zu nehmen. Buchhandlungen sind dazu da, dieses Vergnügen zu gewähren; und die Buchhändler begrüßen es, wohl wissend, wie die Sache enden wird.» Wer glaubt, dass solche Ladenbesuche im Zeitalter des Onlineversands keinen Reiz mehr besitzen, sollte sich die Menge der kleinen Buchhandlungen ansehen, die in den letzten Jahren im Berliner Hipster- und Jungfamilienstadtteil Prenzlauer Berg eröffnet wurden.

Besonders erfeulich an Keynes' Handreichungen zum richtigen Lesen ist der unpädagogische Ton, den er anschlägt. Lesen ist nicht Büffeln. Trotzdem kann Lesen, bei einem stilistisch oder intellektuell anspruchsvollen Buch, Arbeit sein. Da gibt es dann ein Problem. Nicht dass uns die Vorstellung konzentrierter, anstrengender Lektüre fremd wäre. Wir kennen das aus unserer Schul- oder Studienzeit sehr gut. Aber es ist eine Art des Lesens, die nach unserer instinktiven Überzeugung in eine abgeschlossene Lebensphase gehört – eben in die Phase der «Bildung». Als Erwachsene fühlen wir uns dagegen zu entspannter Lektüre berechtigt, weil Lesen nun eine Freizeitaktivität ist.

Wir haben in unserem Alltag auch kein Zeitregime mehr, in dem die Bücher ohne erhebliche Umstände ihren Platz finden könnten. Sondern wir lesen, wenn sonst nichts los ist und uns niemand stört: im Zug; wenn das Fernsehprogramm unattraktiv ist (oder man alle gerade lohnenden Netflix-Serien schon durchhat); wenn das befreundete Paar, das eigentlich noch auf einen Drink vorbeikommen wollte, im letzten Augenblick abgesagt hat. Um wirklich intensiv zu lesen, müssen wir es aber schaffen, den Freiraum für die Lektüre selbst herzustellen – also das, was los ist, auszublenden und die, die uns stören wollen, fernzuhalten. Das erfordert ein leicht subversives Selbstmanagement, ein partisanenhaftes Unterlaufen unserer eigenen üblichen Prioritäten. Das kann heißen, dass die Lektüre eine festgesetzte, für den sozialen und seelischen Normalbetrieb gesperrte Zeit braucht, vielleicht auch ein Ritual, das sie begleitet: den Tee, den Lieblingssessel, die anregende, aber nicht besitzergreifende Musik. Die Gelegenheit und die Voraussetzungen zum Lesen ergeben sich nicht von selbst, wir müssen sie bewusst inszenieren.

Manchmal müssen wir auch einen Stift in die Hand nehmen. Ich persönlich hasse es zwar, wenn meine Bücher von Randnotizen entstellt sind. Aber Notizen sind die richtige Methode, um sich eine komplexe Geschichte oder Argumentation anzueignen. Man könnte meinen, dass sie das Lesen verzögern, doch in Wahrheit erleichtern sie es und beschleunigen es sogar. Ein Fragezeichen neben einer unverständlichen Passage legt die lästige Angelegenheit erst einmal beiseite: Man weiß, was man sich später noch einmal vornehmen muss, und hat den Kopf frei, um fortzufahren. Therapeuten oder Coaches empfehlen ihren Klienten manchmal, quälende und einstweilen unlösbare Probleme durch Aufschreiben gewissermaßen einzuklammern und in einen existenziellen Schlafzustand zu versetzen; sie lähmen einen dann nicht mehr, und das Leben kann weitergehen. So funktioniert auch die Randnotiz an einer prekären Textstelle.

Für die Bewältigung eines echten Lektürebrockens, eines Thomas-Mann-Romans etwa oder eines Theorietextes von Theodor W. Adorno, sind ein paar verstreute Randbemerkungen oft zu wenig. Hier ist ein Lesetagebuch hilfreich: ein Notizblock, in dem man die eigene Auseinandersetzung mit dem Buch austrägt und dokumentiert. Man kann Zitate herausschreiben, Zusatzinformationen aus anderen Quellen zusammenstellen oder den Inhalt der einzelnen Kapitel festhalten. Die Notizen können aber auch subjektiv sein: das Auf und Ab der eigenen Stimmungen und Erfahrungen beim Lesen, die Erlebnisse, die sich bei einer mehrwöchigen Lektüre in der Gesellschaft des Verfassers, seiner Ideen und seiner Geschöpfe einstellen. Ein dickes, nicht ganz einfaches Buch durchzuarbeiten, ist eine Unternehmung, manchmal ein Abenteuer, wie eine Reise, eine neue Freundschaft oder ein größeres berufliches Projekt, und was einem dabei passiert, wird klarer, wenn man sich oder anderen davon erzählt.

Beim Aufschreiben von Lektüreeindrücken geht es nicht darum, dass alle Beobachtungen korrekt oder gar brillant sein müssten. Entscheidend ist vielmehr, als Leserin oder Leser nicht passiv zu bleiben. Denn das ist die eigentliche Gefahr, der typische Nachteil der Schrift- und vor allem der Buchkultur (hier ist das Netz mit seinen Interaktionsmöglichkeiten wirklich im Vorteil): ihre Tendenz zum Starren und Autoritären, ihr einseitiger und undynamischer Charakter. Bücher sprechen zwar, aber sie können sich dabei immer nur exakt wortgleich wiederholen; sie hören nicht zu und antworten nicht, sie halten ausschließlich Monologe. Wie in vergangenen pädagogischen Zeitaltern schlechte Lehrer beim Frontalunterricht, dozierend vor einer schweigenden Klasse.

Mir macht das geistige Stillsitzen, zu dem die Bücher zwingen, nicht allzu viel aus (ich war ein ruhiges Kind), aber andere Leser reagieren darauf allergisch. Wenn meine Frau etwa mit einer langwierigeren Lektüre beschäftigt ist, denkt sie keineswegs daran, eventuelle Schwierigkeiten mittels des gerade von mir empfohlenen Lesetagebuchs mit sich selbst auszumachen. Die ganze Idee würde ihr streberhaft und übertrieben vorkommen. Vielmehr erhebt sie irgendwann morgens am Frühstückstisch unweigerlich die Forderung nach «dialogischem Denken». «Dialogisches Denken» ist im Hause Roß Ehe-Code; es bedeutet so viel wie: «Ich habe mich mit diesem Autor jetzt lange genug allein herumgeschlagen, lass uns endlich einmal darüber reden.» Die Isolation des einsamen Herumrätselns soll aufgebrochen und durch intellektuelle und kommunikative Lastenteilung ersetzt werden.

Ich muss gestehen, dass mir dieses Verlangen nach «dialogischem Denken» manchmal als Zumutung erschienen ist. Niemand hat automatisch Lust, sich auf anstrengende Diskussionen über ein Buch einzulassen, das er selbst vielleicht nie in die Hand genommen hätte. Aber als gelerntem Altphilologen konnte mir nicht ewig verborgen bleiben, dass der Unwille zum schweigsamen, einsiedlerhaften Schriftkonsum ein ehrwürdiges klassisches Vorbild hat. Geistesgeschichtlich auf den Weg gebracht hat das Thema wieder einmal der abendländische Urphilosoph Platon. In seinem «Phaidros» lässt er Sokrates, seinen Lehrer, den Helden fast aller seiner Werke, den idealen Weisen, an der scheinbar so segensreichen Kulturtechnik des Schreibens Zweifel anmelden. Und damit auch am Lesen.

Platon erzählt in einer mythischen Geschichte, wie der ägyptische Gott Theuth, der auch der Erfinder der Mathematik, der Astronomie und der Brettspiele gewesen sein soll, sich die Buchstaben und ihre Anwendung ausdenkt. König Thamos, dem Theuth seine Entdeckung stolz vorführt, ist wenig begeistert. Macht das Schreiben die Menschen nicht am Ende dümmer, wenn sie sich nichts mehr merken müssen, weil sie alles nachlesen können? (In Indien sind interessanterweise die allerältesten, allerheiligsten Texte, die Gebetshymnen des «Rigveda», gerade deshalb so getreu erhalten geblieben, weil sie aus lauter Scheu vor Entweihung ausschließlich mündlich überliefert und aufs genaueste memoriert wurden.) Werden die Leute in einer Welt von Papier und Büchern nicht oberflächlich, wenn auf einmal jeder Zugriff auf ein universales Halbwissen bekommt, während keine einzige Sache mehr wirklich gründlich verstanden und beherrscht wird? (Das klingt schon nach einer frühen Klage über die moderne Informationsüberflutung: Professor Platon wendet sich in einem besorgten Meinungsbeitrag gegen die Exzesse der Zerstreuungskultur.)

Vor allem jedoch analysiert Platon die Schriftkultur als eine defizitäre, sogar pathologische Form der Kommunikation. Er veranschaulicht das durch einen Vergleich mit der Malerei: «Auch die Werke jener Kunst stehen wie lebendig da, wenn du sie aber etwas fragst, dann schweigen sie recht würdevoll. Genauso aber auch die [schriftlich niedergelegten] Reden: Du könntest meinen, dass sie reden, als ob sie etwas verstehen, wenn du aber nach etwas von dem Gesagten fragst voller Lernbegier, so zeigen sie immer nur ein und dasselbe an.» Ein Text, so Platon, hat keine Kontrolle über die Kontexte, in die er gerät: «Wenn sie aber einmal niedergeschrieben ist, rollt eine jede Rede allenthalben umher, sowohl bei denen, die sie verstehen, wie auch bei denen, für die sie nicht passt, und sie selbst weiß nicht, zu welchen Menschen sie reden soll und zu welchen nicht. Wenn sie dann aber schlecht behandelt und zu Unrecht geschmäht wird, hat sie immer ihren Vater nötig als Helfer; denn sie selbst ist weder fähig, sich zu wehren, noch, sich zu helfen.» Das Geschriebene, so komplett und definitiv es auch wirkt, bleibt in Wahrheit immer unvollständig und unvollkommen, ein klägliches Geistesfragment, dem Missverständnis und dem Missbrauch ausgesetzt. Es ist nicht selbsterklärend, sondern bräuchte eigentlich die permanente Ergänzung und Erläuterung durch den Autor. Auf sich selbst gestellt, steckt in der Schrift ein fatales Fehler- und Manipulationspotenzial.

Dagegen stellt Platon sein eigenes Ideal der Wissensgewinnung und -vermittlung: einen Prozess des Lehrens und Lernens im Gespräch, bei dem man die Argumente verinnerlicht und sich zu eigen macht, sodass man sie zu verteidigen, weiterzuentwickeln und zu verändern vermag. Platons Ansicht nach lässt sich der wahre «Logos» (ein griechischer Ausdruck, der sowohl Wort und Rede als auch Sinn und Vernunft bezeichnet) nicht in Buchstaben fixieren und konservieren. Vielmehr wird er «mit Erkenntnis niedergeschrieben in der Seele des Lernenden, fähig, sich selbst zu wehren, und wohl wissend, mit wem er jeweils zu reden hat und vor wem zu schweigen». Wissen besteht nicht aus Sätzen, die sich bei Bedarf abrufen lassen, Wissen heißt, dass man Gedanken aufgenommen und verarbeitet hat, dass man sich und anderen darüber Rechenschaft ablegen kann. Das ist allein im leibhaftigen, mündlichen Austausch möglich. Ideen in Büchern sind tot, nur in Menschen und unter Menschen sind sie lebendig und beseelt.

Man versteht vor diesem Hintergrund, warum Platon seine Philosophie in Dialogen niedergelegt hat: Diese literarische Form mit ihrem Hin und Her der Fragen und Antworten, der Thesen und Gegenthesen vermittelt wenigstens eine Ahnung von der dialektischen Beweglichkeit, die das eigentliche Wesen des Denkens ausmachen sollte. Man versteht aber auch, warum Platon seine philosophische Schriftstellerei letztlich bloß für besseren Spielkram gehalten hat, während die Hauptsache in seinen Augen der Unterricht war, das Zusammenleben und Zusammendenken mit den Schülern in seiner Akademie. Philosophie kann man nach Ansicht des größten aller Philosophen nicht aus Büchern lernen; im Grunde kann man Philosophie sogar überhaupt nicht lernen, sondern nur das Philosophieren.

Platon hat mit seinem Angriff auf die Schriftkultur eine bis heute einflussreiche und populäre intellektuelle Tradition begründet: die Medientheorie und Medienkritik, die im 20. und frühen 21. Jahrhundert durch die Auseinandersetzung erst mit dem Fernsehen und dann mit dem Internet zu zeitdiagnostischer Hochform aufgelaufen ist. Er hat das Phänomen der Medien überhaupt erst entdeckt und als Erster beschrieben: die Tatsache, dass bei Information und Kommunikation nicht nur die Inhalte zählen, sondern auch die Formen, in denen sie gespeichert und übermittelt werden.

Gleichzeitig kann man aus Platons Fundamentalskepsis durchaus pragmatisch etwas über den Umgang mit Texten und Büchern lernen. Wenn die Gefahr der Schrift ihre unproduktive Verkrustung ist, die geistige Sterilität durch den Fluch der Fixiertheit – dann kommt es eben darauf an, dem durch intellektuelles Bewegungstraining entgegenzuwirken. Deshalb soll man nicht nur lesen, sondern darüber auch schreiben: Notizen, E-Mails an Freunde, Kundenrezensionen bei Amazon, Beiträge in Onlineforen, die sich der Diskussion über Klassiker oder Neuerscheinungen widmen. Deshalb soll man über das Gelesene reden, sich andere Leserinnen und Leser zum Austausch suchen, in einer organisierten Gruppe oder einfach nur unter Bekannten, mit denen man die Freude an Büchern teilt. Dass der «Lesekreis», der aus dem 19. Jahrhundert stammt, dieser Tage eine erstaunliche Wiederbelebung erfährt, ist keine neubürgerliche Affigkeit, es ist die Erinnerung an eine grundlegende Wahrheit: Lektüre ist zwar ein individuelles Geschäft, aber sie braucht um sich herum die Gesellschaft Gleichgesinnter, die gegenseitige Ermutigung und Kritik, die Sympathie, die aus geteilten Interessen erwächst. Wir müssen «dem Wort helfen», wie Platon es nennt. Und einander, um es zu verstehen und zu genießen.

Auf der anderen Seite muss man akzeptieren, dass man beim Lesen selbst, im Moment, da der Blick über die Seiten gleitet und die Gedanken den Wörtern folgen, allein ist und allein bleibt. Lektüre kann aus Gemeinschaft hervorgehen und wieder zu Gemeinschaft führen, sie kann für Gesprächsthemen sorgen und persönliche Zuneigung oder politische Solidarität stiften. Eine meiner besten Freundinnen habe ich kennengelernt, weil ich im ICE zwischen Hamburg und Berlin neben ihr saß und diese Mitreisende, der ich nie zuvor irgendwo begegnet war, mich auf das Buch ansprach, das ich las und das sie gelesen hatte.

Aber zwischen die geselligen Vor- und Nachspiele haben die Lektüregötter das Alleinsein gesetzt. Vielleicht ist dies das Schwierigste an der Sache, das Hauptproblem mit dem Lesen. Alles flüstert uns ins Ohr, dass wir etwas versäumen, wenn wir mit einem Buch einsam im Zimmer sitzen, dass wir anderswo sein sollten und etwas anderes zu tun hätten, Spaß haben, die Karriere voranbringen, uns engagieren – was auch immer, aber auf jeden Fall unter Leuten und in der wirklichen Welt. Wenn diese Stimmen sich melden, dann gibt es nur eins: weghören. Das ist der Sirenengesang der Versuchung, dem es zu widerstehen gilt. Das Erste und Wichtigste, was man zum Lesen lernen muss, sind nicht irgendwelche Tricks und Techniken, keine Wortschatzübungen oder Satzerfassungsverfahren, nicht einmal Literaturgeschichte. Sondern innere Freiheit. Die Freiheit, zu einer aufdringlichen Realität nein zu sagen. Der Rest findet sich dann schon.

5. Wissenschaft und Philosophie: WIE MAN DIE WELT AUF DEN KOPF STELLT

In dem 2016 in die Kinos gekommenen Blockbuster «Batman v Superman: The Dawn of Justice» verblüfft eine Szene mit einem schweren Anfall von Intellektualität. In einer Serie von fiktiven TV-Experten, die das Superman-Phänomen für ihre Zeitgenossen einzuordnen versuchen, schlägt einer der Kommentatoren den ganz großen geistesgeschichtlichen Bogen. Der unbesiegbare Heros vom Wunderplaneten Krypton stelle für das Selbstbewusstsein der Menschheit eine fundamentale Herausforderung dar, eine neue Eskalationsstufe in einer ganzen Reihe von Demütigungen, die Homo sapiens in den vergangenen Jahrhunderten habe verkraften müssen. Zuerst sei der Himmelsforscher Nikolaus Kopernikus aufgetreten, der feststellte, dass die Erde, der Wohnort des Menschen, mitnichten das Zentrum des Universums bildet, sondern mit den übrigen Planeten um die Sonne kreist. Dann kam der Biologe Charles Darwin, der mit seiner Evolutionstheorie und Abstammungslehre die vermeintliche Krone der Schöpfung mehr oder weniger zu einem Teil des Tierreichs machte. Und nun auch noch Superman, hinter dessen überirdischen Kräften und Fähigkeiten das staunende Menschengeschlecht hoffnungslos zurückbleibt.

Den anspruchsvollen Gedankengang zur historischen Herleitung des Superman-Traumas haben die Drehbuchautoren von «Dawn of Justice» nicht selbst erfunden. Er ist vielmehr ziemlich genau hundert Jahre alt und stammt von Sigmund Freud, dem Begründer der Psychoanalyse, aus einem Aufsatz von 1917. Allerdings hatte Freud den dritten, finalen Angriff auf den menschlichen Gattungsstolz keiner Comicfigur überlassen wollen – sondern sich selbst zugedacht.

Freud musste lange Zeit hart um Anerkennung für seine neuartige Seelenkunde und Behandlungsmethode kämpfen. Nicht bloß wehrten sich seine Patienten regelmäßig gegen die Diagnosen des Therapeuten (ein Phänomen, das Freud unter der terminologischen Bezeichnung «Widerstand» zu einer typischen Begleiterscheinung der Behandlung erklärte). Sondern die gesamte Psychoanalyse stieß auf teils heftige Ablehnung in der Ärzteschaft und in der Gesellschaft überhaupt. Ihre Gegner attackierten sie als unwissenschaftlich oder moralisch zersetzend, sie erklärten Freuds Theorie mit antisemitischem Unterton für typisch jüdisch oder warfen ihr eine perverse Sexualbesessenheit vor. Man musste kein glühender Anhänger der Lehre sein, um den Entrüstungssturm, den sie auslöste, auffallend und ein wenig merkwürdig zu finden. Was steckte wirklich hinter all dieser Empörung?

In einer kleinen Schrift von 1917 mit dem täuschend unauffälligen Titel «Eine Schwierigkeit der Psychoanalyse» versuchte Freud eine Erklärung. Die Kritik an der Tiefenpsychologie, so seine These, tritt zwar äußerlich rational auf, sie ist aber in Wahrheit emotional motiviert. Was die Kritiker wirklich antreibt, ist nicht die vernünftig begründete Überzeugung, dass Freuds Ergebnisse nicht wahr sind. Sondern das starke, geradezu existenzielle Bedürfnis, dass sie nicht wahr sein dürfen. Auf zweierlei Weise nämlich, so Freud, verletzt die Psychoanalyse das menschliche Selbstwertgefühl. Zum einen behauptet sie, dass die Sexualität in allen Seelenregungen und Lebensäußerungen, bis zu den sublimsten Höchstleistungen der Kultur, eine entscheidende, sogar beherrschende Rolle spielt und dass man diese Triebkomponente durch keine moralische oder disziplinierende Anstrengung vollständig ausschalten kann. Das ist eine Provokation, weil die Zivilisation in hohem Maße auf der Unterwerfung, wenn nicht der Verleugnung des Sexuellen beruht. Zum anderen lehrt die Psychoanalyse, dass die wesentlichen seelischen Kräfte und Vorgänge unbewusst sind: dem Willen nicht untertan und der direkten Einsicht nicht zugänglich. Wir kennen uns also selbst nicht wirklich, und wir kontrollieren uns nicht komplett. Zusammen, erklärt Freud, kommen diese «beiden Aufklärungen», über die Macht der Sexualität und des Unbewussten, «der Behauptung gleich, dass das Ich nicht Herr sei in seinem eigenen Haus». Das bedeutet eine tiefe Kränkung der menschlichen Eigenliebe. Solche unerfreulichen, erniedrigenden Erkenntnisse wollen wir nicht wahrhaben, dagegen wehren wir uns, und daher protestieren wir gegen die Psychoanalyse.

Für diese leicht überschlaue Verteidigung seiner eigenen Lehre (überschlau, weil sie die Skepsis gegenüber der Psychoanalyse allzu bequem in einen Beleg für deren Richtigkeit umzudeuten erlaubt) baut Freud einen imponierenden Rahmen, eine Art Allgemeine Theorie des Widerstands gegen grundstürzende Erkenntnisse, die weit über den konkreten Anlass hinausreicht.

Als Kopernikus und seine Nachfolger im 16. und 17. Jahrhundert das «heliozentrische» Weltsystem entwarfen, nach dem die Erde nicht stillsteht, sondern um die Sonne kreist, brach mehr als bloß ein astronomisches Lehrgebäude zusammen: Die zentrale kosmische Stellung der eigenen Wohnstätte war für den Menschen, bemerkt Freud, «eine Gewähr für seine herrschende Rolle im Weltall» und «schien in guter Übereinstimmung mit seiner Neigung, sich als den Herrn dieser Welt zu fühlen». Durch das neue planetarische Arrangement wurde das Möchtegernoberhaupt aller Dinge rüde und unwiderruflich entthront. Auf die «kosmologische» Kränkung durch Kopernikus folgte im 19. Jahrhundert die «biologische» durch Charles Darwin: Seit Ewigkeiten hatte der Mensch geglaubt, dass er sich von allen übrigen Lebewesen fundamental unterschied, durch seine Vernunft, seine Gottebenbildlichkeit oder seine unsterbliche Seele, und dass er seine Existenz einem speziellen, privilegierten Schöpfungsakt verdankte. Darwins Entdeckung des Evolutionsprinzips und der Tatsache, dass Mensch und Affe von gemeinsamen Vorfahren abstammen, hat dieser Überhebung ein Ende bereitet. «Der Mensch», stellt Freud fest, «ist nichts anderes und nichts Besseres als die Tiere, er ist selbst aus der Tierreihe hervorgegangen, einigen Arten näher, anderen ferner verwandt.» Seine herausgehobene Sonderstellung in der Natur war bloß eingebildet, eine selbstverliebte Illusion.

Es geht mir nicht um die Frage, ob die Psychoanalyse, als dritte große Kränkung der menschlichen Eitelkeit, wirklich in diese Reihe monumentaler Aufklärungsleistungen gehört. Entscheidend ist hier etwas anderes: Mit seiner Kränkungstheorie hat Freud überzeugend identifiziert, was eine kulturell bedeutsame, geistesgeschichtlich relevante wissenschaftliche Erkenntnis ausmacht – und damit auch, welche wissenschaftlichen Erkenntnisse zur Allgemeinbildung gehören. Es sind solche, die unser menschliches Selbstverständnis berühren, die es irritieren und erschüttern, vielleicht sogar radikal umwälzen. Dabei muss es sich nicht unbedingt um eine Demütigung handeln; dass etwa die Menschheit durch den Fortschritt der Medizin und Technologie ihr Schicksal zunehmend selbst in die Hand nimmt, ist revolutionär, aber kein Grund zur Zerknirschung. Den Ausschlag gibt vielmehr, dass wir im Licht einer wirklich wichtigen Entdeckung uns selbst mit neuen Augen ansehen, dass sie unser Menschenbild verändert. Wir denken nach ihr und dank ihrer anders über uns und über unsere Stellung in der Welt. Wir wissen jetzt besser, was wir können (oder nicht können) – und wer wir sind. Das ist Erkenntnis, die nicht bloß die Fachleute angeht, sondern jeden, der geistig wach und orientiert sein will.

Der angemessene Platz der Wissenschaft, besonders der Naturwissenschaft, in der Bildung ist ein kniffliges Problem. Physiker, Chemiker und Biologen, Ärzte und Ingenieure beschweren sich oft darüber, dass ihre Disziplinen in der traditionellen, humanistisch geprägten Vorstellung von Allgemeinwissen zu kurz kommen. Warum, fragen sie, soll es selbstverständlich sein, dass ein gebildeter Mensch die «Buddenbrooks» gelesen hat und in einer Mozart-Oper eine Arie von einem Rezitativ unterscheiden kann – während jeder Erwachsene prestigemäßig vollkommen ungestraft ahnungslos über die Wirkung eines Antibiotikums oder das Funktionieren des Verbrennungsmotors sein darf? Wie kann es ohne Widerspruch durchgehen, dass eine Menge literarisch orientierter Akademiker auf ihre Unwissenheit beim Thema Naturforschung und Technik geradezu stolz sind? Unser herkömmlicher Bildungsbegriff scheint auf eine unerklärliche und unhaltbare Weise einseitig, nämlich geisteswissenschaftslastig zu sein.

Ich glaube, dass diese Kritik halb richtig ist. In der Tat ist die mathematisch-naturwissenschaftliche Blindheit vieler Intellektueller ein ärgerlicher kultureller Defekt. Da verbindet sich eine historische Beschränktheit (die vorwiegend sprachliche Orientierung des klassischen Gymnasiums) mit modernen ideologischen Vorbehalten (der unterstellten Verantwortung der Naturforschung für die Übel des Atomzeitalters, der genetischen Manipulation oder der Umweltzerstörung). Von dieser Wissenschaftsignoranz oder -phobie muss man sich freimachen. Trotzdem bleibt die Vorstellung legitim, dass Bildung nicht primär mit Dingen zu tun hat, sondern mit Menschen: was sie ausmacht und antreibt; wie sie zu dem wurden, was sie heute sind; was sie geschaffen haben; wie sie sich in der Welt zurechtfinden. Bildung soll nicht einfach unsere Kenntnisse vermehren, sondern uns helfen, unser eigenes Wesen und unsere Möglichkeiten kennenzulernen. Insofern geht es schon mit rechten Dingen zu, wenn «humanistische» Interessen wie Literatur, Kunst und Geschichte dabei eine besondere Rolle spielen.

Doch gibt es eben auch wissenschaftliche «Aufklärungen», um mit Sigmund Freud zu sprechen, die unsere Identität gewissermaßen geistig mit in ihren Strudel ziehen – und die sind dann keineswegs weniger bildungstauglich und bildungswichtig als Homer oder Shakespeare. Solange etwa die Informationstechnologie bloß ein Hilfsmittel zur Vereinfachung und Beschleunigung von vorher festgelegten Prozessen war, der Computer nicht viel mehr als ein besserer Taschenrechner – so lange war dieser ganze Wissenszweig lediglich für Experten interessant und für das allgemeine Publikum nur insofern, als es die von den Experten produzierten Geräte und Lösungen praktisch nutzen wollte. Das ändert sich in der Gegenwart durch die Entwicklung der Künstlichen Intelligenz (KI) grundlegend.

Die Populärkultur hat das Schock- und Irritationspotenzial des Phänomens schon früher erkannt, mit Kreationen wie dem verrücktspielenden Bordcomputer HAL in Stanley Kubricks «2001: Odyssee im Weltraum» (1968) oder emotional anrührenden Androiden in Filmen wie Ridley Scotts «Blade Runner» (1982) oder Steven Spielbergs «A. I. – Künstliche Intelligenz» (2001). Dass Maschinen lernfähig werden und ein Eigenleben ausbilden, dass sie sich selbst perfektionieren und in der Problemlandschaft der Realität selbst ihren Weg suchen, dass sie uns als Partner für Kommunikation, Gefühle und Beziehungen gegenübertreten – das sind Aussichten, die unser Menschenbild nachdrücklich in Frage stellen. Nicht in erster Linie weil wir uns davor ängstigen müssten, dass mit der Künstlichen Intelligenz eine neue Evolutionsstufe erreicht und die Herrschaft des Homo sapiens durch eine Revolution der entfesselten Apparate gestürzt werden könnte. Sondern weil der denkende, emanzipierte Automat schon rein prinzipiell die Grenze zwischen Materie und Bewusstsein verwischt, weil er eine Definition des Menschseins ins Zwielicht rückt, die auf Vernunftbesitz und Selbstbestimmung gründet. Was wird uns noch einmalig und unverwechselbar machen im Vergleich mit Maschinen, die ebenfalls unsere charakteristischen Fähigkeiten und Merkmale besitzen? Darf man solche Wesen wirklich wie Küchengeräte oder Haustiere behandeln, oder müsste man ihnen nicht eigentlich «Menschenrechte» zubilligen? Der Fortschritt der Künstlichen Intelligenz hat noch einmal die ganze Verunsicherungsqualität, die Freud in den Entdeckungen von Kopernikus und Darwin und in seiner eigenen Psychoanalyse erkannt hatte.

Das ist der Augenblick, in dem das rote Lämpchen aufleuchtet und ein Erkenntnisgebiet bildungsrelevant wird, der Moment, da man mehr darüber wissen möchte und sollte – auch dann, wenn man professionell oder in der Anwendung gar nichts damit zu tun hat. Wir wollen jetzt die Grundlagen einer solchen revolutionären Disziplin wenigstens in ihren allerschlichtesten Umrissen verstehen. Zu den Grundbausteinen, aus denen sich unsere Wirklichkeit zusammensetzt, wie Wörter oder chemische Elemente, ist im frühen 21. Jahrhundert eine neue Ureinheit hinzugekommen – die Basisprozedur, auf der die Arbeit von Computern beruht: der Algorithmus.

Kopernikus und der Beginn der modernen Himmelskunde, die Freud an den Anfang seiner Kränkungsliste gesetzt hat, sind das Musterbeispiel für die bewusstseinsformende Kraft der Naturforschung. Ich muss gestehen, dass ich bei diesem Thema befangen bin: Die Beschäftigung mit dem Weltall ist für mich der Inbegriff von Wissenschaft überhaupt, sie kommt mir außerdem auf eine fast peinlich naive Weise erhaben und beglückend vor. Ich brauche mir nur einen einsamen Beobachter unter der lichtergeschmückten Kuppel des Firmaments vorzustellen, und es ist, als ob meine Seele Badeurlaub hätte. Als Junge war ich ein begeisterter Sterngucker, und ich wollte lange ziemlich ernsthaft Astronom werden. Noch kurz vor meinem Abitur war die Idee nicht völlig ausgestanden. Ich habe mit meinen laienhaften Observationsgeräten viele kalte Winterabende auf Wiesen und Feldern verbracht, leise fluchend, weil die Lichter der Großstadt auch nachts nie die tiefe Dunkelheit zuließen, die man für die Himmelsbeobachtung eigentlich braucht. Ich fing mein Hobby mit einem Feldstecher an, ging dann zu einem ziemlich unförmigen Riesenfernglas über, das man wegen seines Gewichts schon auf ein Stativ montieren musste, und schließlich bekam ich ein richtiges Fernrohr geschenkt. Ich las Bücher über das Planetensystem oder die Entstehung des Universums und verstand mich (was die offizielle Selbstbezeichnung der Sternfreunde ist, die etwas auf sich halten) als «Amateurastronom».

Wer zu dieser Gilde gehört, wird Ihnen erzählen, dass wichtige Entdeckungen in der Geschichte der Himmelserkundung von solchen hingebungsvollen Laienforschern gemacht wurden. Das stimmt – William Herschel etwa, der 1781 den bis dahin unbekannten Planeten Uranus aufspürte, war im Hauptberuf Kapellmeister eines Orchesters im englischen Kurort Bath. Es stimmt allerdings auch, dass die wirklich bedeutenden Funde von Amateuren lange zurückliegen und dass die heutige Astronomie mit ihren Megaobservatorien und Großcomputern auf die Hilfe des Privatenthusiasten, der nachts auf seiner frostigen Waldwiese den Kosmos anzittert, nicht mehr ganz so dringend angewiesen ist.

In meiner Familie, in der naturwissenschaftliches Interesse sonst nicht verbreitet war, stieß meine Sternenleidenschaft auf freundliche, aber etwas hilflose Reaktionen. Mein Vater suchte für mich in Immanuel Kants «Kritik der praktischen Vernunft», dem Buch, in dem der Königsberger Philosoph seine Ethik formuliert hat, die berühmte Schlusspassage heraus: «Zwei Dinge erfüllen das Gemüt mit immer neuer und zunehmender Bewunderung und Ehrfurcht, je öfter und anhaltender sich das Nachdenken damit beschäftigt: Der bestirnte Himmel über mir, und das moralische Gesetz in mir.» Es sollte ein Hinweis darauf sein, dass das sichtbare Universum zwar staunenerregend und erforschenswert ist, dass aber der Mensch mit seinen inneren Höhen und Tiefen nicht weniger Aufmerksamkeit verdient – vielleicht sogar noch ein bisschen mehr. Doch damals fand ich den «bestirnten Himmel über mir» entschieden spannender.

Was mich an der Astronomie fesselte, hatte übrigens nichts mit Raumfahrt zu tun, nichts mit den Mond- oder Marsexpeditionen der NASA oder mit Science-Fiction-Phantasien von interstellaren oder intergalaktischen Reisen. Was mich anzog, war die Faszination der Gesetzmäßigkeit, die eisesklare Schönheit einer rational durchschaubaren, für den Verstand transparenten Ordnung. Die Bewegungen der Himmelskörper, der Sterne und Planeten, ließen sich exakt berechnen und vorhersagen, die gewaltigen Steinklumpen, Gasbälle oder Feuerkugeln zogen ihre Bahnen durch die grenzenlose Leere des Alls mit perfekter Unausweichlichkeit. Das Universum folgte physikalischen Gesetzen, die man mathematisch ausdrücken konnte; das kam mir zugleich ästhetisch und logisch extrem eindrucksvoll vor.

Dieses Weltbild ist das Resultat der kopernikanischen Revolution. Man kann seine Entstehungsgeschichte in einer wunderbaren Darstellung nachlesen, einem echten, siebzig Jahre nach seinem Erscheinen noch vollkommen frischen Sachbuchklassiker: «Die Schlafwandler» von Arthur Koestler, den man sonst vor allem als Autor des Romans «Sonnenfinsternis» (1940) kennt, einer literarischen Abrechnung mit den stalinistischen Schauprozessen. Koestler war als junger Mann, in den 1930er Jahren, Kommunist gewesen und hatte im Spanischen Bürgerkrieg auf Seiten der sozialistischen Republikaner gegen die rechte Konterrevolution des Generals Franco gekämpft; er war später einer der prominentesten «Renegaten» geworden, die sich vom marxistischen Dogma befreit hatten und es erbittert bekämpften.

Die neuzeitliche Sicht auf das Universum, so Koestler in den «Schlafwandlern», entwickelte sich in einem hundertjährigen Ideendrama mit vier Hauptdarstellern, wie man sie sich unterschiedlicher und weniger zueinander passend nicht hätte ausdenken können. Nikolaus Kopernikus, ein intellektuell eher ängstlicher Domherr im ostpreußischen Frauenburg, steckte noch tief in antiken und mittelalterlichen Vorurteilen. In seiner Schrift «Über die Umdrehungen der himmlischen Sphären» (1543) geht er etwa selbstverständlich davon aus, dass die Gestirne sich nur kreisförmig bewegen könnten, weil der Kreis von alters her als vollkommene geometrische Figur galt.

Es war erst der kaiserliche Hofmathematikus Johannes Kepler in Wien, der 1609 erklärte, dass die Planeten in

Wirklichkeit auf ovalen, elliptischen Bahnen laufen, und der präzise Regeln für ihre Geschwindigkeit aufstellte (sie hängt von der Entfernung zur Sonne ab). Zugleich war Kepler ein Grübler, wenn nicht ein Phantast: nicht nur Astronom, sondern auch Astrologe, ein eifriger Praktiker der Pseudowissenschaft der Horoskopeschreiberei. Seine Planetenmathematik, so elegant und zwingend im Ergebnis, ergab sich aus tiefsinnigen und haltlosen Grübeleien, mit denen er der geheimnisvollen Harmonie der Sphären auf die Spur kommen wollte (wie die antiken Pythagoreer, die wir im Griechenland-Kapitel kennengelernt haben).

Im kompletten Gegensatz zu diesem Mystizismus stand der dritte Akteur des Weltbilddramas, ein Zeitgenosse von Kepler: der brillante und ehrgeizige italienische Naturforscher Galileo Galilei, eine vollkommen moderne Erscheinung, das erste große Beispiel des Wissenschaftlers als öffentliche Figur – und als professioneller Selbstvermarkter, der keinem Rivalen kampflos den Ruhm für eine Einsicht überließ, die er auch nur mit der dürftigsten Rechtfertigung für sich beanspruchen konnte. Galileis wichtigste Leistung war nicht die Verteidigung des kopernikanischen Systems (für die er mit der katholischen Kirche aneinandergeriet, die ihn 1633 zum Widerruf zwang), sondern die Begründung der «Mechanik», der Wissenschaft von der Bewegung der Körper, von den Gesetzen, nach denen sie fallen oder fliegen.

Die krönende Synthese wurde dann im späten 17. Jahrhundert von einem Engländer geschaffen: Isaac Newton vereinte Keplers Himmelsforschung und Galileis Mechanik zu einer umfassenden, mathematisch durchgearbeiteten

Himmelsmechanik, in der Planeten und Sterne derselben Schwerkraft, der «Gravitation», unterliegen, die auch die Objekte in unserer alltäglichen Umgebung beherrscht.

Man muss innerlich einen Schritt zurücktreten, um sich klarzumachen, was für eine ungeheure Umwälzung damit abgeschlossen war. Die Geistesbewegung von Kopernikus bis Newton hatte den Unterschied zwischen Himmel und Erde aufgehoben. Jahrtausendelang stellte die Menschheit sich die Zone der Sterne als Ort des Göttlichen und als Inbegriff von Vollkommenheit und Ewigkeit vor, kategorial verschieden von der chaotischen, unbeständigen irdischen Wirklichkeit. Der Himmel war für Antike und Mittelalter kein leerer Weltraum, sondern bestand aus kreisenden «Sphären», unvergänglichen Kristallschalen, an denen Planeten und Fixsterne wie kosmische Juwelen angeheftet waren. Jetzt dagegen zirkulierten Erde, Mond, Sonne und die übrigen Gestirne im selben unbegrenzten Raum, und alle zusammen folgten den gleichen physikalischen Gesetzen. Die Welt war eine kontinuierliche Realität geworden, ohne Lücken, Brüche und Ausnahmen: eine Einheit – aber eine mechanische, automatenhafte Einheit. Das All war nun nichts weiter als ein unabsehbarer Manövrier- und Wirkungsraum verschieden geformter und verteilter Materieklumpen, ein dreidimensionales Spielfeld von Massen und Kräften.

Das neue Weltbild bedeutete eine gründliche Entzauberung: Der Mensch hatte nicht nur seine Stellung im Zentrum der Dinge verloren und Freuds «kosmologische Kränkung» erlitten – es wurde auch kalt und einsam um ihn, er fand sich in einem seelenlosen Universum, als würde er ein gigantisches Uhrwerk bewohnen. Gleichzeitig jedoch steckte in dieser Entzauberung eine nie da gewesene Ermächtigung. Die mechanische Welt, die überall nach identischen Regeln funktionierte, ließ sich nicht bloß entschlüsseln, sondern auch manipulieren und verändern, man konnte sie sich unterwerfen. Aus Formeln wurden Maschinen, aus Forschern Erfinder, aus Wissen wurde Macht, aus der Entseelung des Kosmos die Machbarkeit der Dinge: Die wissenschaftliche Revolution gebar das technologische Zeitalter. Damals begann eine Epoche, die immer noch Gegenwart ist. Trotz aller späteren Korrekturen durch Einsteins Relativitätstheorie oder die Atomforschung des 20. Jahrhunderts ist die klassische Astronomie und Physik der Neuzeit die Muttersprache der modernen Wirklichkeit geblieben.

Anders als Kopernikus, Kepler & Co. war Charles Darwin, der Verursacher der zweiten Freud'schen Kränkung, für mich als Schüler kein Bildungserlebnis. Ich besaß ein Mikroskop, aber im Gegensatz zum Fernrohr stand es unbenutzt herum: Zellen und Lebewesen interessierten mich weniger als die fernen Sterne. Die Evolutionstheorie muss im Biologieunterricht vorgekommen sein, aber sie hat mir damals keinen tieferen Eindruck hinterlassen. Stattdessen verdanke ich meine Einführung in Darwin der denkbar unwahrscheinlichsten Instanz, nämlich einem älteren Kollegen, der bei der «Frankfurter Allgemeinen Zeitung», wo ich in den 1990er Jahren als Feuilletonredakteur arbeitete, ausgerechnet das Ressort Geisteswissenschaften leitete.

Henning Ritter war der perfekte Intellektuellentyp, bewandert in allen Hexenkünsten der leicht schwefligen Denker der Weimarer Republik und in den Feinheiten der französischen Ideenwelt von Montaigne bis zum Poststrukturalismus. Niemand hätte in ihm auf den ersten Blick einen Liebhaber der angeblich nüchternen Naturkunde vermutet. Und doch war es so: Zwischen Redaktionskonferenzen und Layout-Terminen erklärte dieser journalistische Literat mir Charles Darwin. Sachliche Informationen über Evolutionsbiologie hätte ich mir auch bei den Kollegen aus der Naturwissenschaftsredaktion holen können. Aber Henning Ritters Darwin war anders, kein Name aus dem Lehrbuch, sondern eine echte geistige Gestalt, ein mentaler Zeitgenosse (obwohl er von 1809 bis 1882 gelebt hat), vielleicht sogar ein Vorbild. Womöglich weil er sonst im Feuilleton ständig mit Ideologie oder Show zu tun hatte, war Ritter von Darwins Sprödigkeit so angezogen: Der Mann, der die menschliche Sicht des Lebens komplett revolutionieren sollte, trat nicht als Guru oder Prediger auf, er hielt sich von Gesinnungsdebatten und Politik fern (außer beim Thema Sklaverei, die er verabscheute und bekämpfte), er stilisierte sich nicht als unerbittlicher Prophet wie sein Zeitgenosse Karl Marx und erklärte nicht wie Friedrich Nietzsche, er sei Dynamit. Er wäre auch kaum auf den Gedanken gekommen, sich wie Sigmund Freud mit Kopernikus auf eine Stufe zu stellen. Darwin hat keine Universalphilosophie namens «Darwinismus» erfunden, nicht die Parole «Der Stärkere setzt sich durch» zum Weltprinzip erhoben. Es liegt ein tiefer Ernst über dieser Figur, das Bewusstsein, dass radikale, grundstürzende Einsichten kein Grund zu Prahlerei oder Propaganda sind, sondern dass man froh sein kann, wenn man sie aushält und mit ihnen fertigwird.

Die ersten Daten für seine späteren Theorien sammelte

Darwin auf einer fünfjährigen Forschungsreise, die der britische Zweimaster «Beagle» von 1831 bis 1836 nach Südamerika und durch den Pazifik und den Indischen Ozean unternahm. Darwin, Sohn eines vermögenden Arztes, konnte es sich leisten, als unbezahlter Amateur-«Naturalist» und persönlicher Gesellschafter des Kapitäns mitzufahren. Den größten Teil seines Lebens verbrachte er dann als privatgelehrter Gentleman auf dem Lande, mit zahlreichen Kindern, einer ausgedehnten Korrespondenz und einem gesunden Desinteresse an sonstiger Gesellschaft. Bevor er mit seinen Thesen zur Entwicklung der Pflanzen- und Tierwelt öffentlich herausrückte, 1859 in dem Buch «Über den Ursprung der Arten», hatte er erst jahrelang Notizbücher mit Material und Gedankenskizzen zum Thema gefüllt und sich dann, als seine Theorie weitgehend fertig war, anderen Themen zugewandt – namentlich seinem Studium der Rankenfüßlerkrebse (Seepocken), das er in vier substanziellen Bänden dokumentierte.

Selbst nach dieser langwierigen Inkubations- oder Brutzeit wäre die Darwin'sche Lehre noch immer nicht zum Vorschein gekommen, wenn ihr Urheber nicht erfahren hätte, dass ein anderer Forscher unabhängig von ihm zu ganz ähnlichen Ergebnissen gelangt war. Jetzt musste die Sache auf einmal schnell herausgehauen werden. Für uns in der FAZ-Redaktion war unübersehbar, dass in der hingebungsvollen Notizenproduktion eine auffällige Parallele zwischen Henning Ritter und seinem evolutionsbiologischen Helden bestand. Auch unser Kollege liebte das schriftliche Selbstgespräch mindestens so sehr wie das Veröffentlichen; die Hefte, die er auf seinen täglichen langen

Fahrten mit dem Nahverkehrszug ins Büro mit Exzerpten und Reflexionen vollschrieb, schienen uns sein eigentliches, geheimes Lebenswerk zu sein. Ritter hat schließlich eine Auswahl aus diesen Notaten in einem Band herausgebracht («Notizhefte», 2010). Für einen Autor, der nicht gerade zur Popularität geboren schien, wurde das Buch ein erstaunlicher Erfolg, und Darwin kommt natürlich darin vor.

Charles Darwin zögerte mit der Publikation seiner Theorie der Artenentstehung offenbar auch deshalb, weil er einen Skandal fürchtete. Er musste mit heftigem weltanschaulichem, zumal religiösem Protest rechnen – ganz im Einklang mit Sigmund Freuds Kränkungs- und Widerstandstheorie. Darwins eigene Frau Emma litt unter Zweifeln an der christlichen Lehre und sorgte sich ernsthaft um das Seelenheil ihres Mannes. Das klingt heute wie eine kuriose Floskel, kaum noch verständlich – aber man muss sich die existenziellen, quälenden Ängste eines Menschen ausmalen, der es tatsächlich für möglich hält, dass der geliebte Lebenspartner für seine gottlosen Ansichten und Überzeugungen zur Hölle fahren und ewigen Strafen verfallen könnte. Der Darwinismus ist nicht erst für irgendwelche spinnerten Fundamentalisten in den heutigen USA zum Anlass für Weltbildkriege geworden, er war es von Anfang an. Viele viktorianische Geistliche und andere fromme Zeitgenossen erklärten empört, dass Darwins Auffassungen über die Natur nicht orthodox, nicht rechtgläubig seien. Worauf der Autor Charles Kingsley, selbst Theologe, die unsterbliche, nie genug zu zitierende Antwort gab: «Gottes Orthodoxie ist die Wahrheit, und wenn Darwin die Wahrheit sagt, dann ist er orthodox.»

Dabei klingen Darwins Grundeinsichten erst einmal

ziemlich harmlos: Pflanzen und Tiere erzeugen permanent zu viele Nachkommen, als dass sie alle ohne Probleme nebeneinander und in ihrer Umwelt existieren könnten; in der Natur herrscht daher ein erheblicher Konkurrenzdruck, der sprichwörtlich gewordene «Kampf ums Dasein» («struggle for existence»). Unter diesen Stressbedingungen setzt ein eigentümlicher, formenschöpferischer Mechanismus ein, den Darwin als «natürliche Auswahl» («natural selection») bezeichnet. In der Generationenfolge der Lebewesen treten nämlich immer wieder kleine, spontane, unvorhersehbare Variationen auf: Eine Blume produziert mehr (oder weniger) Nektar, ein Vogel hat einen längeren (oder kürzeren) Schnabel als die Masse der Artgenossen. Wenn diese plötzliche Innovation vererblich ist und einen Wettbewerbsvorteil bedeutet (zum Beispiel weil eine Blume mit mehr Nektar leichter Insekten anlockt, die dann die Pollen dieser Pflanze reichlicher verteilen und so für ihre erfolgreichere Ausbreitung sorgen), dann setzen sich die modifizierten Organismen im Laufe der Zeit zunehmend durch, und weitere Modifikationen in der einmal eingeschlagenen Richtung (also etwa: noch mehr Nektar) werden begünstigt. Das ist der Prozess, in dem sich allmählich, extrem langsam, neue, an ihre Umgebung besser angepasste, gegeneinander immer stärker ausdifferenzierte biologische Spezies herausbilden. Es geht zu wie in einer Autofabrik ohne Ingenieure, in der sich die Rohkarossen in einem phantastischen Spiel von Karambolagen gegenseitig selbst designen und schließlich eine ausgefeilte Modellpalette hervorbringen.

Was sollte an Darwins Version der Entstehung der Arten, an seiner «Evolutionstheorie», wie man heute sagt, so anrüchig oder schockierend sein? Erst einmal schon der Gedanke, dass die Arten überhaupt «entstanden» und nicht von Anfang an fertig da gewesen sind: Laut dem biblischen Schöpfungsbericht hat Gott sie schließlich jeweils einzeln und perfekt (er «sah, dass es gut war») aus seiner Werkstatt hervorgehen lassen. Noch bedenklicher erschien das zweite Ärgernis: die Konsequenzen der neuen Lehre für Rang und Stellung des Menschen. Darwin scheute in «Über den Ursprung der Arten» zwar noch vor dem Thema zurück, er behandelte es erst 1871 in seinem Spätwerk «Die Abstammung des Menschen». Aber eigentlich waren die fatalen Aussichten gleich offenkundig: Es gab überhaupt keinen Grund, die Spezies Homo sapiens als privilegierte Ausnahme von der Regel der natürlichen Selektion zu behandeln und anzunehmen, dass sie ihr Dasein irgendwelchen höheren Kräften und Ratschlüssen verdankte. Alles sprach dafür, dass der Mensch auch bloß einen Zweig im «Baum des Lebens» darstellte, in dem sich die Pflanzen- und Tierwelt entfaltete, und dass seine nächsten Nachbarn im allumfassenden biologischen Reich eben die Affen waren, und zwar als echte, stammesgeschichtliche Blutsverwandte. Der Mensch war tatsächlich, wie Freud später festhalten sollte, «nichts anderes und nichts Besseres als die Tiere».

Die vielleicht größte Provokation der Darwin'schen Weltsicht aber lag in etwas Drittem: in der Absage an Sinn, Ziel, Harmonie, Weltvernunft. Es steckte kein Plan hinter dem Evolutionsprozess. Nicht bloß Massen von Individuen, sondern ungezählte Arten wurden im Auslesevorgang einfach aussortiert und dem Aussterben überlassen, in einer ungeheuren, gnadenlosen Verschleuderung, die nicht nur amoralisch, sondern zugleich ineffizient zu sein schien. Die «natürliche Selektion» arbeitete mit willkürlichen, regellos auftretenden Spielarten des Lebens, und sie strebte auch keinem zweckhaften, die Mittel heiligenden Gipfel entgegen. Darwin verbot sich ausdrücklich, von niedrigeren oder höheren Organismen zu reden. Er sprach im «Ursprung der Arten» nicht einmal von «Evolution»; das hätte zu sehr nach einer aufsteigenden, hierarchisch unterfütterten Entwicklung geklungen, nach verstecktem, heimlich eingeschmuggeltem Vorsehungsglauben.

Die ungesteuerte, experimentell verfahrende Selbstproduktion der lebendigen Welt, wie Darwin sie beschrieb, war nicht nur mit einer traditionellen Vorstellung von göttlicher Weltregierung kaum vereinbar. Sie widersprach auch tief eingewurzelten menschlichen Ordnungs- und Sinnbedürfnissen. Charles Darwin hatte den Schlüssel zum «Geheimnis der Geheimnisse», wie er die Frage der Artenentstehung nannte, gefunden – aber die Welt, die man hinter der neuerdings geöffneten Tür erblickte, wirkte unerträglich. Darwin selbst hatte 1856 in einem Brief an einen Freund bemerkt: «Was für ein Buch ein Kaplan des Teufels über die ungeschickten, verschwenderischen, irregehenden und schrecklich grausamen Werke der Natur schreiben könnte!»

Und gerade darin, in ihrer emotionalen und weltanschaulichen Schwerverdaulichkeit, besteht der Bildungswert der Wissenschaft. Einige ihrer zentralen Erkenntnisse haben diesen zugleich erhellenden und frustrierenden, verstörenden Charakter: Sie offenbaren uns mit brillanter Klarheit eine Realität, die wir eigentlich nicht sehen und in der wir lieber nicht leben wollen. Das Unwillkommene zu akzeptieren und sich daran abzuarbeiten, ist vielleicht der wichtigste Bildungsgewinn wissenschaftlich begründeter Einsichten, es ist die eigentliche Probe des geistigen Erwachsenwerdens. Wir sollen uns im Kopf nicht zu lange dort aufhalten, wo man es sich intellektuell gemütlich machen kann. Wir müssen die Stellen aufsuchen, an denen es weh tut.

Das neben der Evolutionstheorie prominenteste Beispiel dafür dürfte Adam Smiths Analyse der Marktwirtschaft sein. (Auch die hat mir übrigens mein Kollege Henning Ritter nahegebracht. Er war ein unvergleichlicher Vermittler von Gedanken, die man sich selbst nicht ausgesucht hätte.) Der schottische Aufklärungsphilosoph Smith hat 1776 in seinem Buch über den «Wohlstand der Nationen» die Grundlagen für das Verständnis der Marktwirtschaft geschaffen, beruhend auf Privateigentum, Konkurrenz und Freihandel. Ebenso wie der Darwinismus sind die Lehren von Smith vielen Leuten bis heute auf eine instinktive, aus dem geistigen Rückenmark kommende Weise geradezu verhasst. Er ist in ihren Augen der spirituelle Urgroßvater der bösen Kapitalismushexe Margaret Thatcher, der Vordenker von nacktem Profitstreben und sozialer Rücksichtslosigkeit. Menschlich und intellektuell ist das vollkommen ungerecht: Smith war keineswegs ein unbarmherziger Egoismusprediger; er hat im Gegenteil in jüngeren Jahren ein umfangreiches Werk verfasst («Theorie der ethischen Gefühle», 1759), in dem er die Ethik auf die natürliche humane Neigung zu Einfühlung und Sympathie gründet. Trotzdem ist die Smithophobie nicht unbegreiflich, ebenso wenig wie der Antidarwinismus. Die Abneigung hat in beiden Fällen denselben Grund:

die Unvereinbarkeit der Smith- wie der Darwin-Doktrin mit den Vorurteilen unserer sittlichen und seelischen Kinderstube.

Adam Smith stellt die kapitalistische Ökonomie als ein System dar, in dem das Gute sich nicht dank guten Willens einstellt, sondern auf eine indirekte, paradoxe, unsaubere Art. Den Ausgangspunkt seiner Überlegungen bildet die Logik der Arbeitsteilung. In einer fortgeschrittenen Zivilisation ist jeder in hohem Maß auf die Produkte und Dienstleistungen anderer angewiesen, und diese wechselseitige Abhängigkeit führt zur Kooperation – nicht aus Altruismus, vielmehr getrieben vom Gewinnstreben: «Wir erwarten», schreibt Smith, «unser Abendessen nicht vom Wohlwollen des Metzgers, des Brauers oder des Bäckers, sondern von ihrer Rücksicht auf ihr eigenes Interesse. Wir wenden uns nicht an ihre Humanität, sondern an ihre Selbstliebe, und wir sprechen mit ihnen niemals über unsere Bedürfnisse, sondern über ihre Vorteile.» Alle wollen an allen verdienen, und gerade dadurch versorgen sie einander gegenseitig mit dem Notwendigen und Erfreulichen.

Dem eigensüchtigen und unkoordinierten Verlangen nach Profit und Vorankommen muss man weitgehend freien Lauf lassen, weil nur dann die Ressourcen von Kapital und Arbeit möglichst produktiv eingesetzt werden und das ganze Gemeinwesen sich optimal entwickelt. Es ist sozial wünschenswert, dass Unternehmer viel erwirtschaften – nicht weil sie den Gewinn für soziale Zwecke ausgeben, sondern weil sie ihn auf der Suche nach noch höheren Gewinnen wieder investieren, was nebenbei neue Jobs schafft, die Löhne steigert und die Steuereinnahmen wachsen lässt.

Allgemeine Wohlfahrt entspringt aus institutionalisiertem Eigennutz. Sie hat nichts mit Planung, Überzeugung oder Gesinnung zu tun. Der einzelne Wirtschaftsakteur, so Smith, «beabsichtigt normalerweise weder, das öffentliche Interesse zu befördern, noch ist er sich darüber im Klaren, wie sehr er es befördert». Indem er seine Geschäftstätigkeit «so ausrichtet, dass ihr Ertrag möglichst hohen Wert hat, hat er nur seinen eigenen Gewinn im Sinn, und dabei wird er von einer unsichtbaren Hand dahin geleitet, ein Ziel zu befördern, das nicht Teil seiner Absicht war».

Adam Smiths Metapher von der «unsichtbaren Hand» ist eine der unvergesslichen Erkenntnisbildschöpfungen der Ideengeschichte, wie Darwins «Kampf ums Dasein» oder seine «natürliche Auswahl». Sie hat auch den gleichen unbequemen, irritierenden Charakter. Wie Darwin ist Smith das Gegenteil eines Wohlfühldenkers, er unterläuft unsere Sehnsucht nach Erbaulichkeit und einem sonnigen Weltanschauungsklima. Er ist absolut kein Pessimist, er besitzt das Grundvertrauen des Aufklärers in den Sieg der Vernunft: Die «unsichtbare Hand» führt das menschliche Sozialverhalten schließlich zu einem Happy End. Aber sie tut es auf eine anstößige, verkehrte, um nicht zu sagen: perverse Weise, indem sie sich ungeniert den Egoismus zunutze macht. Reinheitsbedürfnisse werden nicht befriedigt. Wir hätten gern eine Realität, die moralisch aus einem Stück ist, wo aus Gutem Gutes und Schlechtes aus Schlechtem folgt, wo Nächstenliebe und Solidarität das Gemeinwohl sichern, wohingegen die entfesselte Selbstsucht den Zusammenhalt der Gesellschaft zerstört. Genau so funktioniert die Adam-Smith-Wirklichkeit nicht. Sie konfrontiert uns mit der Tatsache, dass der Weg des Guten der Umweg sein kann – und zwar ein Umweg durch den Schmutz.

Sigmund Freud hat in seinem Katalog der Kränkungen nur von der Wissenschaft gesprochen – nicht von der anderen, abstrakteren, spekulativen Art und Weise, in der die Menschheit versucht hat, den Dingen auf den Grund zu gehen: der Philosophie. Freud sah sich in der Gesellschaft von Leuten, die solide Erkenntnisse zutage gefördert hatten, wie eben Kopernikus und Darwin; er wollte nicht zu den Schwarm- oder Grübelgeistern gehören, die bloß Weltanschauung produzieren. Aber für die Bildung ist die Philosophie nicht weniger interessant als die Wissenschaft. Es stimmt zwar, sie hat bis heute, nach mehr als zweieinhalb Jahrtausenden, immer noch keine gesicherten, allgemein akzeptierten Ergebnisse vorzuweisen. Das Verhältnis von Geist und Materie, die Freiheit oder Determiniertheit des menschlichen Willens, die richtigen Regeln für gutes, humanes Handeln: Die Philosophen der Welt sind sich schlechterdings über gar nichts einig.

Trotzdem besitzt die Philosophie in hohem Maße, was die besten Bildungsgüter ausmacht: das Freud'sche Irritationspotenzial, das unser Selbstverständnis erschüttert und verändert. Sokrates im antiken Athen soll sich mit einer Viehbremse verglichen haben und seine Landsleute mit einem prächtigen, aber etwas trägen Schlachtross, das dieses Insekt durch seine Stiche aus der bequemen Ruhe bringt und in Bewegung setzt. Ihn hat die Lästigkeit der Philosophie das Leben gekostet, weil seine Mitbürger die permanente skeptische Fragerei nach ihren Spießergewissheiten nicht mehr ertragen konnten und ihn schließlich zum Tode verurteilten. Georg Wilhelm Friedrich Hegel, hochgeehrter Universitätsprofessor in Berlin und inoffizieller preußischer Staatsideologe des frühen 19. Jahrhunderts, ist glimpflicher durchs Dasein gekommen – aber auch er war davon überzeugt, dass das wirklich tiefgehende Denken mit dem normalen, alltäglichen Bewusstsein unweigerlich auf Kriegsfuß steht. Philosophie, bemerkt er einmal, sei nur dadurch Philosophie, dass sie dem gesunden Menschenverstand «gerade entgegengesetzt ist; im Verhältnis zu diesem ist an und für sich die Welt der Philosophie eine verkehrte Welt». Sie ist das systematische Projekt, die Dinge auf den Kopf zu stellen und die Menschen vor den Kopf zu stoßen.

Nehmen wir Platons «Ideenlehre», von der schon die Rede war. Sie besagt, dass die materiellen und konkreten Gegenstände nicht die wahre Wirklichkeit ausmachen. Sie sind lediglich eine Art Schattenbild, ein matter Reflex der eigentlichen, geistigen Realität, die nicht mit den Sinnen erfassbar ist. Das klingt erst einmal absurd. Aber ist es wirklich so abwegig? Legen Sie ein Blatt Papier vor sich hin und zeichnen Sie darauf ein paar Dreiecke – größer, kleiner, mit unterschiedlichen Winkeln und Seitenlängen. Platon würde sagen: Alle diese Dreiecke sind nur deshalb Dreiecke, weil sie an der Idee der Dreieckigkeit teilhaben. Diese Idee definiert sie, macht sie zu dem, was sie sind, geht ihnen gewissermaßen im Rang und auch in der Genese voraus: Das Idealdreieck ist die eigentliche Sache, die Kern- und Ursprungsrealität, das Einzeldreieck bloß eine Art unvollkommener, beschränkter Ausdruck davon.

Verkehrte Welt? Man muss nur einmal die gegenläufige

Beschreibung des Verhältnisses von «Idee» und «Erscheinung» ausprobieren, um festzustellen, dass Platon vielleicht doch einen Punkt hat. Schauen Sie sich noch einmal das Blatt mit dem Ertrag Ihrer Zeichenkünste an. Wäre es wirklich plausibler zu sagen, dass zunächst die einzelnen Dreiecke da waren und dann erst die Idee der Dreieckigkeit? Dass diese Idee von solchen gezeichneten oder irgendwo gesehenen Figuren abgeleitet ist? Dass man nach der Betrachtung von drei, dreißig oder dreihundert konkreten Dreiecken in einem Erschließungsprozess die Dreiecksidee abstrahiert hat? Man merkt sofort, dass mit dieser Vorstellung einer nachträglichen, bei der Empirie ansetzenden Herleitung der geometrischen Form etwas nicht stimmt. Die Erkenntnis dieser Form ist vielmehr unmittelbar und direkt, eine Art geistiger Wahrnehmungsakt, sie vollzieht sich nicht durch das allmähliche Herauspräparieren aus Einzelfällen. «Das Dreieck» besitzt in der Tat, wie Platon es sehen würde, einen Primat gegenüber «den Dreiecken», das Allgemeine rangiert hier vor dem Besonderen, das Unsichtbare vor dem Sichtbaren – wie immer man diesen Zusammenhang nun genau verstehen und erklären mag.

Das soll kein Beweis für Platons Ideenlehre sein; dafür müsste man sich mit einer Menge von Schwierigkeiten auseinandersetzen, über die ich mich hier hinwegmogele – schon allein deswegen, weil die Welt der Mathematik (Dreiecke!) ein Sonderfall und etwas sehr anderes ist als eine Welt von Gegenständen. Im Augenblick geht es nur darum, dass ein zunächst vollkommen abstrus anmutender Gedanke (dass es eine zweite, sogar irgendwie wirklichere Wirklichkeit hinter der normalen Wirklichkeit gibt) plötzlich einen überraschend guten Sinn bekommt. Platons «Ideen» stehen für die durchaus realistische Einsicht, dass Realität nicht einfach das ist, was man vor Augen hat oder anfassen kann. Sie hat eine unsinnliche, ungreifbare Dimension, und das hat nichts mit Mystik zu tun, nicht einmal automatisch mit Religion. Auch Begriffe, Gesetze, Normen, Werte, das ganze Arsenal von Logik, Wissenschaft und Moral gehört zu dieser zweiten, andersartigen Dimension von Wirklichkeit – zu einer Realität, die offenkundig nicht stofflich ist, die aber gleichwohl auf ihre eigene Art existiert und etwas bedeutet. Dass diese immaterielle Wirklichkeitsdimension der Menschheit bewusst geworden ist, ist mindestens so epochal wie Galileis erste Himmelsbeobachtungen mit einem Fernrohr oder die Entdeckung Amerikas durch Kolumbus. Es ist die Erschließung eines neuen geistigen Kontinents. Sie wäre nie möglich gewesen, wenn nicht Platon den gesunden Menschenverstand über den Haufen geworfen und die «verkehrte Welt» der Philosophie errichtet hätte – die Welt, die auf dem Kopf steht.

In der Philosophie lässt sich schwerer als in der Wissenschaft verlässlich sagen, womit die Beschäftigung lohnt. Das hängt mit ihrer notorischen Ergebnislosigkeit zusammen, mit der hoffnungslosen Umstrittenheit von allem und jedem. Es gibt berühmte Philosophen, wie Hegel, die von anderen Philosophen, wie Arthur Schopenhauer, für reine Scharlatane gehalten werden; «Unsinnsschmierer», «Windbeutel» und «erbärmlicher Patron» sind nur einige der Verbalgeschosse aus den Schimpfkanonaden, die Schopenhauer gegen den verhassten Berliner Großprofessor abgefeuert hat. Das sind keine fairen Urteile, aber ganz grundlos sind sie auch nicht (Hegel hatte eine bedenkliche Neigung zur unseriösen geistigen Goldmacherei in seiner Begriffsalchemistenküche), und ich würde einen so umstrittenen Denker auf einer Lektüreliste für Zwecke der Allgemeinbildung nicht gerade an die Spitze setzen.

Platon ist von anderem Kaliber, auch kulturell und menschlich, er ist ein echter Lebensbegleiter. Gegen Ende der Schulzeit habe ich ihn im Sommer auf einer Waldwiese gelesen, unter dem Blätterdach einer großen Buche, und mir dabei vorgestellt, dass dieser Baum die Platane sein könnte, unter der sein Dialog «Phaidros» spielt – im alten Athen, am Fluss Ilissos, ein Musenheiligtum nahebei, eine plätschernde Quelle mit kühlem Wasser, in der Luft der Chor der Zikaden. Im Griechischunterricht übersetzten wir die Szene, in der Platon das Ende seines Lehrers Sokrates schildert, den seine verblendeten Landsleute als Gotteslästerer zum Tode verurteilt hatten: Er hätte aus dem Gefängnis fliehen können, aber er will lieber Unrecht leiden als Unrecht tun, und so trinkt er als Unschuldiger den Giftbecher. Diese Lektürestunden verliefen sonst immer so, dass die Klasse am Ende über das gerade Gelesene diskutierte: Wir sollten nicht bloß Platons Griechisch lernen, sondern auch sein Denken verstehen. Diesmal jedoch war es anders. Als wir mit dem Übersetzen fertig waren, gab es keine Nachfragen; unser Lehrer brach ab, schwieg uns einen ziemlich ausgedehnten Moment lang an und beendete den Unterricht. Wir begriffen, dass diese Platon-Szene besonders war, große Literatur, und noch ein bisschen mehr: auf eine weltliche Weise so etwas wie ein heiliger Text, wie die Passionsgeschichten, in denen die Evangelisten vom Tod Jesu erzählen. Ein Bibelkapitel des Humanismus.

Doch Platon ist auch ein Verführer. In seinem Werk über den Staat hat er den Intellektuellen und den sogenannten «Gebildeten» die Vorstellung in den Kopf gesetzt, dass sie etwas Besseres als die gewöhnlichen Leute seien, eine neue Aristokratie, zur Führung berufen. Die Ideenlehre, diese bahnbrechende Entdeckung des Ewigen, hat in Platons politischem Denken als hässlichen Ableger eine autoritäre Sozialideologie hervorgebracht, in der die Beschäftigung mit der Geisteswelt als Ausweis von Höherrangigkeit gilt. Platons Empfehlung, dass die Philosophen herrschen sollten, nimmt heute zwar niemand mehr wörtlich. Aber sie hat erhebliches Unheil angerichtet – nicht nur elitären Bildungshochmut, sondern auch den technokratischen Irrglauben, dass eine Gesellschaft am besten von Experten gesteuert werden sollte, die dem gemeinen Volk keine Rechenschaft schuldig sind.

Der Philosoph Karl Popper hat eine gloriose, vernichtende Polemik gegen diese Denkerarroganz und Bevormundungsdoktrin geschrieben: «Die offene Gesellschaft und ihre Feinde» (1945). Popper hatte aus seiner Heimatstadt Wien vor den Nazis bis nach Neuseeland fliehen müssen, ihm kamen die antiken Philosophenherrscher als Vorläufer der modernen totalitären Diktatoren nur allzu vertraut vor. Er beschränkt sich bei seiner Demontage illiberaler Geistesgrößen übrigens nicht auf Platon, im zweiten Band seines Werks hat er gleich auch noch Karl Marx erledigt. «Die offene Gesellschaft und ihre Feinde» ist ein fabelhaftes Buch. Dabei gut zu lesen; es besitzt die Klarheit des unbestechlichen Denkens und der moralischen Integrität – und den Schwung des gerechten Zorns über die verräterischen

Meisterdenker, die der Sache der menschlichen Freiheit in den Rücken gefallen sind.

Unter den Philosophen der allerersten Ordnung gibt es vielleicht nur einen einzigen, der intellektuell und moralisch gleichermaßen über jeden Zweifel erhaben ist, bei dem man sich jederzeit in guten Händen fühlen kann. Es ist Immanuel Kant, geboren 1724, gestorben 1804. Er hat eine Denkrevolution angestoßen wie Sigmund Freuds Wissenschaftsketzer und war zugleich die undramatischste Persönlichkeit, die man sich vorstellen kann. Der Schriftsteller Heinrich Heine, der ihn bewunderte, konnte ihn nur als totalen Antihelden interessant machen: «Die Lebensgeschichte des Immanuel Kant ist schwer zu beschreiben. Denn er hatte weder Leben noch Geschichte. Er lebte ein mechanisch geordnetes, fast abstraktes Hagestolzenleben, in einem stillen, abgelegenen Gässchen zu Königsberg, einer alten Stadt an der nordöstlichen Grenze Deutschlands. Ich glaube nicht, dass die große Uhr der dortigen Kathedrale leidenschaftsloser und regelmäßiger ihr äußeres Tagewerk vollbrachte wie ihr Landsmann Immanuel Kant. Aufstehn, Kaffeetrinken, Schreiben, Kollegienlesen, Essen, Spazierengehn, alles hatte seine bestimmte Zeit, und die Nachbarn wussten ganz genau, dass die Glocke halb vier sei, wenn Immanuel Kant in seinem grauen Leibrock, das spanische Röhrchen in der Hand, aus seiner Haustüre trat und nach der kleinen Lindenallee wandelte, die man seinetwegen noch jetzt den Philosophengang nennt. Achtmal spazierte er dort auf und ab, in jeder Jahreszeit, und wenn das Wetter trübe war oder die grauen Wolken einen Regen verkündigten, sah man seinen

Diener, den alten Lampe, ängstlich besorgt hinter ihm drein wandeln, mit einem langen Regenschirm unter dem Arm, wie ein Bild der Vorsehung. Sonderbarer Kontrast zwischen dem äußeren Leben des Mannes und seinen zerstörenden, weltzermalmenden Gedanken!»

Was waren das für Gedanken? Kant litt unter der notorischen Ergebnislosigkeit der Philosophie – und fand dafür eine radikale Lösung, die dem gesamten modernen Denken eine neue Richtung geben sollte. Wie, fragte er in seinem Hauptwerk, der «Kritik der reinen Vernunft», wenn es ein Fehler ist, sich immer nur auf das zu konzentrieren, *was* man erkennen will? Vielleicht müssten wir erst einmal darüber nachdenken, *wie* man erkennt? Womöglich bestimmt gar nicht die Welt da draußen, was sich in unserem Kopf abbildet – sondern unser Kopf bestimmt, wie die Welt da draußen aussieht? «Bisher nahm man an», schreibt Kant, «alle unsere Erkenntnis müsse sich nach den Gegenständen richten» – aber die Philosophie hat mit dieser Methode keinen Erfolg gehabt. «Man versuche es daher einmal», fährt er fort, stattdessen mit der Annahme, «die Gegenstände müssen sich nach unserem Erkenntnisse richten».

Kant erinnert seine Leser daran, dass es für eine solche geistige Totalumstellung ein historisches Vorbild gibt: «Es ist hiemit eben so, als mit den ersten Gedanken des Kopernikus bewandt, der, nachdem es mit der Erklärung der Himmelsbewegungen nicht gut fortwollte, wenn er annahm, das ganze Sternenheer drehe sich um den Zuschauer, versuchte, ob es nicht besser gelingen möchte, wenn er den Zuschauer sich drehen, und dagegen die Sterne in Ruhe ließ.» Wie der Erfinder des heliozentrischen Systems stürzt auch der Königsberger Philosoph das gewohnte, althergebrachte Bild der Wirklichkeit um. Nur tut er es gewissermaßen in umgekehrter Richtung, auf den Menschen hin: Kant stellt das Subjekt, mit seinem Wahrnehmungs- und Denkvermögen, in den Mittelpunkt und lässt die Welt, die vermeintlich objektive Realität der Dinge, darum kreisen. Der Mensch, den Kopernikus aus dem Zentrum des physischen Universums vertrieben hatte, kehrt ins Zentrum des philosophischen Kosmos zurück.

Man sieht sofort die Gefahr: Wenn die Wirklichkeit erst in unserem Kopf entsteht – ist das nicht ein Rezept für haltlose Beliebigkeit, für totalen Relativismus? Aber das ist das Letzte, was der Vernunft- und Ordnungsmensch Immanuel Kant, jeden Tag um halb vier aus dem Haus tretend, pünktlich wie die Kirchturmuhr, im Sinn hat oder zulassen würde. Unser Bewusstsein ist laut Kant keineswegs willkürlich, keine diabolische Brille, die wir nicht abnehmen können und deren Verzerrungswirkung wir nicht durchschauen. Es lässt sich vielmehr genau analysieren und funktioniert auf eine sehr transparente und zuverlässige Weise. Wenn es mit Erfahrung, mit Sinnesdaten versorgt wird, dann sortiert es das Material zu einer wohlstrukturierten, von Gesetzen geregelten Realität. Das ist das Verfahren der Wissenschaft, die auf der Basis von empirischer Beobachtung ihre Lehrsätze entwickelt, und diese Methode ist vollkommen solide.

Eines allerdings kann der menschliche Geist nicht: Er kommt mit seinen Schlüssen und Demonstrationen nicht über die Erfahrungswirklichkeit hinaus. Das «Transzendente», wie Kant es nennt, das prinzipiell jenseits unserer

Sinne und unserer Wahrnehmung liegt, vermögen wir nicht zu erkennen. Wir werden nie beweisen können, dass Gott existiert oder dass es eine Seele gibt – nicht weil wir bisher zu wenig nachgedacht hätten oder weil es uns noch an Informationen fehlen würde, sondern weil solche Dinge grundsätzlich außerhalb unserer Reichweite liegen. Das ist der Grund, warum Heinrich Heine von Kants «zerstörenden, weltzermalmenden Gedanken» spricht: Er hat alle angeblichen Vernunftargumente für den religiösen Glauben widerlegt. Kant hat, wie Heine mit spürbarem Vergnügen über den eben noch so harmlos wirkenden Königsberger Nachmittagsspaziergänger schreibt, «den Himmel gestürmt, er hat die ganze Besatzung über die Klinge springen lassen, der Oberherr der Welt schwimmt unbewiesen in seinem Blute, es gibt jetzt keine Allbarmherzigkeit mehr, keine Vatergüte, keine jenseitige Belohnung für diesseitige Enthaltsamkeit, die Unsterblichkeit der Seele liegt in den letzten Zügen – das röchelt, das stöhnt». Wobei Heine ein bisschen voreilig ist mit seinen lästerlichen Siegesfeiern. Atheisten und Materialisten sollten sich nicht zu früh freuen: Widerlegen kann man nämlich nach der Analyse der «Kritik der reinen Vernunft» den «Oberherrn der Welt» genauso wenig, wie er sich beweisen lässt. Gottlosigkeit ist nicht weniger Glaubenssache als Religion.

Immanuel Kant, könnte man sagen, hat zum ersten Mal im menschlichen Kopf aufgeräumt und Ordnung geschaffen, er hat den Geist zur Vernunft gebracht. Goethe, der normalerweise nicht viel für abstrakte Spekulation übrighatte und sich lieber ans Praktische und Anschauliche hielt, soll über Kant gesagt haben: Wenn er ein Buch von ihm aufschlage, sei es, als würde er in ein helles Zimmer treten. Das wäre schon genug für den Respekt der Nachwelt. Aber es erklärt noch nicht, warum mein Vater in den Tagen meiner jugendlichen Astronomieversessenheit ausgerechnet einen Kant-Band hervorzog, um seinen Sohn an das Allerwichtigste im Leben und Denken zu erinnern. Dazu musste dieser Philosoph noch etwas mehr sein, und er ist es in der Tat. Trotz seiner pedantischen Sprache und manchmal nervtötenden Gewissenhaftigkeit, trotz seiner leidenschaftslosen Stadtbürgerexistenz ist Immanuel Kant ein Denker, der nicht nur Respekt, sondern Rührung weckt, sogar Liebe, ein echter Menschenfreund und Menschheitslehrer.

Ein Spießer hätte sich nicht so wie Kant für die Französische Revolution begeistert. Die Nachricht vom Sturm auf die Bastille, das Staatsgefängnis in Paris, das als Symbol der Tyrannei galt, im Juli 1789 soll einer der wenigen Anlässe gewesen sein, bei denen er seine von Heine verspottete Spaziergangsroutine durchbrochen hat. (Eine andere war seine Lektüre von Jean-Jacques Rousseaus pädagogischem Roman «Émile», die ihn angeblich für drei Tage ununterbrochen in seinem Zimmer festgehalten hat.) Ein Schüler berichtet, dass der Philosoph in den aufregenden Tagen des Umsturzes in Frankreich «der Post wohl meilenweit entgegengegangen wäre» und dass er bei Tisch und in Gesellschaft ständig angeregt über die Pariser Ereignisse redete – für einen königlich preußischen Staatsbeamten eine durchaus riskante Themenwahl.

Kant hat den späteren Absturz der Revolution in Gewalt und Terror verabscheut, aber ihrem Urimpuls immer die Treue gehalten: dem Recht eines Volkes auf politische

Selbstbestimmung. Er war, auch wenn er es in seiner Zeit nicht offen aussprechen konnte, ein Demokrat und Republikaner. Er glaubte, dass letztlich nur die Volksherrschaft dauerhaft den Frieden sichert, weil Fürsten in ihrer Abgehobenheit leichtfertig Krieg führen, während ihre Untertanen allen Grund haben, Blutvergießen und Landverwüstung zu vermeiden, unter denen sie selbst am meisten leiden. Kant war ein Kosmopolit und ein Aufklärer – kein platter, triumphalistischer Aufklärer, der alles für durchschaubar hält und keine Geheimnisse akzeptiert, sondern einer, der die Grenzen der Vernunft kennt und trotzdem weiß, dass wir einstweilen nichts Besseres haben und mit ihr unser Glück versuchen müssen. «Aufklärung», hat Kant geschrieben, «ist der Ausgang des Menschen aus seiner selbstverschuldeten Unmündigkeit.» Die volle, absolute Wahrheit ist unerreichbar, aber Mündigkeit ist möglich – und zumutbar. Immanuel Kant war nicht nur Deutschlands größter Philosoph, sondern auch sein größter Liberaler.

Kants freiheitlicher Humanismus ist lange durch ein Missverständnis seiner Moralphilosophie verdeckt worden, durch ein falsches Preußentum. Kants Ethik, heißt es, sei eine Ethik der Pflicht. Das stimmt auch, nur versteht er unter Pflicht etwas ganz anderes, als man sich üblicherweise darunter vorstellt. Kant meint nicht Gehorsam, er redet nicht von Dienstpflichten, wie Soldaten oder Beamte sie haben, nicht von der Unterordnung unter einen Vorgesetzten oder eine Autorität. Schon gar nicht ist Moral für ihn das, was die meisten Menschen heute wahrscheinlich mit dem Wort verbinden und was es im normalen Sprechen und Denken nahezu unbenutzbar macht, nämlich Sexualmoral. Die moralische Pflicht, von der Kant spricht, besteht nicht darin, dass man Vorschriften oder Anweisungen eines anderen befolgt, weder im Bett noch sonst wo. Sondern dass man sich selbst Regeln gibt und nach ihnen lebt und handelt. Das ist es, was «Autonomie» wörtlich bedeutet: Selbstgesetzgebung.

Kant schlägt einen Test vor, mit dem Menschen ihr Tun moralisch prüfen können. Das ist der berühmte «kategorische Imperativ»: Handle nur nach derjenigen Maxime, von der du zugleich wollen kannst, dass sie ein allgemeines Gesetz werde. Dass wir etwas Gutes wollen, erkennen wir daran, dass wir es uns für alle, als universales Prinzip, wünschen können – das Schlechte dagegen wollen wir immer nur als Sonderfall, im eigenen Interesse. Nehmen wir die Lüge. Wer lügt, will trotzdem nicht in einer Welt von Lügen und von Lügnern leben, in einer Welt, in der die Lüge die Normalität ist. Im Gegenteil: Er möchte am liebsten, dass alle anderen die Wahrheit sagen und seine eigene Verlogenheit die Ausnahme bleibt, ein persönliches Privileg, eine Art moralische Gesetzeslücke, die er ausnutzen kann. Genau daran erkennt man, dass an seiner Handlungsweise etwas nicht stimmt. Sie muss das Licht des Allgemeingültigkeitstests scheuen, das Licht des kategorischen Imperativs.

Es herrscht ein unverwechselbares Klima in dieser kantischen Ethik, sauber und hell und gut durchlüftet. Sie richtet sich an freie, erwachsene Menschen, nicht an obrigkeitshörige Moraluntertanen, die sich von außen sagen lassen, was sie zu tun haben. Zugleich ist sie streng, keine Schon- und Bestätigungsphilosophie, die uns sagt, dass wir schon okay sind; sie verlangt Selbsterforschung und Selbstkritik.

Sie hat die Tiefe des Gewissens und die Schärfe der Rationalität. Wir können sie nennen, zusammen mit Shakespeares Dramen und Mozarts Musik, wenn wir eines Tages von Außerirdischen gefragt werden, was unsere Gattung nach ein paar tausend Jahren auf diesem Planeten eigentlich vorzuweisen hat.

6. Bildende Kunst: ZWEITE SCHÖPFUNG AUS MENSCHENHAND

Als Scheidungsvater stand ich jahrelang vor der Aufgabe, mir für meine beiden halbwüchsigen Söhne, die bei ihrer Mutter lebten, unterhaltsame Unternehmungen für ihre Sonnabende oder Sonntage mit Papa auszudenken – eine Herausforderung, die mir dank meiner etwas unpraktischen Veranlagung kein ganz ungetrübtes Vergnügen bereitete. So war ich dankbar, als nach meiner Wiederheirat meine zweite Frau auf diesem Gebiet einen hilfreichen (und von den Jungs mit erleichtertem Beifall aufgenommenen) Ehrgeiz entwickelte. An einem Wochenende schlug sie einen Atelierbesuch bei einem alten Bekannten von ihr vor, dem Maler und Bildhauer Rainer Fetting.

Fettings Werk kennen auch Zeitgenossen, die gar nichts für Kunst übrighaben, nämlich aus dem Fernsehen: Seine überlebensgroße Statue des früheren sozialdemokratischen Bundeskanzlers Willy Brandt steht im Foyer der SPD-Zentrale in Berlin und erscheint auf dem TV-Bildschirm, wann immer die Parteiführung hier Wahlergebnisse kommentiert oder andere Stellungnahmen abgibt. Mit ihrer Riesenhaftigkeit lässt die Skulptur des historischen Staatsmanns die Vertreter der gegenwärtigen Politikergeneration, die sich vor dem Bronzekoloss produzieren müssen, automatisch zwergenhaft und unbeachtlich aussehen. Insofern trägt das Werk seit Jahren ungewollt zur Krise der SPD bei und liefert auf diese Weise einen überraschenden Beleg für die Macht der Kunst. Ich selbst gehe seit meiner Rückkehr aus Indien ebenso jeden Tag an einem Fetting-Werk vorbei: Im Foyer des Redaktionsgebäudes der «Zeit», vor den Aufzügen, steht eine Büste von Helmut Schmidt (von 1983 bis 2015, nach seiner Kanzlerschaft, Herausgeber unseres Blattes), die gleichfalls der Berliner Künstler geschaffen hat. Natürlich mit Zigarette.

Von meiner Frau war der Atelierbesuch, neben seiner Nützlichkeit in puncto Freizeitgestaltung der Patchworkfamilie, entschieden als Werbeveranstaltung für die zeitgenössische Kunst gedacht. Mit meinem Antikenfimmel und meiner generellen Neigung zum kulturellen Traditionalismus verdächtigte sie mich, meinen Söhnen permanent nur alte Meister wie Raffael und Tizian aufzudrängen und allerspätestens mit Picassos «Guernica», seinem monumentalen Antikriegsbild aus dem Jahr 1937, die relevante Kunstgeschichte abreißen zu lassen. Was die Musik betraf, so traute sie den Jungs ohne weiteres zu, sich aus eigener Kraft von der Klassikmanie ihres Vater zu befreien. Sie zeigten schließlich ein gesundes Interesse an Heavy Metal und gründeten später sogar eine eigene Band (mit dem Namen «Hurricane of Change», bald verschämt zu «HoC» zusammengeschrumpft). Doch auf dem Gebiet der bildenden Kunst schien es einer Extraanstrengung zu bedürfen, um in den mit konservativer Propaganda vollgestopften Köpfen von Leo und Benedikt endlich der Moderne zum Durchbruch zu verhelfen. Das sollte Rainer Fetting schaffen.

Der Besuch wurde ein voller Erfolg. Meine Söhne waren gebührend beeindruckt, aber keineswegs eingeschüchtert.

Fetting selbst, sonst eher scheu und empfindlich, schien die Führung durch sein Schöpferreich sogar zu genießen – und ein Reich war es, ausgedehnt über zwei Stockwerke, voll mit Leinwänden, Werkstücken und Utensilien, über die man hinwegsteigen oder zwischen denen man sich hindurchschlängeln musste, im Grunde eine künstlerische Fabrikhalle, bloß mit einem einzigen Arbeiter (der zugleich der Direktor war).

Jetzt, als ich mich an dieses Kapitel machte, habe ich meine Jungs noch einmal gefragt, was ihnen von unserem Ausflug am stärksten im Gedächtnis geblieben ist. Benedikt, mein Jüngerer, damals noch ziemlich klein, erinnert sich nicht mehr an so viele Details. Ein riesiges Gemälde, das an der Wand hing und Vögel darstellte, fand er düster und gruselig. Insgesamt kam ihm Fettings Kunst nicht gerade schön vor; Benedikt hatte damals schon seinen eigenen Lieblingsmaler, der einen ganz anderen, träumerischen Stil pflegte: den Romantiker Caspar David Friedrich mit seinen sehnsuchtsvoll ins Unendliche sich weitenden Landschaften. Was meinen Jüngeren besonders beeindruckte, war die Tatsache, dass jemand tatsächlich vom Malen leben konnte, dass «Maler» wirklich ein Beruf war. Ab und zu ein Bild machen, das schien ihm eine ziemlich entspannte Art zu sein, sein Geld zu verdienen. «Das», schreibt Benedikt mir heute, «hat schon eine gewisse Faszination ausgeübt!» Aber ein bisschen seltsam, exzentrisch, wirkte Fetting auch auf ihn: «Als Typen fand ich ihn eigenartig, und ich hatte das Gefühl, dass er eher in seiner eigenen Welt lebt.»

Leo, der Ältere, hat natürlich genauere Erinnerungen: «Der Geruch von Farbe überall in der Wohnung. Und diese absolute Masse an Bildern, die dann doch wie bei einem normalen Erwerbstätigen in disziplinierter Arbeit – hintereinanderweg – geschaffen werden.» Was Leo bei unserem Werkstattbesuch vor allem entdeckte, war das Prozesshafte der Kunst, das Herumprobieren, bis das Ergebnis stimmt. Er fand es spannend zu sehen, «dass hinter diesen Bildern jemand steht, der sie schafft. Der eine Idee hat, aber im Zweifel auch mehrmals ansetzt, nachbessert und alles einreißt. Ich erinnere mich vor allem an die verschiedenen Vorentwürfe des Kopfes der Willy-Brandt-Statue. Im Fernsehen steht sie einfach immer im Willy-Brandt-Haus und ist so, wie sie ist, und man macht sich auch überhaupt keine Gedanken darüber.» Hinter der fertigen Plastik tauchten hier, bei unserem Blick hinter die Kulissen, auf einmal Experimente und Probestücke auf, gewissermaßen eine Versuchsreihe von Prototypen, bis das Werk Produktionsreife erreicht hatte.

Was meine Jungs damals kennengelernt haben, war die Realität der Kunst – dass sie nicht vom Himmel fällt und dann im Museum hängt, sondern gemacht wird, mit Fleiß und Mühe und am Ende mit Erfolg; dass sie ein Handwerk, ein Beruf, auch ein Geschäft ist (Benedikt fand es ein bisschen trist, dass Fetting mehr mit dem Verkauf seiner Bilder beschäftigt zu sein schien als mit dem Malen). Wie mein Vater bei seinem ersten Akropolis-Besuch darüber staunte, dass das antike Griechenland keine Märchenwelt war, sondern wirklich existiert hatte, so erfuhren meine Söhne bei dieser Ateliervisite, dass man tatsächlich Maler oder Bildhauer sein konnte, so wie andere Leute Steuerberater oder Krankengymnastinnen waren.

Sie hörten von Fetting, dass er seine Modelle für die

Brandt-Skulptur aus Knetmasse geformt hatte, immer wieder, weil die Bildhauerei für ihn ein deutlich weniger vertrautes Metier als die Malerei war und er eben üben musste. Sie hörten auch, wie frustrierend es war, wenn Statuenentwürfe über Nacht in sich zusammenfielen, weil die Statik nicht stimmte. Dass das Künstlerdasein so prosaisch sein konnte («Hält meine Skulptur?» ist schließlich keine sehr viel feierlichere Frage als: «Geht mein Kuchenteig auf?»), nahm ihnen die Schwellenangst gegenüber einem zunächst doch recht exotischen Phänomen. Gleichzeitig war Fettings Existenz aber auch aufregend und cool: die Wohnung in New York, der internationale Kunstmarkt, ein selbstbestimmtes Einzelkämpferleben, wie es in unserer modernen Angestelltengesellschaft sonst kaum mehr möglich ist.

Dass die Sache so gut funktionierte, hatte noch einen weiteren Grund. Leo spricht auch davon in seiner Mail: Er empfand Rainer Fettings Kunst zwar als «eindeutig ‹progressiv›», war aber zugleich froh, dass sie ihn «nicht mit rein abstrakten Formen konfrontierte». Fetting ist ein gegenständlicher Künstler. Die Gestalt von Willy Brandt; die Vögel, die Benedikt so unheimlich fand; die gelben New Yorker Taxis auf anderen Leinwänden, die mir selbst von unserem Besuch am lebhaftesten im Gedächtnis geblieben sind: Alle diese Objekte werden in seinen Bildern zwar nicht naturalistisch exakt wiedergegeben wie auf einer Fotografie, sondern expressiv gestaltet, beseelt und verfremdet. Doch der Bezug zur sichtbaren, sinnlichen Wirklichkeit, zur anschaulichen Welt der Dinge und Menschen geht nie ganz verloren. Rainer Fettings Kunst ist Darstellung, nicht einfach Farben- oder Formenspiel.

Ich glaube, das war nicht nur pädagogisch hilfreich, eine publikumsfreundliche Besonderheit der Ästhetik und des Stils dieses einen Künstlers, die meinen Jungs das Verständnis seiner Skulpturen und Gemälde erleichterte. Sondern die Gegenständlichkeit, der Realitätsbezug, ist etwas Fundamentales; man muss davon ausgehen, wenn man überhaupt Zugang zum Phänomen Kunst finden will. Das heißt keineswegs, dass abstrakte Kunst unmöglich oder irgendwie weniger legitim, schön oder echt wäre. Aber es ist kein Zufall, dass sie historisch später kommt als ihre darstellende Schwester und dass der Geschmack an ihr in der Regel ein «acquired taste» ist, die Sache eines kleineren und kennerhaften Publikums. Der Anfang, der Ausgangspunkt, der Urakt des künstlerischen «Bildens» hat mit dem Nach-Bilden zu tun.

Bei einem gegenständlichen Maler und Plastiker wie Fetting konnten meine Söhne die beiden Dimensionen kennenlernen und erleben, die Kunst ausmachen: Mimesis und Phantasie. Mimesis, wörtlich aus dem Griechischen übersetzt: «Nachahmung», ist uns schon bei Platon und Aristoteles begegnet. Sie bedeutet die reproduzierende Seite der Kunst, das Faktum, dass sie außerkünstlerische Wirklichkeit aufnimmt, verarbeitet und wiedergibt. Phantasie dagegen steht für das freie, schöpferische, produktive Moment der Kunst, für die Ungebundenheit, mit der sie über das Vorgefundene hinausgreift.

Die Vögel, an die sich Benedikt erinnerte, hatten ihre erkennbaren physischen Eigenschaften, ihre äußeren Identifikationsmerkmale, von Tieren aus Fleisch und Blut, die zu einer bestimmten biologischen Gattung und Art gehörten (es waren Pelikane). Aber dass sie «unheimlich» wirkten, das lag nicht an ihrer Natur, ihrer objektiven Beschaffenheit, es war eine Zutat, man könnte auch sagen, eine Verwandlung: Der Maler hatte es ihnen gleichsam angehext. Das Bild, wenn es wirklich etwas taugt, geht über das Vorbild hinaus und emanzipiert sich von ihm. Kunst reflektiert Realität, aber sie schafft auch ihre eigene Realität, sie ist eine eigene Realität.

Das ist die einzige Qualität, die an Kunst wirklich wichtig ist, und sie ist von Epochen, Stilen und Kulturen unabhängig. Kein Unterschied in dieser allein entscheidenden Hinsicht zwischen alten Meistern und Zeitgenossen. Die weltverwandelnde, neue Welten produzierende Kraft ist auch kein Privileg des Abendlands, sie ist universal und rar zugleich, überall zu Hause und überall selten; an ihr erkennt man gewissermaßen die globale Hocharistokratie der Meisterschaft, die international ist wie die Königshäuser des 19. Jahrhunderts, in denen man einander über die Grenzen hinweg heiratete, unbekümmert um den Chauvinismus in den unteren Etagen der Gesellschaft.

Auch in Indien bin ich dieser transformierenden Qualität der Kunst begegnet. Zuerst lernt man dort als Fremder, die klassische Bildhauerei des Landes zu bewundern. Da sind die buddhistischen Skulpturen, die genauso erhaben und geheimnisvoll vor sich hin schweigen wie Statuen aus dem antiken Griechenland. «Edle Einfalt, stille Größe», seine hellenische Idealvorstellung, hätte Winckelmann auch in diesen Plastiken des «Erleuchteten» und seiner frühen Jünger wiederfinden können. Hinzu kommt der Figurenschmuck der mittelalterlichen hinduistischen Tempel, der in seiner steinern blühenden Überfülle an die Skulpturendekoration gotischer Kathedralen erinnert (nur dass es an christlichen Kirchen keine Darstellungen von Sexszenen gibt wie am Sonnentempel von Konark oder manchen anderen heiligen Hindu-Stätten).

Als wir an einem heißen Tag in trockener und steiniger Landschaft den Großen Stupa von Sanchi besichtigten, einen Kuppelbau aus dem zweiten und ersten vorchristlichen Jahrhundert, der für Reliquien des Buddha errichtet wurde, war es für mich wie ein Flashback zu meinen Jahrzehnte zurückliegenden Besuchen der Ausgrabungsstätten in Italien und Griechenland: antike Ruinen unter der ewigen «Sonne Homers» (Schiller), die hier eben die Sonne von Valmiki oder Kalidasa oder welchem alten indischen Dichter auch immer war. In die detailreichen Reliefs der Torbögen konnte man sich versenken, Figuren identifizieren, Geschichten zusammensuchen, verborgene Schönheiten entdecken – alles wie bei der Betrachtung der Friese und Giebelskulpturen der klassischen Tempel in Athen oder Rom. Aber mein stärkstes indisches Kunsterlebnis war eine Art Malerei, von deren Existenz ich vor unserer Zeit in Delhi überhaupt nichts gewusst hatte und die mir anfangs auch gar nicht wie ein besonders naheliegendes Objekt für meine Begeisterung vorkam.

Das kam so: Meine Frau hatte bald nach unserer Ankunft im Land mit der Arbeit an einer Studie über das «Tribale Museum» in der zentralindischen Stadt Bhopal begonnen, etwa sechshundert Kilometer von Delhi entfernt. Das Museum ist der Kultur der sogenannten Adivasi gewidmet, der in Indien keineswegs vollkommen verschwundenen aboriginalen Stammesgemeinschaften, die lange in borniertem Zivilisationshochmut für «primitiv» gehalten wurden, allmählich jedoch als wesentlicher Bestandteil der Nation und ihres Erbes Anerkennung finden. Seit den 1980er Jahren haben tribale Künstler, besonders aus dem Stamm der Gond, damit angefangen, die traditionellen Sagen und Geschichten, die in ihrer Gemeinschaft von Generation zu Generation weitererzählt werden, in Bilder zu übersetzen.

So ist die Malerei einer märchenhaften Welt entstanden, ein Zaubergarten der Bäume, Tiere und Fabelwesen – von der Erschaffung der Erde, die nach dem Glauben der Gond wesentlich das Werk einer Krähe und eines Krebses ist, bis zu der Mythenerzählung, wie ein Pfau in seiner Freude über den Monsunregen den Menschen das Tanzen beigebracht hat. Als 1989 die Ausstellung «Magier der Erde» im Pariser Centre Pompidou zum ersten Mal nichtwestliche Kunst gleichberechtigt neben europäische und nordamerikanische Werke stellte, wurde auch der Gond-Maler Jangarh Singh Shyam eingeladen. Später reiste er dreimal nach Japan, wo er eine Zeitlang blieb und als «artist in residence» in zwei Museen ausstellte. Die Globalisierung hatte die internationale Kunstwelt erreicht, und die indischen Adivasi waren dabei.

Der Gond-Maler Bhajju Shyam, der mit einem Kollegen 2002 für die Dekoration des indischen Restaurants «Masala Zone» nach London engagiert worden war, hat hinterher seine Erfahrungen und Eindrücke in einem «Londoner Dschungelbuch» verarbeitet. Er verwandelt sein westliches Großstadterlebnis in die Vision einer urbanen Mythenlandschaft. Die U-Bahn wird in seinen Bildern zu einem schlangenartigen Erdwurm, der in verborgenen Gängen unter den Straßen und Häusern haust. Die vielbeschäftigte europäische Frau, die gleichzeitig telefonieren, rauchen, Kaffee trinken und eine Speisekarte studieren kann, erscheint als vierarmige Göttin. Die Uhr von Big Ben, dem «Tempel der Zeit», wie der Künstler den Glockenturm des Parlamentsgebäudes an der Themse nennt, macht er zum Auge eines Hahns – denn der ist die «Uhr» der Gond, die sie in ihren Dörfern bei Sonnenaufgang weckt. «Mir schien», so Bhajju Shyam, «dass Big Ben ein großes Auge ist, das ununterbrochen über London Ausschau hält und die Leute an die Zeit erinnert.» Während Rudyard Kipling in seinem «Dschungelbuch» die klassische Indien- und Urwaldphantasie geschaffen hat, kehrt der tribale Künstler den Blick um und zeigt, dass man genauso gut unsere westliche Existenz als befremdlich und exotisch ansehen kann. Aber auch dass in der Prosa der Moderne die Poesie einer vergessenen Ewigkeit schlummert.

Von diesem Künstler, Bhajju Shyam, brachte meine Frau eines Tages von einer ihrer Recherchereisen nach Bhopal das Bild eines Tigers mit nach Hause in unsere Wohnung in Delhi. Es zeigt das Raubtier kopfüber, Schwanz und Hinterbeine oben auf dem Blatt, fast zierlich, unten ein riesiger Kopf, das Rot des Fells mit seinen schwarzen Streifen flammend wie Feuer. Es ist ein großartiges, doch zugleich gnadenlos intensives Gemälde. Ich war froh, als meine Frau es an einen Platz hängen ließ, wo ich es nicht zu oft vor Augen hatte. William Blake, ein englischer Romantiker, hat 1794 ein Tiger-Gedicht veröffentlicht, das mit dem Anruf anhebt: «Tiger, tiger, burning bright / In the forests of the night».

Daran muss ich immer denken, wenn ich vor diesem Bild von Bhajju Shyam stehe.

Für die Gond ist der Tiger kein Zoo- oder Zirkustier, auch nicht irgendein künstlerisches «Motiv», sondern eine reale, furchterregende Präsenz, der übermächtige Herrscher des Dschungels, in dem sich das Leben der Adivasi ursprünglich abspielt, und eine echte Gefahr wenigstens für ihr Vieh, wenn nicht auch für sie selbst. Diese Bedrohlichkeit hat der Maler eingefangen, sie ist in sein Tigerbild eingegangen und lugt unberechenbar und einschüchternd wieder daraus hervor. Es ist genauso «unheimlich», wie mein Sohn Benedikt die Pelikane von Rainer Fetting empfand, es besitzt die gleiche, über die fotografische Wirklichkeitswiedergabe hinausgehende Extradimension, es zeugt von derselben Hexerei.

Für all das spielt es überhaupt keine Rolle, dass die beiden Werke Tausende von Meilen voneinander entfernt entstanden sind und dass der Schöpfer des einen das Produkt von Kunstakademien und der europäischen Maltradition ist, während der Schöpfer des anderen seine Kunst als eine Art Familienhandwerk in einer marginalisierten Gemeinschaft in einem armen Land gelernt hat. Ebenso wenig muss es uns kümmern, ob die Bilder als «modern» oder als «traditionell» gelten. Das sind alles bloß Etiketten oder Phrasen, und niemand ist im Mindesten verpflichtet, sich seine Interessen und Vorlieben davon diktieren zu lassen. Es ist gut, seinen Geschmack zu bilden, wie es etwas altmodisch heißt, indem man mit Neugier und Aufmerksamkeit viele Kunstwerke anschaut, vergleicht und sich erklären lässt. Doch am Ende geht es nicht um irgendwelche korrekten historischen und stilistischen Einsortierungen, nicht um die Urteile der Experten und Kritiker. In meinem inneren Museum, in der Galerie der Bilder, die mir etwas bedeuten, hängen Rainer Fettings Pelikane und der Tiger von Bhajju Shyam nebeneinander, von gleichem Rang und gleicher Schönheit.

Ich selbst bin übrigens von Hause aus alles andere als für Malerei und Bildhauerei geschaffen – ich bin kein Augen-, sondern ein Ohrenmensch. Liebe zur Musik und ein bisschen Verständnis für sie habe ich immer leidlich besessen; aber für das Visuelle kann ich mir beim besten Willen keine besondere Begabung zuschreiben. Als Schüler war ich bei allem Zeichnen, Tuschen und Kneten ein hoffnungsloser Fall, vom Kindergarten bis ins Gymnasium, und sobald man diese für mich quälenden Disziplinen abwählen konnte, habe ich es getan. Meine Liebesgeschichte mit der bildenden Kunst begann erst, als niemand mehr von mir auf diesem Gebiet eigene, praktische Leistungen erwartete, gegen Ende der Schulzeit, mit dem Reisen, und zwar im Grunde mit einem einzigen Reiseland: mit Italien.

Ich habe es auf einer Klassenfahrt in der elften Jahrgangsstufe entdeckt. Noch nie war ich irgendwo in einem «Bahnhofsviertel» angekommen wie an der Stazione Termini in Rom, wo gleich gegenüber dem Haupteingang die antiken Ruinen der Thermen des Kaisers Diokletian stehen, in die dann, falls das noch nicht reicht, auch noch Michelangelo im 16. Jahrhundert eine prächtige Kirche gebaut hat. Ein paar Schritte weiter erhebt sich Santa Maria Maggiore, eine majestätische Basilika mit klassischer Säulenhalle und byzantinischen Mosaiken, in der die Antike den Staffelstab der

Geschichte gewissermaßen an das Mittelalter übergibt. Vom ersten Augenblick an explodierte die Stadt förmlich vor mir mit den Schätzen und Schönheiten von zwei Jahrtausenden. Aber das alles war kein Museum, sondern dazwischen spielte und pochte das schnelle, verheißungsvolle, rätselhafte römische Leben.

Wir wohnten in einer Pilgerherberge auf dem Caelius, einem der legendären sieben Hügel der Ewigen Stadt; schon die Adresse kam mir malerisch und phantasieanregend vor, als würden wir auf sagenhaftem Boden stehen und gehen. Der Kunstlehrer, der uns begleitete, war keine große Hilfe. Wir machten uns bald lustig über die Erklärung, die er bei jedem unbekannten Gemäuer parat zu haben schien: «Stützmauern der Domus Aurea» – die Domus Aurea ist ein verfallener Palast des Kaisers Nero, der zwar in der Tat beträchtliche Ausmaße hatte, aber unmöglich für alle Bauwerksreste verantwortlich sein konnte, die uns auf unseren Ausflügen begegneten. Das eigentliche Erlebnis jedoch waren nicht die antiken Ausgrabungen (die man uns als Schülern eines altsprachlichen Gymnasiums in erster Linie aufs Besichtigungsprogramm gesetzt hatte), sondern die Stadt selbst, ein Steingarten des Abendlands, in dem wir bei jedem Spaziergang, an jeder Ecke, um die wir bogen, auf jeder Anhöhe, die wir erkletterten, neue Kuriositäten und Herrlichkeiten vor uns hatten.

Ein deutscher Reisender des 19. Jahrhunderts, Victor Hehn, hat anschaulich beschrieben, wie das römische Sieben-Hügel-Terrain für den touristischen Wanderer in unaufhörlichem Wechsel ein kulturhistorisches Panorama nach dem andern produziert. Der «Baucharakter des ewigen

Rom», so Hehn in seinem Italien-Buch von 1879, «mannigfach aus alten und neuen Zeiten gemischt, reizvoll und mangelhaft, prunkend und verfallen, gedrängt und einsam, wird auf ganz einzige Weise durch den ungleichen, auf- und absteigenden Boden gehoben, der alles Einzelne trägt ... Daher innerhalb Roms die unerschöpfliche Menge von Aussichtspunkten, halb Architektur-, halb Landschaftsbilder umfassend. Türme und Flächen, Mauern und Ruinen, Zypressen und Pinien, Klöster, Kirchen, verwilderte Abhänge, befahrene und zertrümmerte Brücken, der wirbelnde, gelbe Strom, im Hintergrund die braune, von Aquädukten durchzogene, mit einzelnen Altertümern wie mit Punkten durchstickte Campagna und die blauen Berge – alle diese Elemente kehren in jeder römischen Aussicht wieder, aber immer anders neben- und übereinander geordnet, immer von einem neuen Rahmen umschlossen, zu einem eigenen Bilde sich sondernd, innig und wehmütig, von unaussprechlichem Reiz der Linien und Farben.»

Fast genauso habe ich es mehr als hundert Jahre später auf unserer Klassenfahrt immer noch gesehen und empfunden, weitgehend unbeeindruckt von Lärm, Qualm und Fülle der modernen italienischen Hauptstadt. Rom war nicht einfach ein Gehäuse für irgendwelche artistischen Highlights wie die Laokoon-Gruppe oder Michelangelos «Pietà». Rom war ein Ganzes aus Leben und Kunst, Kunst und Geschichte.

Auf dieser und dann auf vielen späteren Italienreisen habe ich Gemälde und Plastiken nicht nur in Sammlungen erlebt, sondern dort, wo sie ursprünglich hingehörten, an den Orten, für die sie geschaffen wurden: in Kathedralen und Kapellen, in venezianischen Palazzi und auf den Plätzen toskanischer Städte. Die Kunst war hier kein Ausstellungsstück, sondern Teil des Gesamtkunstwerks Italien. Die Tempelruinen und verfallenen Mauern, die Haine und Gartenstatuen standen im selben Licht, rauchig und klar (wie ging das bloß zusammen?), das auch über den Bildern lag. Die Barockskulpturen in der Galerie der Villa Borghese in Rom, der Park mit den Pinien, der die Villa umgibt, die Musik, die der Komponist Ottorino Respighi über diese Pinien geschrieben hat, die marmorne Stadt mit ihren Kuppeln und Säulen, Brunnen, Kolonnaden und Obelisken, die sich jenseits des Parks erstreckt wie ein versteinertes Meer der Jahrhunderte – alles schien aus einem Stück zu sein. Italien hieß, sich in einer kompletten, den ganzen Menschen ständig umgebenden, einhüllenden Welt der Schönheit zu bewegen. Bis heute kann ich keine Zeichnung oder Radierung eines beliebigen klassizistischen Südlandschwärmers sehen, irgendein pedantisches oder sentimentales Bild von der Via Appia oder vom Golf von Neapel, ohne dass mich ein fast körperliches Fernweh anfasst.

Ich erinnere mich an ein Gespräch mit meinem Großvater über eine melancholische Bemerkung, die Goethe in Erinnerung an Italien gemacht hat. Der seit dem Erfolg seines «Werther»-Romans berühmte Autor hat sich 1786 aus Weimar, wo er bei Hofe eine große Figur war, regelrecht davongestohlen, ohne Erlaubnis und ohne Abschied, und bis 1788 zwei Aussteigerjahre vor allem in Rom, Neapel und Sizilien verbracht, um seinen Kunstgeschmack zu verfeinern und seine Freiheit zu genießen. Dann kehrte er nach Weimar zurück, wurde großherzoglicher Geheimrat und Minister und deutscher Dichterfürst und sah Italien nie wieder. «Euch darf ich's wohl gestehen», sagte er 1814, als er längst wieder in Deutschland sein pflichtbewusstes Prominentendasein führte, zu einem guten Bekannten, «seit ich über den Ponte Molle heimwärts fuhr» (die Brücke, über die man damals als Reisender Rom betrat und wieder verließ), «habe ich keinen rein glücklichen Tag mehr gehabt.» Mein Großvater, ein alter Herr von eher nüchterner Sinnesart, hielt diese Klage für eine hysterische Poetenübertreibung, im Grunde für Affigkeit: Goethe werde sich schon auch später in seinem Leben noch recht ordentlich amüsiert haben; man kenne ja seine endlosen Frauengeschichten. Ich fand diese kühle Abmoderation des Dichterleidens spießbürgerlich und beinahe frevelhaft. Mir schien es vollkommen einleuchtend, dass man nach dem endgültigen Abschied von den Herrlichkeiten Italiens den Rest seiner irdischen Tage mit gebrochenem Herzen verbringen konnte.

Zum Inbegriff meiner jugendlichen italienischen Kunsterziehung ist mir die Begegnung mit der «Pforte des Paradieses» geworden. Ich habe sie zum ersten Mal kurz vor dem Abitur gesehen. Es ist die Bronzetür, die der Bildhauer Lorenzo Ghiberti in siebenundzwanzigjähriger Arbeit, von 1425 bis 1452, für das Baptisterium, eine frei stehende Taufkapelle auf dem Domplatz in Florenz, geschaffen hat. Die Tür hing damals noch an ihrem ursprünglichen Platz, heute befindet sie sich im Museum. Nach meiner Erinnerung war sie nicht im besten Zustand, stark nachgedunkelt, und einige Platten, die nach Hochwasserschäden repariert werden mussten, fehlten. Aber ich wusste sofort, dass ich diesen Tag und diesen Anblick nicht vergessen würde. Damals habe ich begriffen, was Kunst ist. Soweit man das begreifen kann.

Die Tür besteht aus zehn quadratischen Feldern, die Geschichten aus dem Alten Testament erzählen, von der Weltschöpfung bis zum Besuch der Königin von Saba bei Salomon. Das schreibt sich so einfach hin, dass ein Bild eine Geschichte erzählt, aber in Wahrheit geht das natürlich gar nicht. Ein Bild ist unbewegt, es steht still, während eine Geschichte in der Zeit spielt und vom Vorher und Nachher lebt. Daher kann die Literatur, die sich selbst in der Zeit vollzieht, Geschichten erzählen, und Musik, Theater oder Film können es auch. Malerei und Bildhauerei können es nicht.

Nur dass Ghiberti es trotzdem getan hat. Auf jeder seiner Platten stellt er nicht eine, sondern mehrere Szenen der biblischen Erzählung dar. Auf dem Feld mit der Schöpfungsgeschichte etwa sieht man vorne die Erschaffung Adams und die Vertreibung des Urmenschenpaares aus dem Paradies, mit raumgreifenden, fast vollplastischen Figuren. Der Sündenfall oder der Augenblick, wo Gott sein «Es werde Licht!» spricht, sind dagegen im Hintergrund zu erkennen, ausgeführt in viel flacherem Relief. Für das, was er nicht wiedergeben kann, das Nacheinander, hat Ghiberti Ausdruck im Nebeneinander geschaffen. Er hat Zeit in Raum verwandelt.

Hier steht Isaaks Sohn Esau, der sich von seinem Vater verabschiedet und zur Jagd aufbricht, wie eine Bühnenfigur vor einer Kulisse – dort erkennt man ihn, klein und weit entfernt, wie er später mit seinem Bogen einen Berg hinansteigt, nur noch in Umrissen und ein paar Linien dargestellt, beinahe wie in einer Zeichnung, zurückgetreten in die Fläche. Das Bild wird zu einer besonderen Art Landschaft, von der man nicht sagen kann, ob es eine Raumlandschaft oder eine Zeitlandschaft ist; vielleicht ist es eine Traumlandschaft. Es enthält die ganze Geschichte, aber transformiert in ein Panorama, in ewige Gegenwart.

Ghibertis Werk ist weder «realistisch», eine Nachahmung der Wirklichkeit, noch ist es einfach eine Ausgeburt der Phantasie. Es ist ein Paralleluniversum, eine Welt mit eigenen Gesetzen – die zugleich die Welt, die wir alle kennen, auf einmal sichtbar macht, als sei sie eben frisch aus der Hand des Schöpfers gekommen und niemand zuvor hätte sie je angeschaut. Das ist Kunst.

Wenn man vor einem kleinen ästhetischen Weltwunder wie der «Pforte des Paradieses» steht, kann man innerlich einen Schritt zurücktreten und sich die historischen und geistesgeschichtlichen Zusammenhänge vor Augen führen, in denen das Werk steht. Das hilft, seine Bedeutung und Machart besser zu verstehen; man sieht mit diesem Wissen mehr und hat am Gesehenen größere Freude. Im Fall von Lorenzo Ghiberti liefert die Epoche der Renaissance und des Humanismus den Kontext: Im 15. und 16. Jahrhundert ist das moderne Individuum geboren worden, der neugierige, selbstbewusste, problematische Mensch der Neuzeit, der sich nicht mehr in die alten Lebensordnungen einfügen kann und will.

Es wäre dabei verkehrt, sich die vorangegangene Epoche, das Mittelalter, als eine Zeit der finsteren Beschränktheit oder, umgekehrt, als harmonische Idylle vorzustellen; auch das war ein dramatisch bewegter Geschichtsabschnitt voller Konflikte. So stritten etwa Päpste und Kaiser erbittert darum, wer in Europa die höchste Autorität darstellen und das letzte Wort haben sollte. Doch trotz solcher Spannungen bot im abendländischen Mittelalter die christliche Religion dem Dasein einen allgemein akzeptierten, unveränderlichen

Rahmen. Die Menschen fühlten sich ihren kirchlichen, feudalen oder familiären Gemeinschaften mit einer Selbstverständlichkeit verpflichtet, die keinen Individualismus im modernen Sinne zuließ – oder nötig machte.

Im 15. und 16. Jahrhundert änderte sich das. Es war eine Epoche des Aufbruchs, das Zeitalter der Entdeckungsreisen, von Amerika bis Indien, und bedeutender wissenschaftlicher Fortschritte, besonders in der Himmelserforschung. Man erinnerte sich wieder der Kunst- und Geistesschätze der klassischen Antike und fand in ihnen eine alternative Weltanschauung zu den Lehren des Christentums und der Kirche. Dichter und Denker fingen mit größerer Kühnheit an, «ich» zu sagen. Mit alledem veränderte sich auch die Kunst, sie wurde diesseitiger, virtuoser und experimentierfreudiger, sie legte die stilisierte Strenge der alten Heiligenbilder ab und entwickelte einen Stil der idealisierten Natürlichkeit, der für Jahrhunderte das Schönheitsideal prägen sollte (im Grunde tut er das bis heute). Ein Maler und Plastiker wie Michelangelo, der Schöpfer der Fresken in der Sixtinischen Kapelle im Vatikan, mit seiner starken Persönlichkeit, seinen inneren Kämpfen und seinem unermüdlichen Suchen und Ausprobieren, wirkt auf uns instinktiv modern, wie ein Zeitgenosse. Jacob Burckhardt, der Kulturhistoriker aus dem 19. Jahrhundert, den wir schon als Interpreten der alten Griechen kennengelernt haben, hat auf eine Formel gebracht, was Renaissance und Humanismus historisch geleistet haben: «Die Entdeckung der Welt und des Menschen».

Die neue Freiheit dieser Epoche spiegelt sich auch in der «Pforte des Paradieses». Als jüngerer Mann, von 1403 bis 1424, hatte Ghiberti schon einmal eine Tür für das Baptisterium in Florenz gefertigt. Sie ist herrlich, aber die Figuren und ihr Spielraum sind noch eingefasst in enge, medaillonartig stilisierte Kleinflächen. In der «Pforte des Paradieses» dagegen greifen Aktion und Akteure viel weiter aus, als brächen sie aus den Schalen und Krusten der Vergangenheit hervor wie die Zeitgenossen, für die sie geschaffen wurden. Auch so kann man diese Bildgeschichten über die Erzväter des Alten Testaments betrachten: als Zeugnisse menschlicher Emanzipation und historischen Fortschritts.

Doch das alles, über Humanismus und Moderne und neue Horizonte, lässt sich auch in Büchern nachlesen. Es sind Allgemeinheiten. Lorenzo Ghibertis Bronzetür ist ein Einzelstück, individuell, wie ein Mensch – nichts ersetzt die persönliche Begegnung, in diesem Fall: das Hinfahren, Davorstehen und Anschauen. Ein Kunstwerk ist mehr als ein Beleg, eine Illustration für irgendwelche abstrakten Wahrheiten. Es hilft, wenn man etwas über seinen Schöpfer, seine Epoche, seine Weltanschauung, die Technik und den Stil seiner Vorgänger und Zeitgenossen weiß. Aber am Ende muss man diese ganzen Informationen dann wieder vergessen, mit dem Einordnen und Gescheitsein aufhören und einfach noch einmal die Augen öffnen und hinsehen. Nach all den Vergleichen und Erklärungen zugeben und genießen, dass etwas Unvergleichliches und Unerklärliches übrig bleibt, ein Mysterium und Mirakel. Es soll der große Michelangelo gewesen sein, der für die Florentiner Baptisteriumstür den Namen «Pforte des Paradieses» geprägt hat. Angeblich hat er, als er Lorenzo Ghibertis Werk sah, bemerkt, dieses Werk sei würdig, das Tor zum Himmel zu sein. Es ist die reine Wahrheit.

7. Bewunderung:
DIE PROVOKATION DES SCHÖNEN UND GUTEN

Am 4. November 2008, kurz nach 23 Uhr amerikanischer Ostküstenzeit, als die Fernsehsender die Wahl von Barack Obama zum 44. Präsidenten der Vereinigten Staaten meldeten, saß ich in einer Bar in Washington. Ich hatte die letzte Woche des Wahlkampfes in Ohio verbracht, einem der berüchtigten «swing states», die zwischen Demokraten und Republikanern heftig umkämpft sind und letztlich die Entscheidung bringen. Ich hatte Obama erlebt – und seine Anhänger. Man konnte sich nicht daran sattsehen. In Columbus, wo er sprechen sollte, war der Verkehr nur unmittelbar am State House, vor dem das Podium aufgebaut war, abgesperrt; sonst in den Straßen der Stadtmitte durften die Autos fahren, sodass die Leute sich für die Kundgebung in endlos langen Reihen auf den Bürgersteigen anstellen mussten: Menschenschlangen, die sich durch das Zentrum wanden, so weit das Auge reichte. Und nicht, wie bei seinem konservativen Gegenkandidaten, Senator John McCain, nur Weiße, sondern das ganze bunte Amerika. Neben mir in der Menge auf dem Rasen lag und schlief ein schwarzes Mädchen, vielleicht sechs Jahre alt; die Eltern hatten für sie eine Decke ausgebreitet, während sie das Vorprogramm abwarteten. Als Obama kam, erhob sich natürlich enormes Getöse, und die Kleine wachte auf. Ihr Vater nahm sie auf die Schultern, zeigte weit über die Massen hinweg zum fernen Rednerpult und sagte mit feierlicher Schlichtheit nur: «That's the man.»

Nun also, ein paar Tage später, diese brechend volle Bar in Washington, mit jungem, schickem Hauptstadtpublikum. In den letzten Spannungsminuten, bevor die Siegesnachricht kam, hatten die Gäste schon dauernd die Songs mitgesungen, die auf Obamas Wahlveranstaltungen gespielt wurden und die jetzt ohrenbetäubend aus den Boxen drangen. Als dann auf dem Großbildschirm tatsächlich die Zeile erschien: «Barack Obama zum Präsidenten gewählt», gab es die lauteste Lärmzündung, die ich je in meinem Leben gehört habe – nicht anschwellend wie sonst, wenn Menschen sich gegenseitig in ihrer Begeisterung hochschaukeln und immer mehr in Fahrt kommen, sondern auf den Punkt da, ein Knall, eine Explosion. Als ob der Korken aus der Flasche schoss, in der der Champagner der Geschichte kaltgestellt war.

Ich musste noch eine kleine familiäre Pflicht erledigen. Mein älterer Sohn, damals dreizehn, hatte mir das Versprechen abgenommen, dass ich mich in der Wahlnacht sofort mit dem Ergebnis bei ihm in Berlin melden würde; er wollte es direkt von seinem persönlichen US-Korrespondenten haben. Gut, hatte ich gesagt, aber ich will dich nicht wecken, es ist mitten in der Woche, und du hast am nächsten Tag Schule; ich schicke dir eine SMS, und du stellst bitte dein Handy auf lautlos, du findest die Nachricht dann gleich als Erstes am Morgen. Ich sendete also mitten hinein in die deutsche Nachtzeit die gewünschte Mitteilung – und gleich kam es zurück: «Cool». Mein Sohn hatte den Ton auf seinem Mobiltelefon natürlich mitnichten abgeschaltet, er wollte aufwachen und live dabei sein. Ich glaube, ich habe ihn dann doch noch angerufen; nicht dass sich im Feierkrach viel hätte sagen oder verstehen lassen, aber man hörte den originalen historischen Party-Background, den Soundtrack des Weltgeschehens.

Barack Obama hat mit seinem Erscheinen in der Politik Emotionen mobilisiert wie niemand sonst in unserer Zeit: Hoffnung, Begeisterung, Bewunderung; die Sehnsucht, etwas Großes und Schönes mitzuerleben und dabei mitzutun. Mein Sohn war davon angesteckt, und ich war es, soweit es sich mit der professionellen Distanz des Journalisten vertrug, auch. In Berlin hatten über zweihunderttausend Deutsche, die ihn nicht wählen konnten und deren Präsident er nie sein würde, dem Kandidaten Obama an der Siegessäule zugejubelt.

Dieser kollektive, globale Gefühlsausbruch hat allerdings schnell eine Gegenreaktion ausgelöst. Es wurde unverzüglich gebremst, gewarnt und getadelt. Kritiker verurteilten die Euphorie als naiv und irrational, als eine Art pseudoreligiösen Erlöserglauben. Manche schienen die unvermeidlichen Rückschläge, die Obama bald wie jeder Politiker erlitt, geradezu zu genießen, weil sie ihren eigenen Realismus bestätigten. In der reflexhaften Negativität zeigte sich mehr als gesunde Skepsis, sie verriet ein fast masochistisches Bedürfnis, das Schöne entzaubert, das Große zerstört zu sehen.

Das Außerordentliche und Bewundernswerte wahrzunehmen und anzuerkennen – damit haben wir, in unserer Zeit und Gesellschaft, ein Problem. Es ist ein vollkommen verständliches Problem: Heldenverehrung und Führerkult haben in der Geschichte schweren Schaden angerichtet. Doch das Bewunderungstabu reicht weit über die Politik hinaus, es ist eine kulturelle Grundbefindlichkeit geworden, die überhaupt die Idee des Vorzüglichen und Herausragenden kaum mehr erträgt. Kein Vorbild überlebt lange die prompt einsetzende Suche nach seinem schwachen Punkt oder seiner dunklen Kehrseite. Mutter Teresa, die gestern der «Engel der Armen» war, die selbstlose Pflegerin der Kranken in den Slums von Kalkutta, ist heute eine reaktionäre Fundamentalistin, weil sie Abtreibung und Empfängnisverhütung abgelehnt hat. Das hat wenig mit Ideologie zu tun, es könnte ebenso einen atheistischen Liebling der Linken treffen. Das Motiv, das dahintersteht, ist weniger weltanschaulich als existenziell, es geht in den tieferen Schichten der zeitgenössischen Seele nicht um Rebellion, sondern um Selbstschutz: Man will nicht blauäugig und leichtgläubig sein, nicht vertrauensselig wie ein Kind – und sich mit dieser unterkomplexen Geistesart vor seinesgleichen und vor der Welt blamieren. Mit großen Augen vor etwas Wunderbarem zu stehen, ist so ziemlich die letzte Haltung, in der sich ein moderner Mensch ertappen lassen möchte. Bewunderung ist peinlich und rückständig, man geniert sich dafür.

Was heißt das für die Bildung? Man könnte denken, dass Bewunderungsresistenz genau das ist, was einen gebildeten Menschen auszeichnet. Wissen statt glauben, Vorurteile und Autoritäten hinterfragen, Mythen, Dogmen und Systeme dekonstruieren – exakt dieser Habitus und diese Kompetenzen scheinen schließlich das Ziel des Lernens und der Persönlichkeitsentwicklung zu sein. Ein gebildeter Mensch ist ein kritischer Mensch. Jedenfalls nach einem zeitgenössischen Bildungsverständnis, das sich vom Auswendiglernen und vom mechanischen Gehorsam gegenüber dem Lehrer verabschiedet hat.

Es ist in der Tat ein gewaltiger Fortschritt, dass die moderne Kultur und Bildung ihre Aufgabe nicht mehr im «Affirmativen» sieht, im Rühmen und Preisen großer Taten und Männer und in der Bestätigung der bestehenden Ordnung. Der Autor Erich Kästner, dessen populärste Werke seine Kinderbücher wie «Emil und die Detektive» oder «Das doppelte Lottchen» sind, hat sich in seiner Lyrik scharf und bitter über das Kriechertum und die verlogene Weihestimmung im kleinbürgerlichen und offiziellen Deutschland der Weimarer Republik lustig gemacht. 1930 publizierte er ein Gedicht über die beleidigten Beschwerden, die er wegen seiner Verstöße gegen den geistigen Obrigkeitsglauben zu hören bekam: «Und immer wieder schickt Ihr mir Briefe, / in denen ihr, dick unterstrichen, schreibt: / ‹Herr Kästner, wo bleibt das Positive?›» Kästners Antwort: «Ja, weiß der Teufel, wo das bleibt.»

In der Weimarer Republik war das eine Provokation. Heute dagegen liest man Kästners Gedicht im Deutschunterricht. «Wo bleibt das Positive?» wird nur noch ironisch gefragt; es ist ein redensartliches Zitat geworden, das zu allgemeiner, leicht belustigter Verachtung die Sinnesart des Spießers charakterisiert. Längst ist es Konsens, dass das Positive einer unaufgeklärten Vergangenheit angehört, dass Kunst nicht glatt, sondern sperrig sein soll, dass Fragen wichtiger sind als Antworten. Und dass dementsprechend das A und O von Bildung Zweifel, Traditionsbruch und Kritikfähigkeit sind.

Das ist sehr gut so – nur ist es nicht die ganze Wahrheit. Das Kritische ist ein wichtiges Element der Bildung, aber es ist nicht ihre Seele, ihre treibende Kraft. Bloß mit der Idee des In-Frage-Stellens im Kopf würde kein Mensch je ein Buch aufschlagen, sein Musikinstrument aus dem Schrank holen oder eine Opernkarte kaufen. Die Zeit und Mühe, die das alles kostet, bringt man nicht ohne die Annahme auf, dass es am Ende der Anstrengung etwas Großartiges und Einmaliges zu entdecken gibt – etwas Bewundernswertes.

Es geht nicht um sklavische Autoritätshörigkeit; man mag herausfinden, dass vielgepriesene Werke nichts taugen oder dass sie einem nichts sagen. Aber man muss mit einem Vertrauensvorschuss auf den Wert dieses Menschheitserbes anfangen, man muss den Leuten, die einem einen «Bildungsweg» vorschlagen, erst einmal abnehmen, dass er sich lohnt, man muss die Zuversicht besitzen, dass am Schluss tatsächlich etwas Kostbares, eine echte Bereicherung des eigenen Lebens, dabei herauskommen wird. Dazwischen, in der Mitte des Bildungsprozesses, geht es hoch her mit Kritik, Widerspruch und Umwertung, da findet eine Menge Vielleicht und Aber und Nein statt. Doch am Anfang und am Ende steht ein Ja.

Mir hat das ein älterer Kollege besonders nachdrücklich klargemacht. In der Feuilletonredaktion der «Frankfurter Allgemeinen Zeitung», wo ich meine ersten Berufsjahre als Journalist verbracht habe, arbeitete auch der brillante Theaterkritiker Gerhard Stadelmaier, einer der akrobatischsten Formulierungskünstler unter den deutschen Zeitungsschreibern. Stadelmaier war ein unerbittlicher Feind und Verfolger eines pseudosubversiven «Regietheaters», das die klassischen Stücke als billige Vorlage nahm, um sich verächtlich oder aggressiv an ihnen abzuarbeiten, sie ästhetisch kaputtzuspielen oder für radikale politische Bekenntnisse auszuschlachten. In einer E-Mail an meine Frau, die ihn für ein Buch um die Darlegung seines Kritiker-Credos gebeten hatte, hat Stadelmaier viele Jahre später einmal diese modische Inszenierungsweise als «Entschuldigungsmaske für Dilettanten» verspottet, «die um die Destruktion als Gnadensakrament bitten, weil sie es bis zur Konstruktion nicht schaffen».

Als junger Journalist stand ich dem harschen Urteil meines Kollegen etwas skeptisch gegenüber. Es kam mir zu klassikgläubig und zu antiintellektuell vor. Aber im Kern, davon bin ich inzwischen überzeugt, hatte Gerhard Stadelmaier vollkommen recht. Er hatte begriffen, dass erst einmal geschaffen werden muss, bevor um- oder abgebaut werden kann, dass die Konstruktion der Dekonstruktion vorangeht und die Destruktion von der Konstruktion abhängt, dass zwischen dem Künstler und seinem Publikum ein Ureinverständnis über den Wert und die Schönheit der Kunst herrschen muss – sonst kann man das ganze Singen, Tanzen und Spielen bleibenlassen und vergessen. Alle die raffinierten oder gequälten Neins unserer skeptischen, ironischen, gebrochenen Spätzivilisation ruhen auf einem massiven, archaischen Ja, oder der gesamte Bau der Kultur sackt ins Leere.

Es ist interessanterweise eines der revolutionären Werke der Moderne, das diesen existenziellen, ontologischen Primat des Ja mit besonderer Eindringlichkeit ausdrückt. Der Roman «Ulysses» von James Joyce wurde nach seinem Erscheinen 1922 von Moralwächtern und ästhetischen Traditionalisten sofort als zersetzend und negativ verurteilt; er gilt bis heute als Musterbeispiel einer radikalen Literatur, die keine Rücksicht auf das Bedürfnis nach Harmonie oder Erbaulichkeit nimmt. Im Zentrum des Geschehens steht die höchst unperfekte Ehe zwischen dem Dubliner Anzeigenverkäufer Leopold Bloom und seiner Frau, der Unterhaltungssängerin Molly. Die Handlung spielt an einem einzigen Tag, dem 16. Juni 1904 (seine jährliche Wiederkehr wird bis heute von Joyce-Fans in aller Welt als «Bloomsday» gefeiert). Molly hatte am Nachmittag Sex mit einem Liebhaber, am späten Abend liegt sie zu Hause im Bett und wartet auf die Rückkehr ihres Mannes von einer Kneipentour mit seinem Freund Stephen Dedalus. Der «innere Monolog», der dabei in ihrem Kopf abläuft und den der Autor gewissermaßen mitstenographiert, bildet das letzte Kapitel des Romans und ist einer der berühmtesten Texte der Literaturgeschichte des 20. Jahrhunderts. Er hat den «stream of consciousness», den «Bewusstseinsfluss», als schriftstellerische Technik und Form etabliert.

Erstaunlicherweise, in diesem ikonischen Meisterwerk der Kompliziertheit und der Destruktion, ist Molly Blooms Schlussmonolog kein Dokument der Hoffnungslosigkeit oder des Protests, sondern des Einverständnisses und der Ekstase. Wie unvollkommen und unbefriedigend ihre Ehe mit Leopold auch sein mag – genau dieser Mann ist es, dem am Schluss des Romans ihre Gedanken gelten, sie erinnert sich an den Augenblick ihres Heiratsversprechens, und diese Erinnerung verbindet sich mit der Erinnerung an ihre

Kindheit, weit weg vom heutigen, alltäglichen Irland, in der Exotik der britischen Kronkolonie Gibraltar. Das ist der seelische Schauplatz ihres unabänderlichen, bis in die triste Gegenwart gültigen «Ja» zu Leopold, das zum immer schneller und beherrschender wiederkehrenden Leitmotiv ihres inneren Monologs wird. Molly sieht sich wieder «als kleines Mädchen wo ich eine Blume des Berges war ja wie ich mir die Rose ins Haar gesteckt hab wie die andalusischen Mädchen immer machten oder soll ich eine rote tragen ja und wie er mich geküsst hat unter der maurischen Mauer und ich hab gedacht na schön er so gut wie jeder andere und hab ihn mit den Augen gebeten er soll doch noch mal fragen ja und dann hat er mich gefragt ob ich will ja sag ja meine Bergblume und ich hab ihm zuerst die Arme um den Hals gelegt und ihn zu mir niedergezogen dass er meine Brüste fühlen konnte wie sie dufteten ja und das Herz ging ihm wie verrückt und ich hab ja gesagt ja ich will Ja.»

Das ist kein konventioneller, «anständiger» Verlobungsbericht; viel spricht dafür, dass Mollys erregter Monolog, durch die Bilder eines sexuell aufgeladenen Gedächtnisses hechelnd, das Protokoll einer Masturbationsphantasie sein soll. Aber ob sakramental (Ehe!) oder «animalisch», die Szene ist eine gewaltige Apotheose der Zustimmung, das Schöpfungs-Ja wie ein Echo widerhallend im Ja des Paars, ein emphatisches Bekenntnis zum Vorrang des Seins vor dem Nichts. Joyce kannte die Formel, mit der sich in Goethes «Faust» der Teufel vorstellt: «Ich bin der Geist, der stets verneint!» Gegen diesen Nihilismus der Unfruchtbarkeit stellte er, wie er in einem Brief aus dem August 1921 erläutert hat, die unbezwingliche, unkontrollierbare Vitalität seiner Heldin: «Ich bin das Fleisch, das stets bejaht.» Wo bleibt das Positive, wurde Erich Kästner gefragt. Hier ist es.

Bei uns jedoch herrscht eine beinahe panische Angst vor dem Ja, und genau für diese Angst war die beflissene Zurückweisung der Obama-Euphorie ein bezeichnender Beleg. Die patentierten Realisten kamen sich schlau vor, wenn sie die künftigen Misserfolge des Präsidenten schon vorab einpreisten und sich auf die triste Gewissheit zurückzogen, dass Politik ein schmutziges oder vergebliches Geschäft bleibt. Doch in Wirklichkeit hatten sie weniger begriffen als die scheinbar unbedarften Hoffnungsvollen. Denn es ist ein Irrtum zu glauben, dass Begeisterungsfähigkeit dumm macht und fischige Kälte klug. Wer immer meint, alles bereits erlebt zu haben, wer überall nur öde Wiederholung erkennt und keine Überraschungen mehr für möglich hält, der ist nicht weise, sondern stumpf und blind. Er sieht nichts, weil sein gelangweiltes Bescheidwissen immer schon von vornherein ausgeschlossen hat, dass es jemals etwas zu sehen geben könnte. Natürlich muss man wach und zur Überprüfung einer anfänglichen Hochstimmung bereit sein. Aber erst einmal, bevor von Revision überhaupt die Rede sein kann, muss man im Stande sein, das Besondere als besonders zu erkennen, das Große als groß.

Wenn ich meinem dreizehnjährigen Sohn sein freudiges Interesse an Obama auszureden versucht hätte, wenn ich ihm beigebracht hätte, dass man persönlichem Charisma und moralischer Inspiration in der Politik nicht trauen darf, dass sich alles bloß um Macht dreht und sich am Lauf der Welt sowieso nichts Wesentliches ändern lässt – dann hätte ich ihm keinen Gefallen getan. Und zwar nicht etwa deshalb, weil ihm eine Einsicht zugemutet worden wäre, die man einem Jungen in seinem Alter noch ersparen soll. Vielmehr im Gegenteil: weil ich ihm Einsichtschancen genommen hätte, weil ich seine Neugier blockiert, ihm den Blick verstellt und seine Welt eng gemacht hätte. Es wäre gerade keine Ermutigung gewesen, selbst seinen Verstand zu gebrauchen und sich auf seine eigenen Erfahrungen zu verlassen. Sondern eine Bevormundung: der Versuch, ihm anderer Leute müde Klischees fertig und ungeprüft aufzudrücken.

Das ist übrigens auch nicht die richtige Art, eine nächste Generation von freien Menschen und guten Bürgern zu erziehen. Der Zynismus, der alles zu durchschauen meint, macht nicht engagiert, er macht passiv; er ist, obwohl er sich in seiner Abgebrühtheit so souverän und überlegen fühlt, die passende Weltanschauung nicht für Demokraten, sondern für Untertanen. Er bringt jene Gleichgültigkeit hervor, die der Tod der Freiheit ist, und nicht zufällig gedeiht er am besten in der depressiven Atmosphäre von Diktaturen und totalitären Gesellschaften. Man muss Zutrauen zu sich selbst und einen zuversichtlichen Blick auf die anderen haben, um politisch den Mund aufzumachen und an den öffentlichen Angelegenheiten teilzunehmen. Eine Diät mit der dünnen Suppe misstrauischer Nüchternheit ist eine schlechte Nahrung für den Geist.

Diese Dialektik eines mechanischen Kritischseins, das in mentale Lähmung umschlägt, hat der Schriftsteller C. S. Lewis schon in den 1940er Jahren sehr klar erfasst und beschrieben. Man kennt Lewis, der von Hause aus Philologe und zum Ende seiner Karriere Professor für englische mittelalterliche und Renaissanceliteratur in Cambridge war, vor allem als Verfasser der Fantasy-Romane des «Narnia»-Zyklus, die auch mit großem Erfolg verfilmt wurden. 1943, als Großbritannien im Zweiten Weltkrieg gegen Hitler um seine Existenz kämpfte, publizierte Lewis ein kleines Büchlein unter dem Titel «Die Abschaffung des Menschen». Es handelt, jedenfalls als Ausgangspunkt, von Erziehung und Bildung; der Autor prüft pädagogische Konzepte unter dem Gesichtspunkt der Kriegserfahrung: Welches Menschenbild hat auch in einer solchen Extremsituation noch Bestand?

Besonders setzt sich Lewis mit der Tendenz auseinander, Tugenden wie Freiheitsliebe oder Gerechtigkeitssinn als bloß persönliche Befindlichkeiten zu deklarieren, die nichts über die Wirklichkeit aussagen und keine objektive Geltung haben. Er findet diese Art Relativismus praktisch und politisch verhängnisvoll: Wer wird noch bereit sein, für Freiheit und Gerechtigkeit Opfer zu bringen und sogar den Tod zu riskieren, wenn es sich dabei letztlich bloß um Hirngespinste handelt und man genauso gut Nazi sein kann?

Aber Lewis sieht hier nicht nur einen moralischen, sondern ebenso einen intellektuellen Defekt. Er hält das Programm der totalen Desillusionierung, der Reduktion alles Großen auf etwas Banales und alles Wahren auf bloßen Schein, selbst für eine Illusion, für einen Denkfehler und eine geistige Unmöglichkeit. Bis zu einem gewissen Punkt, bemerkt Lewis, «mag die Art von Erklärung, die Dinge wegerklärt, uns etwas geben, wenngleich zu einem hohen Preis. Aber man kann nicht auf ewig fortfahren, ‹wegzuerklären›: man wird dann feststellen, dass man das Erklären selbst wegerklärt hat. Man kann nicht auf ewig fortfahren, Dinge zu ‹durchschauen›. Der ganze Sinn des Durchschauens, des Hindurchsehens, ist es, etwas durch das Durchschaute hindurch zu sehen. Es ist gut, dass das Fenster durchsichtig ist, denn die Straße oder der Garten dahinter ist undurchsichtig. Wie wäre es, wenn man auch durch den Garten hindurchsehen könnte? Es ist zu nichts gut, das ganz Fundamentale ‹durchschauen› zu wollen. Wenn man alles durchschaut, dann ist alles durchsichtig. Aber eine vollkommen durchsichtige Welt ist eine unsichtbare Welt. Alles zu durchschauen ist dasselbe, wie nichts zu sehen.»

Bildung steht im entschiedenem Gegensatz zu dieser Mentalität des «Wegerklärens». Gebildete Menschen fürchten sich nicht davor, das Schöne und Besondere anzuerkennen und zu bewundern. Vor Michelangelos Fresko des «Jüngsten Gerichts» in der Sixtinischen Kapelle im Vatikan fangen sie nicht sofort an, anklagend über die Sünden der katholischen Kirche zu reden, für die das Meisterwerk bedauerlicherweise geschaffen wurde. Diese mäkelige Zensurgesinnung ist vielmehr ein typisches Kennzeichen von Halbbildung.

Gebildete Menschen verspüren auch nicht die Neigung, das Vorzügliche und Erstaunliche automatisch auf das Gewöhnliche und Bekannte zurückzuführen. Im ersten Kapitel war von der griechischen Kunst des Altertums und von der Dichtung Homers die Rede. Man kann sich nun über die historischen Voraussetzungen einer solchen Kultur Gedanken machen. Karl Marx hat das einmal in einer sehr aufschlussreichen längeren Aufzeichnung getan. Er analysiert eindringlich, dass dieses ganze hellenische Zauberreich von

Schönheit und Poesie nur in einer vormodernen Geschichtsepoche mit einem mythologischen Weltbild und unzureichender Naturbeherrschung entstehen konnte. Doch dann lautet seine Schlussfolgerung verblüffenderweise so: «Aber die Schwierigkeit liegt nicht darin zu verstehen, dass griechische Kunst und Epos an gewisse gesellschaftliche Entwicklungsformen geknüpft sind. Die Schwierigkeit ist, dass sie für uns noch Kunstgenuss gewähren und in gewisser Beziehung als Norm und unerreichbare Muster gelten.» Was ihn also wirklich frappierte, was er eigentlich für bemerkenswert hielt, war gerade nicht die Abhängigkeit der antiken Meisterwerke von ihren Sozial- und Zeitverhältnissen, es war vielmehr ihre Unabhängigkeit – nicht das Erklären, sondern das Unerklärliche. Der Materialist Marx, der scharfsichtige Entlarver von Klasseninteressen und historischen Bedingtheiten, wusste ganz genau, wo das Entlarven ein Ende hat und man besser einfach respektvoll geistig seinen Hut zieht.

Marx' Zeitgenosse, der Historiker Jacob Burckhardt, der uns schon als Liebhaber der Griechen begegnet ist, hat mit putziger Prägnanz von «unserm Knirpstum» angesichts geschichtlicher Größe gesprochen. Die Wahrnehmung des eigenen Kleinseins löst leicht Ressentiments aus, das Verlangen, das Bessere und Höhere herunterzuziehen, wenn nicht niederzumachen. Gebildete Menschen sind von diesem Übelwollen frei. Sie sind fröhliche Knirpse.

Oder genauer: Ihnen ist klar, dass sie nie weniger knirpsig sind, als wenn sie bewundern. Es ist eine verbreitete Vorstellung, dass Bewunderung etwas Subalternes, wenn nicht Demütigendes ist. Die Blickrichtung geht von unten nach oben, wie vom bescheidenen Fußgänger hinauf zum Reiterstandbild auf hohem Sockel, und das scheint sich mit menschlicher Würde schlecht zu vertragen. Aber das ist ein Irrtum. Bewunderung macht nicht klein. Ebenso wie Achtung oder Verehrung hat sie nichts mit Unterwürfigkeit zu tun und ist nicht Gehorsam; man schuldet sie niemandem und keiner Sache, sie wird freiwillig gegeben. Sie ist ein Ausdruck von Großzügigkeit: davon, dass man gelten lässt und gönnen kann. Wer bewundert, fühlt sich gerade nicht fremdbestimmt und niedergedrückt, sondern befreit; es ist, als würde man tief durchatmen oder in eine weite Landschaft hinausblicken.

Bewunderung muss man allerdings lernen. Irgendwann in meinen frühen Schuljahren entwickelte ich eine leicht irregeleitete Faszination für militärische Glanzleistungen. Mir war ein Band in die Hand gefallen, der, wenn ich mich recht erinnere, «Die großen Landschlachten» hieß, und ich studierte eifrig die Karten und Skizzen, auf denen mit Hilfe von Pfeilen, Kästchen und anderen Symbolen dargestellt war, wie genial Friedrich der Große bei Roßbach oder Napoleon bei Marengo ihre Regimenter angeordnet und mit welchen brillanten Truppenbewegungen sie ihre Feinde überrascht hatten. Auf meine Eltern muss mein Interesse absonderlich und beunruhigend gewirkt haben, wie wenn ich ständig mit Waffen gespielt hätte.

Jedenfalls haben sie damals offenbar beschlossen, ein Gegenprogramm zu starten. Eines Tages kamen sie mit einem dicken, in Blau gebundenen Buch an, das den Titel «Die Großen der Welt» trug. Es war eine Sammlung von kurzen Geschichten aus dem Leben von Forschungsreisenden, Erfindern und Forschern, von Künstlern, Musikern, Dichtern und Philosophen. Ich las darüber, wie Marie Curie die Radioaktivität entdeckt und wie Robert Koch den Erreger der Tuberkulose identifiziert hatte. Ich las, dass der Dichter Cervantes, der Schöpfer des traurigen Ritters Don Quijote und seines lustigen Dieners Sancho Pansa, als junger Mann zur spanischen Marine gegangen war und dann von Piraten gefangen genommen und fünf Jahre lang festgehalten wurde – ein Abenteuer, das aus meiner geliebten «Schatzinsel» hätte stammen können. Ich las auch Kuriositäten – etwa wie Goethe als Schauspieldirektor in Weimar einmal von seinem Großherzog halb in den Wahnsinn getrieben wurde, weil der Landesherr auf dem Auftritt eines dressierten Hundes auf der sonst der hohen Kunst vorbehaltenen Bühne bestand.

Feldherren und Eroberer kamen unter den «Großen der Welt» überhaupt nicht vor. Das Buch war eine Lektion darin, was wahre Größe ist – ohne dass das je ausgesprochen worden wäre. Nach anfänglicher Lustlosigkeit auf diese Friedenshelden wirkte die Kur bei mir recht gut. Zumal die Schicksale der Geisteskämpfer auch nicht ohne Dramenqualitäten waren. Da war der Chemiker Antoine Laurent de Lavoisier, der die Rolle des Sauerstoffs bei der Verbrennung herausgefunden hatte – und der 1794, während der Französischen Revolution, unter der Schreckensherrschaft von Robespierres Jakobinern, als angeblich blutsaugerischer Aristokrat auf die Guillotine geschickt wurde. Auf die schüchternen Vorbringungen seines Verteidigers, was Lavoisier für ein bedeutender Forscher sei, donnerte der Präsident des Tribunals: «Die Republik braucht keine Chemie!»

Genauso auf verlorenem Posten hatte mehr als zweitausend Jahre vorher der athenische Philosoph Sokrates gestanden, Platons verehrter Lehrer. Ein aus fünfhundert Bürgern bestehendes Volksgericht verurteilte ihn zur Exekution durch den Giftbecher, weil er angeblich die Götter geleugnet und mit seiner lästigen Fragerei nach dem richtigen Leben und Handeln die Jugend verführt hatte. Ich habe nie die theatralisch knallige Überschrift vergessen, die über dem Sokrates-Kapitel in meinem neuen Buch stand: «360 stimmten für seinen Tod». Ich fing damals an zu verstehen, dass Größe in der Tat mit Mut und Tapferkeit zu tun hat, wenngleich nicht notwendig mit Krieg, dass sie die Bereitschaft verlangt, für das einzustehen, was man als richtig erkannt hat, notfalls allein, notfalls gegen die eigenen Leute und gegen die eigene Zeit. Wer das hinbekommt, den kann man guten Gewissens bewundern. Aufgeklärt und erwachsen zu sein, bedeutet nicht, keine Helden zu haben. Sondern die richtigen.

In gewisser Weise ist die Jugendbuchschwarte über die «Großen der Welt» mein Ideal einer erbaulichen Lektüre geblieben. Ich glaube, dass wir solche weltlichen Heiligenlegenden brauchen, auch wenn wir älter werden. Das berühmteste Brevier dieser Art waren im deutschen Sprachraum lange die «Sternstunden der Menschheit» des österreichischen Schriftstellers Stefan Zweig, wo man in aufgeregter Prosa, im Stil eines welthistorischen Sensationsjournalismus, erzählt bekommt, wie der schwerkranke Georg Friedrich Händel sich noch einmal zur Vollendung seines «Messias»-Oratoriums mit dem rauschenden «Halleluja»-Chor aufrafft. Oder wie der sonst herzlich unbedeutende Armeeingenieur und Offizier Rouget de Lisle in der Nacht vom 25. auf den 26. April 1792 zur Anfeuerung seiner Kameraden jenen Gesang schrieb, der zwar die Nationalhymne eines einzelnen Landes geworden ist, bei dem aber freie Menschen überall auf der Welt bis heute innerlich Haltung annehmen – die Marseillaise.

Das ist in puncto seelischer Denkmalpflege und Mobilisierung unserer Verehrungsbereitschaft schon nicht ganz schlecht. Wer es leiser und subtiler haben möchte, für den gibt es die wunderschöne Briefsammlung «Deutsche Menschen», die der Philosoph und Essayist Walter Benjamin 1937 in einem Schweizer Verlag herausgegeben hat, als Alternative und Kontrast zum chauvinistischen und militaristischen Heroengetue, das die Nazis damals für Deutschland propagierten. Die Auswahl versammelt Briefe von Dichtern und Denkern des 18. und 19. Jahrhunderts, die eine Geisteswelt spiegeln, in der Macht, Erfolg, Nationalismus nicht die höchsten Werte sind, eigentlich sogar überhaupt keine Rolle spielen, und die Botschaft lautet: Das ist das wahre Deutschland. Das Bekenntnis zu einem anderen, für die Zwecke der Diktatur nicht zu missbrauchenden Heldentum steckt schon in dem Motto, das Benjamin dem Buch vorangestellt hat: «Von Ehre ohne Ruhm. Von Größe ohne Glanz. Von Würde ohne Sold.»

Manchmal, wenn ich in meinem Arbeitszimmer gerade nichts Besseres zu tun habe, hole ich mir aus dem Bücherregal einen zerlesenen Band mit Reden von Winston Churchill, der als britischer Premierminister mit seiner Insel 1940/41 fast allein gegen Hitler standgehalten hat. Ich blättere ziellos und bleibe irgendwo hängen, an einer Passage voller Grimm über den Vormarsch der Tyrannei oder voller Zuversicht auf den schließlichen Sieg der gerechten Sache, an einem Durchhalteappell an seine erschöpften Landsleute, an einer Friedensvision für die Zeit nach dem Ende der Feindseligkeiten. Churchills Sätze mit ihrem Kriegs- und Freiheitspathos rollen majestätisch und altmodisch dahin, eine Armada von rhetorischen Dreimastern mit vollen, windgeblähten Segeln auf dem wogenden Meer der Geschichte, aus allen Kanonen feuernd gegen die Mächte der Finsternis. Es hat nichts mit mir zu tun, es ist lange her, wir haben keine Heldentaten zu vollbringen. Churchill war ein Riese, und ich bin ein Zwerg. Ein Knirps. Warum lese ich seine Worte mit einem Gefühl von Glück und Stolz? Es ist das Bewusstsein: Das ist der Mensch, so kann er sprechen, so kann er sein. Ich schlage das Buch zu, stelle es zurück ins Regal und gehe fröhlich an mein knirpsiges Tagwerk.

8. Staatsbürgerkunde:
FREIHEIT LERNEN

Im Spätsommer 2014, als das Wetter in Delhi noch heiß, aber nicht mehr unerträglich war, besuchte ich die Schriftstellerin Arundhati Roy für ein Interview. Roy war 1997 mit ihrem ersten Roman, «Der Gott der kleinen Dinge», auf einen Schlag zum globalen Star geworden: Das Buch war exotisch und universal zugleich, eine aus der Kinderperspektive erlebte Romeo-und-Julia-Tragödie in einem blühenden, aber von potenziell tödlichen Kastengrenzen durchzogenen Südindien. Anders als viele indische Künstler und Intellektuelle, die bald nach ihrem ersten großen Erfolg mehr in London oder New York zu Hause sind, ist Roy ihrer Heimat mit programmatischer Zähigkeit treu geblieben. Ihr Ruhm hat sie wohlhabend und unantastbar gemacht; sie nutzt ihre Freiheit für ein faktengesättigtes linkes politisches Engagement, mit dem sie dem indischen Staat und dem indischen Bürgertum auf die Nerven geht.

Roy lebt im Viertel Jor Bagh, in der grünen Mitte der Stadt (Delhi ist die seltene Metropole, die ihre Garten- und Bungalow-Idylle im Zentrum hat), in einem jener Häuser, die ich in Indien am meisten liebe: kein blitzblanker Gegenwartskomfort, sondern die Moderne von gestern, ein bisschen verwittert von den gelegentlichen Sandstürmen aus der Wüste von Rajasthan und von den jährlichen Regenfällen des Monsuns, umkrochen und umschlungen vom ununterdrückbaren Pflanzenwuchs, der die rechten Winkel und scharfen Kanten der Architektur mildert und bricht. Roy wohnt hier in der Gesellschaft von zwei Hunden, die sie von der Straße eingesammelt und vor dem kargen, verachteten und gefahrvollen Köterdasein gerettet hat, das in Delhi das Los so vieler ihrer Artgenossen ist. Und nein, es ist keine edelsozialistische Affektiertheit, die sich in dieser Parteinahme für das Tierproletariat ausdrückt; man merkt sofort, dass Arundhati Roy ihre Hunde wirklich liebt.

Zu der Zeit, als ich sie interviewte, arbeitete Arundhati Roy an einem Buch, in dem ein zugelaufener Beagle einen besonders sympathischen Auftritt hat. Aber über den Roman wollte sie damals nicht sprechen; daraus machte sie noch ein großes Geheimnis. Stattdessen redeten wir, während wir an ihrem Esstisch saßen, über einen Mann, den im Westen fast niemand kennt. In Indien dagegen kann man sein Bild in Tausenden von Statuen sehen, die über das ganze Land verteilt sind. Es sind meist einfache, künstlerisch anspruchslose, fast kindlich anmutende Standbilder; wenn sie prominent platziert sind, stehen sie in der Mitte eines Kreisverkehrs, sonst am Straßenrand. Der dargestellte Herr mittleren Alters trägt ein mittelblaues Jackett und eine Krawatte, er hat eine schwarze Hornbrille und hält ein Buch in der Hand.

Dieses Buch ist die indische Verfassung. Bhimrao Ambedkar, der Mann, den die Statuen abbilden, war ihr geistiger Architekt, ihr führender Autor. Er war der erste Justizminister des Landes, eine der Gründerfiguren des freien Indien nach dem Ende der britischen Kolonialherrschaft. Seine Verfassung hat einem bitterarmen, rückständigen Land von Hunderten Millionen Menschen Demokratie und

Rechtsstaatlichkeit gebracht. Zugleich war Ambedkar der entschiedenste und energischste Anwalt der «Dalits», der sogenannten «Unberührbaren» am Fuß der traditionellen indischen Gesellschaftspyramide, die jahrhundertelang nur die niedrigsten Tätigkeiten wie das Wegschaffen von Müll oder Exkrementen oder die Arbeit mit Tierkadavern bei der Abdeckerei oder der Lederherstellung verrichten durften. Ambedkar, der selbst aus ihren Reihen stammte, hat ihnen die staatsbürgerliche Gleichheit gesichert und kompromisslos gegen ihre soziale Diskriminierung gekämpft.

Für Arundhati Roy war er der wirkliche Freiheitsheld und die eigentliche Hoffnung Indiens – viel mehr als der hochgerühmte Pazifist und Moralpolitiker Mahatma Gandhi, der Anführer des friedlichen Widerstands gegen das Kolonialregime und Vater der Nation. Gandhi hatte zwar den Skandal der «Unberührbarkeit» verurteilt, das Kastenwesen insgesamt aber im Prinzip gebilligt und verteidigt. «Gandhis Doktrin der Gewaltlosigkeit», erklärte mir Roy, «ruht auf einem Fundament von dauernder, brutaler, extremer Gewalt – denn das ist das Kastensystem. Es kann ohne die Androhung und Anwendung von Gewalt nicht aufrechterhalten werden. Selbst heute noch laufen Dalits, die den Status quo in Frage zu stellen wagen, Gefahr, einem regelrechten Ritualmord zum Opfer zu fallen.»

Ich wusste damals nicht viel über Ambedkar, und das war mir angesichts von Arundhati Roys enthusiastischer Bewunderung für ihn etwas peinlich. Ich fing an, mehr von ihm und über ihn zu lesen. Ich erfuhr, dass er sich für seine Reformideen an manchen indischen Vorbildern orientierte – an Buddha vor allem, dem «Erleuchteten», dem

Religionsstifter des 6. oder 5. vorchristlichen Jahrhunderts, der in seiner neugegründeten Glaubensgemeinschaft das Kastenwesen abgeschafft hatte. Doch viel von seinen politischen und sozialen Vorstellungen verdankte Ambedkar auch dem Einfluss des Westens. Er hatte, mit dem Stipendium eines progressiven indischen Fürsten, in den Vereinigten Staaten studiert. Im Bürgerrechtskampf der amerikanischen Schwarzen sah er ein Vorbild für die Emanzipation der Dalits. Thomas Paine, im 18. Jahrhundert der radikale Theoretiker und Propagandist der Amerikanischen und später der Französischen Revolution, gehörte zu Ambedkars Idolen. Die Verfassungen der USA und anderer westlicher Länder standen ihm dauernd vor Augen, während er am künftigen Grundgesetz des unabhängigen Indien arbeitete. Dass die Menschen, alle Menschen, frei und gleich sein sollten, hatte Ambedkar letztlich von den amerikanischen und europäischen Klassikern des Liberalismus und der Demokratie gelernt. Sie lieferten ihm die intellektuelle Grundlage, auf der er ein neues, gerechtes Indien bauen wollte.

Wir machen uns oft nicht klar, was für eine Bedeutung politische Ideen haben. Hinter unseren Staaten und Gesetzen, hinter den Rechten und Lebenschancen, die wir für selbstverständlich halten, stehen nicht nur Macht-, sondern auch Ideenkämpfe. Die Freiheit hat eine Geschichte, und diese Geschichte ist zuerst einmal eine Geistesgeschichte. Sie hat ihren Ursprung in Europa, aber sie ist nicht auf Europa beschränkt geblieben: Die Opfer der europäischen Kolonialherrschaft, wie der Inder Ambedkar, haben sich diese Ideen angeeignet und sie gegen ihre imperialistischen Herren gewendet. Sie haben ihre westlichen Unterdrücker mit deren eigenen Waffen bekämpft und geschlagen: Die Menschenrechte, die eure Philosophen für allgemein und unverletzlich erklärt haben, stehen auch uns zu.

Seltsamerweise interessiert man sich für diese Freiheitstradition oft viel weniger als für radikale oder autoritäre Theoretiker wie Marx oder Nietzsche. Deren Konzepte, scheint es, sind vielleicht nicht praktikabel, aber wenigstens aufregend, authentisch und unkonventionell. Das demokratische und liberale Denken wirkt dagegen irgendwie banal; sich damit zu beschäftigen, klingt nach braver, offiziöser «Staatsbürgerkunde». Leserinnen und Leser aus der mittleren Generation mögen sich an die Schullektüre von George Orwells «Animal Farm» im Englischunterricht erinnern, eine Tierfabel, die in den frühen Jahren des Kalten Krieges geschrieben wurde, vor den Gefahren des Totalitarismus warnte – und entsetzlich langweilig war. Aber in Wahrheit ist die Geistesgeschichte der Freiheit enorm spannend und reich. Ihre Klassiker gehören nicht weniger zum Menschheitserbe, zum Bildungsgut, als William Shakespeares Dramen oder die Musik von Johann Sebastian Bach. (George Orwell übrigens war ein fabelhafter Autor. Man muss nur die öde «Animal Farm» vergessen, auch das überberühmte «1984» für einen Augenblick beiseitelassen und stattdessen Orwells Essays lesen. Oder seinen großartigen Bericht über seine Erlebnisse im Spanischen Bürgerkrieg Ende der 1930er Jahre.)

Wenn wir an unser Ideal des politischen Lebens denken, denken wir an die Demokratie, und wenn wir an den Ursprung der Demokratie denken, denken wir an die Griechen. «Demokratie» ist bekanntlich ein griechisches Wort, es bedeutet «Herrschaft des Volkes», und tatsächlich waren antike Stadtstaaten wie Athen in diesem Sinne Demokratien, da die letzte, höchste Entscheidungsgewalt bei der Versammlung aller stimmberechtigten Bürger lag. Sie beschloss die Gesetze, wählte die Regierenden und befand über Krieg und Frieden; sie verfügte genau über jene souveränen Kompetenzen, die wir in einer Demokratie beim Volk sehen wollen.

Wir wissen freilich auch, dass diese griechische Demokratie unvollkommen war: Frauen und Sklaven besaßen kein Bürgerrecht und blieben vom politischen Leben ausgeschlossen. Diese privilegierte Herrschaft der Männer mit Bürgerstatus ist jedoch nicht der einzige Grund, warum eine altgriechische Demokratie keine freiheitliche Verfassung nach unserem Verständnis hatte. Selbst wenn Frauen und Sklaven in der Volksversammlung stimmberechtigt gewesen wären, hätten wir uns im antiken Athen politisch nicht wohlgefühlt. Das liegt daran, dass der Staatsmacht, der Macht der Gemeinschaft, im griechischen Altertum keine Grenzen gezogen waren. Es gab keine Grundrechte, die den Bürger vor anmaßenden oder willkürlichen Übergriffen der Mehrheit geschützt hätten, keine Garantien für sein Eigentum oder die Unverletzlichkeit seiner Privatsphäre. Es gab keine unabhängige Justiz, an die der einzelne Athener notfalls auch gegen Beschlüsse und Maßnahmen des athenischen Volkes hätte appellieren können.

Das antike Athen war eine Demokratie, aber es war kein Rechtsstaat. Es war nicht das, was wir heute eine «liberale

Demokratie» nennen – und aus unserer Perspektive sind beide Bestandteile notwendig, damit wir von wirklicher Freiheit sprechen können: die Demokratie, also die politische Selbstbestimmung des Kollektivs, ebenso wie die Liberalität, das heißt die persönliche Selbstbestimmung des Individuums. Dieses liberale Element der Freiheit, die Beschränkung der Staatsmacht und der Rechtsschutz für den Einzelnen und seine ungehinderte Entfaltung, entwickelte sich erst nach dem Ende des klassischen Altertums, es ist im Wesentlichen ein Produkt der Neuzeit.

Manche Züge der liberalen Weltsicht haben religiöse Wurzeln, sie gehen auf das Christentum zurück und zeigen sich schon in der Spätantike oder im Mittelalter. Die Glaubensüberzeugung, dass der Mensch als «Gottes Ebenbild» geschaffen ist, bildet die Grundlage für die Idee seiner unbedingten Würde. Die Unterscheidung von Kirche und Staat, von geistlicher und weltlicher Autorität bereitet die Einsicht vor, dass menschliche Macht Grenzen haben muss, dass sie nicht allumfassend und absolut sein darf. «Gebt dem Kaiser, was dem Kaiser gehört, und Gott, was Gott gehört», erklärt Jesus im Matthäusevangelium auf die Frage, ob die Bewohner des damals von Rom besetzten Palästina dem Imperium Steuern zahlen sollen. Diese fundamentale Trennung zwischen zwei Reichen, zwischen der irdischen und der himmlischen Sphäre, ist der metaphysische Prototyp, die religiöse Urform des Motivs der Machteinhegung und Gewaltenteilung, das im Zentrum jeder rechtsstaatlichen Verfassung steht.

Systematisch ausformuliert wird das liberale Denken aber erst viel später, gegen Ende des 17. Jahrhunderts. Der Mann, der ihm seine klassische Form gibt, ist der britische Philosoph John Locke. Er hat für seine Anstrengungen auf dem Gebiet der politischen Theorie handfeste praktische Gründe. Als 1689 Lockes wichtigste staatsphilosophische Schrift erscheint, sein «Zweiter Traktat über die Regierung», hat England gerade eine historisch präzedenzlose Revolution hinter sich. Ein unpopulärer, despotischer König aus dem Hause Stuart, Jakob II., wurde vom Thron gestürzt und ins Exil vertrieben; der holländische Fürst Wilhelm von Oranien ist auf Einladung der englischen Opposition mit einer Interventionsarmee in London einmarschiert; das Parlament hat ihn zum neuen Monarchen erklärt.

In den Geschichtsbüchern heißt dieser Umbruch heute «Glorreiche Revolution» – sie gilt als Musterbeispiel eines weitgehend unblutigen Umsturzes, mit dem die Blütezeit Großbritanniens begann. Locke war ein überzeugter Anhänger der neuen Verhältnisse, er hatte jahrelang in Frankreich und Holland im Exil gelebt, weil er als Privatsekretär für einen der führenden Gegner der Stuart-Monarchie arbeitete, und war erst nach der «Glorreichen Revolution» nach England zurückgekehrt. Gleichzeitig jedoch musste Locke klar sein, dass der Umbruch eine Reihe schwieriger, hochgradig umstrittener Fragen aufwarf, die schlimmstenfalls zum Bürgerkrieg führen konnten. Darf man einen Herrscher wirklich absetzen – und wenn ja, unter welchen Bedingungen? Gibt es ein Recht auf bewaffneten Widerstand gegen eine Diktatur? Wo liegt die Souveränität letztlich, bei der Regierung oder beim Volk? Was macht eine politische Ordnung rechtmäßig, verpflichtend, verbindlich, sodass sie Anspruch auf Respekt hat? Soll der Staat nur das äußere Handeln seiner Bürger regeln, oder unterliegen auch ihre Meinungen und Überzeugungen legitimerweise irgendeiner Art von Kontrolle?

Auf diese Fragen hat John Locke Antworten gegeben, die heute im Wesentlichen immer noch akzeptiert werden. Er geht, wie es für einen Liberalen typisch ist, vom Vorrang des Individuums aus: Alle Menschen sind ursprünglich, im «Naturzustand», wie Locke es nennt, frei und gleich. Um ihre Existenz und ihr Eigentum besser zu schützen, organisieren sie sich als politische Gemeinschaft und treten bestimmte persönliche Kompetenzen, wie das Selbstverteidigungsrecht, an eine übergeordnete, durch ihren Konsens geschaffene und von ihm getragene Autorität ab. Dieser Gründungsakt des sozialen Lebens ist der «Gesellschaftsvertrag», einer der zentralen Begriffe im neuzeitlichen politischen Denken. Es ist ein geschäftsmäßiger, bürgerlicher Begriff, juristisch und kaufmännisch, ohne religiösen Heiligenschein oder heroisches Pathos; man merkt sofort, dass der Staat hier nicht gefeiert und vergöttert, sondern an eine ziemlich kurze Leine gelegt werden soll.

Die politische Gemeinschaft ist für Locke etwas Sekundäres, Abgeleitetes, ein bloßes Instrument; sie existiert, weil die Menschen mit ihrer Hilfe bestimmte Zwecke erreichen wollen, und ihre Legitimität und Autorität reichen nur genau so weit, wie sie diesen Zwecken tatsächlich dient. Daraus folgt die Ablehnung der sonst im 17. Jahrhundert durchaus als respektabel geltenden absoluten Monarchie: Eine Regierung, die den Gesetzen nicht selbst unterworfen ist, bedeutet für die Interessen der Bürger keine Garantie, sondern im Gegenteil eine Gefahr. Sich durch den Staat vor Kriminalität zu schützen, während man sich gleichzeitig dem noch schlimmeren Risiko einer übermächtigen, unkontrollierbaren Staatskriminalität aussetzt, erscheint Locke absurd: «Das heißt zu denken, dass Menschen so töricht wären, sich gegen Schäden durch Iltisse oder Füchse vorzusehen, während sie gleichzeitig damit einverstanden sind, ja es sogar für Sicherheit halten, von Löwen gefressen zu werden.»

Das klingt erst einmal unkontrovers und wenig bemerkenswert; niemand von uns wünscht sich die absolute Herrschaft der Könige oder die totalitären Diktaturen des Faschismus oder Stalinismus zurück. Aber bei näherem Hinsehen ist Lockes Einschätzung keineswegs selbstverständlich – denn die Position, mit der er sich auseinandersetzt, besitzt eine erhebliche Attraktivität und Stärke. Als 1689 der «Zweite Traktat über die Regierung» erschien, war Großbritannien aus anderthalb Jahrhunderten der weltanschaulichen und machtpolitischen Selbstzerfleischung aufgetaucht, einer endlosen blutigen Unruheperiode seit der Reformation. Der Papst hatte katholische Engländer zur Rebellion gegen ihre protestantischen Monarchen angestachelt, der Staat hatte Kirchengüter beschlagnahmt und Priester umgebracht. Verrat, Spitzelei und Angst waren ständige Begleiter des Lebens gewesen, ein permanentes Wechselbad von Putschgefahr und Repression. Auf dem europäischen Festland hatten Protestanten und Katholiken einander im Dreißigjährigen Krieg abgeschlachtet und den halben Kontinent verwüstet. Nichts war natürlicher, als dass viele vor allem ein Ende der quälenden Unsicherheit wollten, einen starken Staat, der Konflikte unterdrückte und Ruhe und Ordnung sicherte – notfalls auch mit rücksichtsloser

Härte und ohne irgendjemandem Rechenschaft schuldig zu sein.

Der wichtigste Sozialphilosoph vor Locke, Thomas Hobbes, hatte 1650 in seinem Buch «Leviathan» das Programm für genau so einen brutalen, aber effektiven Sicherheitsstaat entwickelt. Die zentrale politische Aufgabe war aus seiner Sicht, den lebensgefährlichen Bürgerkrieg aller gegen alle zu verhindern oder zu ersticken, und wenn die Regierung das zustande brachte, dann hatte sie Anspruch auf unbedingten Gehorsam. Gehorsam nicht nur im äußeren Verhalten, sondern auch bei Meinungsäußerungen und Glaubensbekenntnissen – schließlich waren es gerade die Religionskonflikte zwischen Protestanten und Katholiken, die in der Frühen Neuzeit den inneren Frieden bedrohten. Hobbes ist der Vater des modernen autoritären Denkens. Er hat die Doktrin geschaffen, nach der Sicherheit wichtiger ist als Freiheit und Einheitlichkeit besser als Buntheit: lieber Zwangsintegration, lieber staatlich betriebene und sanktionierte Einpassung ins Ganze, als ein bedrohlicher Pluralismus der Weltanschauungen und Kulturen.

Das ist eine Denkweise, die ihre Anziehungskraft keineswegs eingebüßt hat; wahrscheinlich ist sie heute populärer als vor zwanzig oder dreißig Jahren. Man kann sie durchaus nicht einfach als antiquiert abtun – sie ist vielmehr von kühler Rationalität, komplett unromantisch und vollkommen säkular. Viele Zeitgenossen, die sich vor dem Islamismus und generell vor dem neu aufgeflammten religiösen Eifer der Gegenwart fürchten, würden sich mit hobbesianischen Einschränkungen der Bekenntnisfreiheit wahrscheinlich ohne Probleme anfreunden. Wer das Durcheinander unserer superdiversen, zentrumslosen Gesellschaften irritierend findet, wer mit leichtem politischem Fernweh auf Putins Führungsstärke oder Chinas Langfristplanungen blickt, in dem steckt ein Hobbes-Jünger für das 21. Jahrhundert. Der starke Mann und der starke Staat sind aktuell geblieben. Nicht auszuschließen, dass die Renaissance des Autoritären durch die Krise der liberalen Demokratien in Zukunft weiter verstärkt wird.

John Locke, der geistesgeschichtliche Gegenspieler von Hobbes, hat demgegenüber darauf bestanden, dass trotz aller bitteren Erfahrungen mit den Verheerungen des konfessionellen Bürgerkriegs nicht das Chaos die eigentliche politische Gefahr ist – sondern die Tyrannei. Nicht das Zuwenig an Macht, sondern das Zuviel. Nicht die Anarchie von unten, sondern die Willkürherrschaft von oben. Der Verzicht auf Freiheit schafft keine Sicherheit: Dieser Tausch, mit dem uns die autoritäre Versuchung lockt, ist ein Betrug. Das ist die Pointe des Bildes von dem Löwen, dem man sich besser nicht hilfesuchend an den Hals werfen sollte, um der Belästigung durch Fuchs und Iltis zu entgehen.

Locke ist kein Demokrat im heutigen Sinne (das war damals niemand); er sagt nicht, wie unsere Verfassungen, dass die gesetzgebende Körperschaft aus allgemeinen, gleichen, geheimen, freien und unmittelbaren Wahlen hervorzugehen habe. Aber er verlangt zwei fundamentale Bedingungen und Beschränkungen der Staatsgewalt. Zum einen muss sie sich auf das grundsätzliche Einverständnis der Bürger gründen: «Damit etwas ein Gesetz sein kann», schreibt Locke, «ist es absolut notwendig, dass es die Zustimmung der Gesellschaft besitzt, weil über sie niemand gesetzgebende Gewalt haben kann außer durch ihre eigene Zustimmung und durch eine Autorität, die von ihr selbst verliehen wird.» Locke bleibt etwas unbestimmt, wenn es um konkrete Mechanismen zur Organisation dieser «Zustimmung» geht – aber prinzipiell ist klar, dass für ihn die Souveränität letztlich nicht beim Herrscher liegt, sondern beim Volk. Legitime Regierung gibt es nicht ohne das Einverständnis der Regierten.

Lockes zweite Forderung betrifft nicht die Begründung der öffentlichen Gewalt, sondern ihre Ausübung: Sie muss geregelt und begrenzt, sie muss gesetzmäßig sein. Das natürliche, ursprüngliche Menschenrecht auf Leben, Freiheit und Eigentum bleibt auch im Staat erhalten und für den Staat bindend; er kann, erklärt Locke, «niemals ein Recht haben, die Untertanen zu vernichten, zu versklaven oder absichtlich in Armut zu stürzen». Er darf ihnen, wie Locke in einer weiteren Schrift aus derselben Zeit, seinem «Brief über die Toleranz», argumentiert, auch ihr religiöses Bekenntnis nicht vorschreiben. (Wobei es hier mit der liberalen Konsequenz des Philosophen ein Ende hat: Katholiken und Atheisten werden von der Toleranz ausgenommen – die einen, weil sie der Oberhoheit des Papstes unterstehen und deswegen keine loyalen Staatsbürger sein können, die anderen, weil sie nicht an Strafen und Belohnungen im Jenseits glauben und daher keine verlässliche Motivation für moralisches Handeln besitzen.) Schließlich, so Locke, darf der Staat nicht willkürlich handeln oder sich irgendwelche von den Bürgern nicht zugestandenen Ausnahmebefugnisse anmaßen. Die Justiz hat «nach öffentlich verkündeten geltenden Gesetzen und durch bekannte, bevollmächtigte Richter» zu erfolgen.

Zusammengefasst heißt das alles, in moderner Ausdrucksweise: Der Staat muss ein Rechtsstaat sein.

Wenn diese grundlegenden Bedingungen nicht oder nicht mehr erfüllt sind, wenn sich die Herrschaft nicht auf das Einverständnis der Beherrschten stützt oder wenn sie die elementaren Freiheitsrechte der Bürger missachtet – dann ist das Volk aus Lockes Sicht dem Staat gegenüber nicht länger zum Gehorsam verpflichtet. «Wo immer das Gesetz aufhört», bemerkt er, «da beginnt die Tyrannei.» Und gegen die Tyrannei ist Widerstand erlaubt, gegen gewaltsame Tyrannei auch bewaffneter Widerstand. Darin lag die Rechtfertigung für die «Glorreiche Revolution», mit der die Engländer 1688 ihren ungeliebten König in die Wüste geschickt und durch einen genehmeren Monarchen ersetzt hatten. Jetzt, dank John Locke, war zu dieser Tat auch der passende Gedanke in der Welt.

Die historische Ironie wollte es, dass Lockes britischer Musterliberalismus knapp hundert Jahre später in dramatischer Weise gegen Großbritannien selbst gewendet wurde. Als die englischen Kolonien in Nordamerika sich in der zweiten Hälfte des 18. Jahrhunderts von der königlichen Regierung in London zunehmend gegängelt und schikaniert fühlten, bekam der dreiunddreißigjährige Thomas Jefferson von seinen Landsleuten den Auftrag, eine Art öffentlichen Scheidungsbrief aufzusetzen, eine politische Klageschrift, die darlegen sollte, warum der Verbleib unter britischer Herrschaft für die Amerikaner unzumutbar und unmöglich war.

Jefferson brauchte zur Erledigung seiner Aufgabe nicht viel mehr zu tun, als den Theoretiker der «Glorreichen Revolution» zu plündern. Eine Regierung, hatte Locke gelehrt, bedarf der Zustimmung des Volkes – aber die Kolonisten in Massachusetts, Virginia oder Pennsylvania hatten das Vertrauen in König Georg III. unwiederbringlich verloren. Der Staat, hatte Locke gelehrt, muss das Eigentum und die Rechte seiner Bürger respektieren – aber Jefferson konnte eine schier endlose Liste von Übergriffen und Willkürakten der englischen Krone und des Parlaments aufstellen. Das Rechtfertigungspamphlet für die Amerikanische Revolution schrieb sich mit dem «Zweiten Traktat über die Regierung» in der Hand praktisch von selbst.

Jefferson leitete seinen Text mit einer Reihe von Feststellungen ein, die bis heute die berühmtesten je formulierten Sätze über Staat, Politik und menschliches Zusammenleben sein dürften – und die unverkennbar vom Vater des britischen Liberalismus inspiriert sind: «Wir halten die folgenden Wahrheiten für unmittelbar einleuchtend: dass alle Menschen gleich geschaffen sind. Dass sie von ihrem Schöpfer mit gewissen unveräußerlichen Rechten ausgestattet sind. Dass dazu Leben, Freiheit und das Streben nach Glück gehören. Dass, um diese Rechte zu sichern, Regierungen unter den Menschen eingerichtet sind, die ihre legitimen Kompetenzen aus der Zustimmung der Regierten herleiten. Dass, wann immer irgendeine Regierungsform für diese Ziele zerstörerisch wird, das Volk das Recht besitzt, sie zu ändern oder abzuschaffen und eine neue Regierung einzurichten, gegründet auf solche Prinzipien und in der Organisation ihrer Kompetenzen so gestaltet, wie es dem Volk am wahrscheinlichsten seine Sicherheit und sein Glück zu bewirken scheint.» Das war die prominenteste und folgenreichste Anwendung von John Lockes Philosophie der Freiheit: die Unabhängigkeitserklärung der Vereinigten Staaten von Amerika.

Für Locke, Jefferson und die übrigen Liberalen der Aufklärungsepoche ging es vor allem um die Sicherung der Menschen- und Bürgerrechte gegen eine überbordende Fürstengewalt, gegen einen monarchischen und potenziell tyrannischen Staat. Doch war das nur der erste Schritt in der neuzeitlichen Geistesgeschichte der Freiheit. Der nächste, zweite Schritt war eine Reaktion auf eine gewandelte historische Situation. Im Laufe des 19. Jahrhunderts stellte sich nämlich heraus, dass nicht nur die Herrscherwillkür, der Despotismus, dem Einzelnen und seinen Lebenschancen gefährlich werden konnte – sondern auch die Macht des Volkes, die Demokratie. Dass nicht bloß im Staat ein Bedrohungspotenzial für die Freiheit steckte, sondern auch in der Gesellschaft. Dass Kultur, öffentliche Meinung und Medien ebenfalls eine problematische Rolle spielten, wenn es um die Selbstbestimmung und Selbstentfaltung des Individuums ging.

Die Frontstellung zwischen Gut und Böse, Licht und Finsternis verlief nicht so gerade und klar erkennbar, wie die optimistischen Progressiven des 18. Jahrhunderts gemeint hatten. Die Schattenseiten des Fortschritts wurden sichtbar. Das liberale Denken musste eine neue Sensibilität und Raffinesse entwickeln, es musste dialektisch werden und die schädlichen Folgen löblicher Absichten zu kalkulieren lernen. Es war nicht mehr genug, abstrakte Lehrsätze über das Verhältnis von Staat und Bürger zu verkünden, jetzt brauchte es genaue Einsicht in die konkrete historische und soziale Realität. Im 19. Jahrhundert wurden die intellektuellen Instrumente geschaffen, mit denen sich auch unsere modernen Gesellschaften noch verstehen und ihre Konflikte sortieren lassen. Damals entstand eine Vorstellung von Freiheit, die so differenziert und flexibel ist, dass sie immer noch Bestand hat.

Den frühesten und schockierendsten Hinweis darauf, dass das souveräne Volk nicht weniger diktatorisch und repressiv agieren konnte als die alten Souveräne von Gottes Gnaden, lieferte die Französische Revolution. Sie begann 1789 mit dem Sturm auf die Pariser Bastille, das Staatsgefängnis des Absolutismus, nobel und freiheitlich, versank aber bald danach in Blutrausch und Gesinnungsterror. Das Regime von Robespierres Wohlfahrtsausschuss, der Tausende von vermeintlichen Volksfeinden und Adelsfreunden durch die Guillotine exekutieren ließ, war nicht bloß brutal, sondern auch intolerant und schnüfflerhaft. Wer abweichende politische Meinungen hegte oder einfach nur aus der Menge herausragte und der Blockwartmentalität der Revolutionswächter nicht passte, musste Denunziation und Vernichtung fürchten. Die radikale Phase der Französischen Revolution war die Geburtsstunde der illiberalen, demagogischen Volksherrschaft und Massengesellschaft.

Kein Wunder insofern, dass es ein Franzose war, der die Freiheitsbedrohungen des neuen Zeitalters am hellsichtigsten diagnostiziert hat. Alexis de Tocquevilles Vater war 1793 nur mit knapper Not der Hinrichtung durch Robespierres Revolutionstribunale entgangen. Der Sohn wurde später, im Frankreich der Restaurationszeit, als die Könige auf den Thron zurückgekehrt waren, Justizbeamter. Er unternahm in dieser Rolle 1831/32 eine mehrmonatige Studienreise durch die Vereinigten Staaten; offizielles Thema war das amerikanische Gefängniswesen. Doch Tocquevilles wirkliches Interesse reichte viel weiter. Selbst eher konservativ und durch und durch alteuropäisch geprägt, faszinierte ihn das vorher nie da gewesene Experiment mit uneingeschränkter Volksregierung und sozialer Egalität, das das welthistorische Newcomer-Land USA anstellte. Trotz (oder gerade wegen) des eigenen Familientraumas mit den Exzessen demokratischer Machtvollkommenheit: Tocqueville ahnte, dass in dieser Richtung die Zukunft lag, und er wollte sie kennenlernen.

1835 und 1840 veröffentlichte Tocqueville seine Reiseeindrücke und Schlussfolgerungen in zwei Bänden: «Über die Demokratie in Amerika». Er beschrieb das politische System und die Gesellschaft der Vereinigten Staaten einfühlsam, intelligent und mit beträchtlicher Sympathie. Die Menschheitsentwicklung hin zu mehr Gleichheit, die er in den USA wahrnahm, hielt er für unausweichlich und unaufhaltsam. Doch in einem Punkt war seine Einschätzung der amerikanischen Verhältnisse tief skeptisch. Er erkannte eine Gefahr, die er die «Tyrannei der Mehrheit» nannte.

Wo das Volk schrankenlos regiert, fand Tocqueville, kann das Schicksal des Einzelnen oder der Minderheit, wenn er oder sie sich im Widerspruch zum Mehrheitswillen befindet, sehr unerfreulich sein. Nicht bloß in einer Extremsituation wie während der Französischen Revolution, sondern auch in einem friedlichen, geordneten Gemeinwesen wie den USA der 1830er Jahre. «Erfährt ein Mensch oder eine Partei in den Vereinigten Staaten eine Ungerechtigkeit», schreibt er im siebten Kapitel des ersten Bandes seiner «Demokratie in Amerika», «an wen soll er sich wenden? An die öffentliche Meinung? Sie ist es, die die Mehrheit bildet; an die gesetzgebende Versammlung? Sie stellt die Mehrheit dar und gehorcht ihr blind; an die ausübende Gewalt? Sie wird durch die Mehrheit ernannt und dient ihr als gefügiges Werkzeug; an das Heer? Das Heer ist nichts anderes als die Mehrheit in Waffen; an das Geschworenengericht? Das Geschworenengericht ist die mit dem Recht zum Urteilsprechen bekleidete Mehrheit: Die Richter selbst werden in gewissen Staaten von der Mehrheit gewählt.» Das Mehrheitsregime knüpft ein lückenloses politisches und soziales Netz, aus dem es für das dissidente Individuum oder die minoritäre Gruppe kein Entkommen gibt. Der Oppositionelle, der Neinsager, wird marginalisiert, wenn nicht geächtet.

Tocqueville hat als die eigentlich bedrohliche Entwicklung in einer demokratischen, egalitären Welt die Tendenz zu feiger oder satter Angepasstheit ausgemacht, den Konformismus. Die Gefahr geht nach seiner Analyse über Staat und Politik hinaus, sie ist letztlich kulturell: das Aufkommen einer Gesellschaft, in der zwar formell, auf dem Papier, alle Freiheitsrechte gelten, die Menschen aber vom Konsenszwang zu eingeschüchtert oder eingelullt sind, um diese Rechte tatsächlich in Anspruch zu nehmen. Schriftsteller und Publizisten, erklärt Tocqueville, haben in den USA keine Zensur zu fürchten – doch wenn sie gegen den herrschenden Geschmack verstoßen oder den Leuten unangenehme Wahrheiten zumuten, wenn sie sich der «Pflicht zur Beweihräucherung ihrer Mitbürger» entziehen, werden sie ignoriert und am Ende durch Isolation und Entmutigung zum Schweigen gebracht.

Ein absoluter Monarch oder Diktator, argumentiert der Autor der «Demokratie in Amerika», kann zwar äußeren Gehorsam erzwingen, doch den inneren Widerspruchsgeist und die Freiheitssehnsucht seiner Untertanen stachelt er mit seinen Unterdrückungsmaßnahmen nur umso stärker an. Dagegen produziert die gewaltfreie, aber unhinterfragte und alternativlose Herrschaft der Mehrheitsmeinung einen Grauschleier von Jasagerei und Mittelmaß, der alle Kühnheit, Initiative und Eigensinnigkeit zudeckt. «Ketten und Henker», so Tocqueville, «sind die groben Werkzeuge, die einst die Tyrannei verwandte; heutzutage hat die Kultur selbst den Despotismus vollendet, der doch scheinbar nichts mehr zu lernen hatte.» Die alte Bevormundung zielte auf den Körper, die neue trifft die Seele.

Mit ihrer hochmütigen Verachtung für die Gleichmacherei der Massengesellschaft ist Tocquevilles Kulturkritik ohne Zweifel leicht klassendünkelhaft und unverkennbar zeitgebunden. Zugleich ist sie vollkommen aktuell. Man braucht statt der plattmachenden Einhelligkeit der öffentlichen Meinung bloß den Aggressionssturm aus dem Netz in seine Warnungen einzusetzen, und schon ist ihre Gegenwartsnähe offenkundig. Die Sehnsucht nach einer homogenen Gesellschaft; die Unfähigkeit, Dissens und Anderssein zu ertragen; auf der Rechten ein ressentimentgeladenes Wir-Gefühl, das sich gegen ideologische, ethnische oder religiöse Außenseiter richtet; auf der Linken die tugendstaatliche Moralpolitik der guten Gesinnung – das alles gibt es immer noch und in der globalisierten, digitalisierten und virtualisierten Wirklichkeit unserer Zeit mit massiv verstärkter Wucht.

Seit Tocqueville wissen wir, dass Freiheit nicht einfach darin besteht, dass Individuen Rechte haben, sondern dass sie ein bestimmtes Menschen- und Gesellschaftsbild bedeutet: die Freude an Vielfalt, Widerspruch und Debatte; keine Angst vor Konflikten; eine Vorliebe für starke, manchmal exzentrische Persönlichkeiten. Freiheit hat mit Wahlmöglichkeiten und offenen Horizonten zu tun, mit dem Reichtum an Handlungsoptionen und Lebenschancen, mit der Gelegenheit, sich selbst kennenzulernen, zu verändern und zu entwickeln, das eigene Potenzial zu entfalten. Sie muss nicht nur vor Zwang geschützt werden, sondern auch vor Manipulation, Verkümmerung und Bequemlichkeit. Monotonie ist ihr Tod, Pluralismus ihre Nahrung.

Der Denker, der dieser Vorstellung von Freiheit ihre klassische Gestalt gegeben hat, so wie John Locke der bürgerlichen Freiheit von Staatstyrannei, war der englische Philosoph John Stuart Mill. 1806 in London geboren, hatte Mill eine ganz eigentümliche Herkunft und Lebensgeschichte; aus ihm hätte leicht ein Sonderling oder ein pathologischer Fall werden können. Sein Vater James, ebenfalls Philosoph, vertrat ein strenges, rein rationales, knochentrockenes progressives Nützlichkeitsdenken. Emotionalität, Verspieltheit und ästhetischer Schönheitssinn hatten keinen Platz in seiner utilitaristischen Weltanschauung. Der kleine John Stuart Mill begann mit drei Jahren, Altgriechisch zu lernen, Latein mit acht (nebenbei seine jüngere Schwester unterrichtend), er beherrschte als Teenager Logik und Wirtschaftstheorie und war auf dem besten Wege, eine reibungslos funktionierende Kampfmaschine des Fortschritts zu werden. In seinen Zwanzigern erlitt er jedoch einen Nervenzusammenbruch; er fühlte sich, was man ihm kaum übelnehmen kann, seelisch ausgetrocknet und um die Entwicklung einer selbständigen Persönlichkeit betrogen. Mill fing an, der beklemmenden Verstandesenge seines Vaters mit der Lektüre romantischer Dichtung entgegenzuwirken. Er begriff, dass zum Menschsein mehr gehört als bloß Wissen, Können und korrektes Tun. Er fand Geschmack am runden, vollplastischen Humanismus von Goethe. Und er verliebte sich in eine verheiratete Frau, Harriet Taylor, die er mehr als zwanzig Jahre später, nach einer von allen Seiten mit Takt und Würde durchgestandenen Dreiecksgeschichte und dem schließlichen Tod ihres Mannes, heiraten sollte – als gleichberechtigte Teilhaberin in einer damals höchst ungewöhnlichen geistigen Partnerschaft.

Herausgekommen ist bei dieser außerordentlichen Bildungsbiographie eine der erfreulichsten Erscheinungen der Geistesgeschichte. Im Unterschied zu manchen anderen Großtheoretikern wie dem egoistischen Rousseau oder dem herrschsüchtigen Marx war John Stuart Mill ein echter Menschenfreund, der sich als Parlamentsabgeordneter für den Wahlkreis Westminster mutig und zäh für die Unterprivilegierten seiner Zeit einsetzte. Philosophieprofessoren erklären ihn gern für ein bisschen oberflächlich – was vor allem daran liegen dürfte, dass er verständlich und sogar elegant schrieb und bei aller Begeisterung für die Sache der Freiheit einen verlässlich klaren, grundvernünftigen Kopf hatte. Mill war, unter dem Einfluss von Harriet Taylor, der erste männliche intellektuelle Feminist: In seiner Schrift «Über die Unterdrückung der Frauen» argumentierte er so konsequent und radikal für die Gleichberechtigung der Geschlechter, dass Sigmund Freud, selbst durchaus kein unkritischer Anhänger des Patriarchats, davon spürbar überfordert war. Mills Meisterwerk, das Fazit seiner Philosophie, ist der Essay «Über die Freiheit» – ein kurzes, von Fachausdrücken und Fußnoten unbelastetes Buch, das jeder lesen kann, der Freude an klugen Gedanken und einer sympathischen Weltsicht hat, auch ohne besondere philosophische oder historische Vorbildung.

Mills Kernthese, sein «sehr einfaches Prinzip», wie er es nennt, ist in der Tat von monumentaler Schlichtheit und Klarheit: «Der einzige Zweck, der die Menschheit berechtigt, kollektiv oder individuell in die Handlungsfreiheit eines ihrer Mitglieder einzugreifen, ist die Selbstverteidigung.» Die Freiheit des Einzelnen findet ihre Grenze ausschließlich dort, wo sie einem anderen schadet; kein Gebrauch, der von ihr gemacht wird, wie befremdlich oder anstößig auch immer, darf unterbunden werden, solange er nicht in eine benachbarte, ebenso legitime und geschützte Freiheitssphäre übergreift. Mill konzentriert sich besonders auf die uneingeschränkte Meinungs- und Diskussionsfreiheit, von der die Dynamik und der Fortschritt der Gesellschaft abhängen. Aber er verlangt dieselbe unbedingte Toleranz auch für die Vielfalt der Charaktere, moralischen Haltungen und Biographien.

Mill tut das nicht, wie die Altliberalen der Locke-Tradition, lediglich deshalb, weil es keinen überzeugenden Grund dafür gibt, persönliche Vorlieben und Besonderheiten zu unterdrücken. Er ist vielmehr davon überzeugt, dass Individualität einen Wert an sich darstellt und dass ihre kräftige Entfaltung zur vollen Humanität gebraucht wird. Es ist richtig und wichtig, schreibt er, «dass es verschiedene Lebensexperimente gibt» – dass unterschiedliche Daseinsentwürfe miteinander konkurrieren, sich wechselseitig anregen und die Palette der menschlichen Existenz insgesamt verbreitern und bereichern. Es genügt nicht, das Andere und Fremde bloß zu dulden, man soll neugierig darauf sein und sich darüber freuen; man soll es nicht passiv ertragen, sondern aktiv ermutigen und fördern. Es kommt nicht einmal darauf an, dass der Abweichler recht hat: Die Abweichung selbst ist bereits gut und ein Grund zur Dankbarkeit. In einer zur Nivellierung und Normalisierung neigenden Zeit, erklärt Mill, «ist das bloße Beispiel der Unangepasstheit, die bloße Weigerung, das Knie zu beugen, an sich schon ein Dienst» an der Allgemeinheit. Leben und Geschichte sind unabgeschlossene, unvorhersehbare Prozesse, niemand kann vorab wissen, worauf sie abzielen: Damit sie so fruchtbar und erfüllend wie möglich verlaufen, brauchen sie den originellsten und diversesten «Input», den man irgend mobilisieren kann. Besser hundert Narreteien gepflegt als eine Genialität getötet.

Für Mill ist Freiheit nicht bloß eine Sache von Staat und Politik, sondern ein Lebensprinzip, die einzig humane Grundformel für Gesellschaft und Alltag. Der Mensch gedeiht, so Mill, nur in einer «Atmosphäre der Freiheit». Diese Art Freiheit besitzt kulturelle und materielle Voraussetzungen: Niemand kann wirklich frei sein ohne hinreichende Bildung oder ein Mindestmaß an sozialer Sicherheit. Mill war ein Liberaler, aber sein Liberalismus ist offen in Richtung

Wohlfahrtsstaat. Sein Ideal der persönlichen Selbstbestimmung und Selbstentfaltung ist entstanden als Gedankengebäude eines Bildungsbürgers, der sich über die Entgleisungen der Massendemokratie Sorgen machte. Doch es hat seinen Klassencharakter und seinen Zivilisationspessimismus längst abgestreift und ist universal geworden, nicht mehr beschränkt auf die Elite und auch nicht mehr auf die weiße, westliche Welt, in der es entstanden war. Obwohl Exzentrik nicht überall geschätzt wird und die Spießer nie aussterben: John Stuart Mills Bild vom emanzipierten Menschen dürfte die inoffizielle Sozialphilosophie der meisten Frauen und Männer unserer Zeit sein, ihre selbstverständliche, letztinstanzliche Vorstellung davon, was es heißt, frei zu sein.

1992 hielt der Schriftsteller V. S. Naipaul, der im Jahr zuvor den Literaturnobelpreis erhalten hatte, in New York einen Vortrag zum Thema «Unsere universale Zivilisation». «Ein ziemlich großer Titel», wie der Redner gleich zu Anfang einräumte, «und ich bin ein bisschen peinlich berührt darüber.» Mit der «universalen Zivilisation» meinte Naipaul nichts anderes als jenes Erbe von Liberalität und Selbstverwirklichung, von dem in diesem Kapitel die Rede gewesen ist.

V. S. Naipaul wurde 1932 auf der Karibikinsel Trinidad geboren, als Angehöriger einer indischstämmigen Minderheit, deren Vorfahren als Arbeiter auf den Zuckerplantagen der britischen Kolonie ins Land gekommen waren. Eine Zivilisation, in der man seinen eigenen Lebensplan machen und einen ungewöhnlichen Beruf wählen, in der man Autor werden und seine persönliche Weltsicht in Geschichten und

Büchern ausdrücken konnte, war für Naipaul nicht selbstverständlich. Die Gesellschaft, aus der er stammte, war traditionell und konformistisch, nicht innovativ und individuell. Ihre Geschichten waren die Mythen und Epen, die man aus Indien in die neue karibische Heimat mitgenommen hatte: zeitlose, unveränderliche Sagen und Gesänge, eine Literatur, die nicht der Welt- und Selbstentdeckung diente, sondern der rituellen Bestätigung der gemeinschaftlichen Identität. Naipauls Vater hatte einen ersten Schritt in Richtung Unkonventionalität und Unabhängigkeit getan, er war Journalist bei einer englischsprachigen Zeitung in Trinidad geworden. Zur Erfüllung seines eigentlichen Lebenstraums jedoch, einer selbständigen Autorenkarriere, hatte es nicht gereicht. Das blieb seinem Sohn vorbehalten, der mit einem Stipendium nach Oxford ging, sich später in London niederließ und wurde, was er seit seiner Kindheit, von seinem Vater angeregt, hatte werden wollen: freier Schriftsteller.

Nach seinem Aufbruch aus Trinidad hatte Naipaul nicht nur zu schreiben, sondern auch zu reisen begonnen. Er war in den USA und in Lateinamerika gewesen, in Afrika, Indien und in muslimischen Ländern bis nach Malaysia und Indonesien. In seinem New Yorker Vortrag zog er die Bilanz seiner Reiseerfahrungen, und trotz aller Widerstände, Rückschläge und Gegenreaktionen deutete sie auf den globalen Triumph der liberalen Haltung und Weltsicht. Selbst ein Zeitungsredakteur in Teheran, ein eifriger Propagandist der islamischen Revolution im Iran, wollte seine Söhne zum Studium in den Westen schicken, um ihre Zukunftschancen zu erweitern. Am Ende braucht der Mensch die «Atmosphäre der Freiheit», wie John Stuart Mill es ausgedrückt hatte. Er braucht das Recht und die Chance, seinen eigenen Weg einzuschlagen – das ungehinderte «Streben nach Glück», von dem die amerikanische Unabhängigkeitserklärung spricht.

Damit kam V.S. Naipaul zum Schluss, philosophisch scheinbar anspruchslos und zugleich provozierend weitreichend: «Vertraute Worte», sagte er über den «pursuit of happiness», «leicht für selbstverständlich zu nehmen; leicht misszuverstehen. Die Idee vom Streben nach Glück liegt im Herzen der Anziehungskraft dieser Zivilisation für so viele, die außerhalb ihrer oder an ihrem Rand leben. Ich finde es wunderbar zu bedenken, in welchem Ausmaß, nach zwei Jahrhunderten und der schrecklichen Geschichte in der ersten Hälfte dieses Jahrhunderts, die Idee zu einer gewissen Reife gekommen ist. Es ist eine elastische Idee, sie passt für alle Menschen. Sie geht mit einer gewissen Art von Gesellschaft einher, einer gewissen Art von aufgewecktem Geist. Ich glaube nicht, dass die Eltern meines Vaters im Stande gewesen wären, die Idee zu verstehen. So viel ist in ihr enthalten: die Idee des Individuums, Verantwortung, Wahlmöglichkeit, das Leben des Intellekts, die Idee von Berufung und Vervollkommnung und Leistung. Es ist eine immense, humane Idee. Sie kann nicht auf ein festes System reduziert werden. Sie kann keinen Fanatismus hervorbringen. Aber es ist bekannt, dass es sie gibt – und deshalb lösen sich andere, starrere Systeme am Ende in Luft auf.»

9. Zugang:
WIE MAN DIE HÜRDEN VOR DER BILDUNG NIMMT

Man kann noch so viel davon reden, dass Bildung Freude macht, dass sie nicht Paukerei ist, sondern wie Reisen, Freundschaft und Liebe zu den Genüssen des Lebens gehört – es ändert nichts am Gefühl der Einschüchterung und Überforderung, mit dem jeder von uns vor der Hochgebirgslandschaft der Menschheitszivilisation steht. Und das soll ich bewältigen? Gibt es nicht vielleicht wenigstens ein paar Hilfsmittel, irgendwelche kleinen Tricks, die den Einstieg in dieses übermächtige Massiv des Kulturerbes erleichtern? Die gibt es in der Tat.

Der erste Ratschlag lautet: keine Angst oder Scham vor dem scheinbar Trivialen, vor dem Unterhaltsamen, Herzbewegenden und Spannenden. Vor Krimis, romantischen Liebeskomödien («Rom-Coms») oder einer «Young Adult»-Literatur, die sich offiziell an Jugendliche richtet, aber in Wahrheit mindestens so gern von Erwachsenen konsumiert wird, die den im Feuilleton gepriesenen neuesten Avantgarde-Roman überkompliziert oder langweilig finden. Es ist überhaupt keine Schande, lesbare Bücher lesen zu wollen. Und gute «Genre»-Schriftstellerei (wie Kritiker und Philologen populäre Gattungen wie Thriller, Science-Fiction oder historische Romane zu bezeichnen pflegen) kann eine ausgezeichnete Vorbereitung für anspruchsvollere Klassiker oder Meisterwerke der Moderne sein. Man muss nicht unbedingt mit Freuds Psychoanalyse, der Musik von Gustav Mahler oder der impressionistischen Malerei anfangen, um seine ersten Vorstöße ins «Fin de Siècle» zu machen, die zugleich brillante und morbide Zeit um die Wende zum 20. Jahrhundert. Man kann auch mit den Sherlock-Holmes-Geschichten von Sir Arthur Conan Doyle beginnen, mit ihrem kriminell unterwanderten London und ihrem exzentrischen, experimentierfreudigen Detektiv – darin spiegeln sich die Ängste und Aufbrüche des späten 19. Jahrhunderts genauso bezeichnend wider.

Gute Genre- oder Populärkultur steht nicht im Gegensatz zu den Großwerken des Menschengeistes, sondern ist mit ihnen, manchmal unterirdisch, verbunden und leitet zu ihnen hin. John le Carré zum Beispiel, der Verfasser von Geheimdienstromanen wie «Der Spion, der aus der Kälte kam» oder «Dame, König, As, Spion», ist ein hervorragender, höchst empfehlenswerter Autor. Nicht nur weil man aus seinen Büchern eine Menge über Geschichte und Politik lernen kann – aus den älteren über den Kalten Krieg zwischen dem Westen und der Sowjetunion, aus den neueren über aktuelle Probleme wie den internationalen Waffenhandel oder den schmutzigen Kampf gegen den Terrorismus. Sondern le Carrés Romane haben neben ihrer Unterhaltungsqualität und der Spannung ihrer Plots die typischen Stärken echter Literatur: etwa mehrdimensionale, moralisch widersprüchliche Charaktere statt comichafter Schwarzweißfiguren. Diese Bücher hätten gar nicht geschrieben werden können, wenn ihr Autor nicht die komplexen Helden und Probleme der europäischen Romantradition kennen und lieben würde. Und daher sind solche Romane auch die richtigen Übungsmaterialien, um Thriller-Leserinnen und -Leser für den Geschmack an der Hochliteratur zu trainieren und zu präparieren.

Mein Favorit in dieser Art Schriftstellerei (übrigens auch ein prägendes literarisches Vorbild für John le Carré) ist der 1991 gestorbene Engländer Graham Greene. Greene hat sein Werk in jüngeren Jahren selbst in zwei Kategorien eingeteilt: Er unterschied seine Krimis, die er «entertainments» nannte, von seinen bedeutsameren Erzählwerken, die er als «novels», also Romane im vollen Sinn, bezeichnete. Aber Greene, ein absoluter Könner seines Fachs, vermochte in Wahrheit weder eine oberflächliche Detektivgeschichte noch ein schwerfälliges Stück Wichtigkeitsprosa zu produzieren, er war immer tiefsinnig und leserfreundlich zugleich. Wenn er zum Beispiel 1936 in «Das Attentat» (Originaltitel: «A Gun for Sale») die Geschichte eines Auftragskillers erzählt, der vom Jäger zum Gejagten wird, dann stammt die Hälfte der Spannung aus der Thriller-Handlung; die andere kommt aus einem moralischen Unterwanderungs- und Umkehrprozess, in dem unser Mitgefühl zunehmend dem Mörder gilt und der abschließende Triumph der Gerechtigkeit wie ein Scheitern und Versagen wirkt. Greene holt (ohne jeden Sozialkitsch) aus der Monstrosität des Täters die Monstrosität seines Leidens heraus, aus dem Verbrecher eine Christusfigur, die am Ende verraten wird wie Jesus von Judas.

Die Unschuldigen werden selbst schuldig, indem sie den Schuldigen der sogenannten verdienten Strafe ausliefern, die in Wahrheit eine höchst zweifelhafte Angelegenheit ist – das war ein typisches Leitmotiv des Autors. So auch in «Der dritte Mann» (1949), einem der großen Filme der Kinogeschichte (Regie: Carol Reed), für den der Romancier das Drehbuch geschrieben hat. Da ist es, in einem düsteren, trümmerhaften Nachkriegswien, der skrupellose Penicillinpanscher Harry Lime (gespielt von Orson Welles), an dessen vollkommen verdienter Eliminierung mit Hilfe seines enttäuschten Freundes Holly Martins man trotzdem keine ungetrübte Freude hat: Es bleibt auch bei diesem vergeltungsmäßig befriedigenden Happy End ein Nachgeschmack von Judashaftigkeit.

Solche Bücher und Filme, in denen Spannung in Moral übergeht, Moral in Nihilismus, Nihilismus wieder in einen paradoxen Glauben – solche ambivalenten «entertainments» sind die perfekte Eingewöhnungskunst für ein wichtiges Segment der «seriösen» Literatur. Wenn man sich in der schattenhaften Greene- und John-le-Carré-Welt zurechtfindet, ist man schon ziemlich gut gerüstet für extravagantere Literaturerlebnisse wie die Romane von Fjodor Michailowitsch Dostojewski mit ihren heiligen Sündern und seelenrettenden Prostituierten, mit ihrem ganzen irrlichternden, flackernden ethischen Helldunkel. «Verbrechen und Strafe», das Buch, das Dostojewskis Rang und Ruhm begründet hat, ist zwar ein Stück metaphysisch mächtig aufgeladene Weltanschauungsepik – aber es ist auch eine Mord- und Mördergeschichte: ein Krimi.

Das zweite Hilfsmittel: Bildung, selbst literarische Bildung, kommt nicht allein vom Lesen; will man den klassischen und modernen Kanon kennenlernen, ist es vollkommen legitim, auch auf andere Medien zurückzugreifen. Früher wäre das vor allem das Theater gewesen. Von Sophokles' «König Ödipus» über Shakespeare und Schiller bis hin zu den Dramatikern des mittleren 19. Jahrhunderts und neueren Autoren wie Henrik Ibsen und Gerhart Hauptmann konnte man sich früher in den bürgerlichen Schauspielhäusern ein beträchtliches Stück der abendländischen Dichtungstradition Abend für Abend bequem vorführen lassen.

Das moderne Regietheater, das sich von den Dramentexten emanzipiert und seine Inszenierungen mehr als kritische Neu- und Gegenschöpfungen denn als Realisierungen eines verbindlich vorgegebenen Werks versteht, hat diese Art der Literaturaneignung beträchtlich erschwert. Nun muss man das Stück (wenn nicht sogar seine Aufführungsgeschichte) bereits ziemlich gut kennen, um die Kreativität des Regisseurs und seines Ensembles angemessen würdigen zu können. Es war fast ein Alleinstellungsmerkmal des Berliner Ensembles am Schiffbauerdamm unter der Intendanz des alternden Claus Peymann, dass dort Klassiker der Dramenliteratur in relativ konventionellen Inszenierungen zu sehen waren: so wie sie im Buche standen. Manche Kritiker fanden das intellektuell nicht standesgemäß und fast peinlich, aber viele Deutschlehrer waren dafür ausgesprochen dankbar und kamen mit ihren Klassen ins «BE», damit die Schülerinnen und Schüler den Werken von Kleist oder Brecht erst einmal in textnaher, von den Einfällen der Nachgeborenen im Wesentlichen unberührter Gestalt begegnen konnten. Die Aufführungen waren eigentlich kollektive Lektürestunden im Zuschauerraum.

Die frühere Rolle des Theaters bei der populären Literaturvermittlung hat heute weitgehend der Film (mit der angeschlossenen TV-, Video- und Netzinfrastruktur) übernommen. Es sind vor allem englische und amerikanische Klassiker, denen die BBC und Hollywood auf diesem Weg eine neue internationale Resonanz und Markenqualität verschafft haben. Für keine Figur der Literaturgeschichte haben die visuellen Medien dabei mehr getan als für Jane Austen, die im England der Jahre um 1800 als unverheiratete Frau ein privates Dasein im Kreise ihrer Verwandtschaft führte und eine Handvoll von exquisit erzählten Romanen über die Herzens-, Vermögens- und Heiratsangelegenheiten von Mädchen und jungen Damen aus besseren, aber nicht geradezu exklusiven Kreisen geschaffen hat. Als sie zu schreiben anfing, konnte sie nicht einmal sicher sein, dass ihre Geschichten je veröffentlicht werden würden. Heute ist Austen weltweit wahrscheinlich die präsenteste literarische Gestalt des 19. Jahrhunderts. Sie profitiert von der Kombination eines aktuellen feministischen Interesses an historischen Autorinnen mit der ewigen Anziehungskraft von «boy-meets-girl»-Geschichten, die zur Identifikation einladen. Und sie verdankt ihre herausragende Stellung eindeutig dem Film.

Die «romantic comedy», die letztlich auf Jane Austens Gesellschaftsromane zurückgeht, ist mittlerweile ein globales Phänomen, das seine erzählerischen und kinematographischen Ableger längst auch außerhalb des Westens pflanzt – siehe die «Crazy Rich Asians», Roman (2013) und Film (2018), die in der Geldaristokratie von Singapur spielen. Der quälend hochmütige und amourös unwiderstehliche Mr. Darcy aus Austens bekanntestem Buch «Stolz und Vorurteil» (1813), aber auch ihre typischen, zwischen Fremdbestimmung und Eigenwillen hin- und hergezogenen Heldinnen sind zweihundert Jahre nach ihrer dichterischen Erschaffung durch eine nicht abreißende Reihe von Leinwand- und TV-Adaptionen zu echten Gegenwartsikonen geworden. Sie sind heute viel populärer, als sie es in der bürgerlichen Leseepoche des 19. oder frühen 20. Jahrhunderts waren. Und durchaus zu Recht: Die Verfilmungen sind oft wirklich gut gemacht, und wer sich danach das entsprechende Buch vornimmt, wird keinen garstigen Kulturschock erleben, sondern ein erfreuliches Gefühl der Abrundung, Verfeinerung und Bereicherung des Kinoeindrucks durch die Lektüreerfahrung. Vielleicht auch eine leicht snobistische Genugtuung, wegen des höheren Prestiges, das das gedruckte Wort im Vergleich zum bewegten Bild genießt – ein Bildungsnutzen, den ich sonst nicht gern herausstreiche, den aber im Zusammenhang von Gesellschaftsromanen (mit ihrem inhärenten Strebertum) zu erwähnen vielleicht ausnahmsweise statthaft ist. Jedenfalls sind Multiplex und Netflix hier vollkommen geeignete und respektable Initiationsinstanzen zu lohnenden Kulturgütern.

Ein weiteres Bildungshilfsmittel wird von der Kultur selbst zur Verfügung gestellt – es ist ein typischer, ihr eigentümlicher, systembedingter Mechanismus, mit dem sie die Neugierigen zu weiteren Schätzen oder zurück an die Quellen der zivilisatorischen Überlieferung führt. Kultur ist ein Zusammenhang, sie besteht aus Dingen, die aufeinander verweisen. Autoren beziehen sich auf andere Autoren, Kunstwerke auf frühere Kunstwerke, und wenn man diesen

Spuren folgt, lernt man nicht nur weitere bedeutende und interessante Geistesschöpfungen kennen, sondern entdeckt oft auch deren erstaunliche Aktualität.

So hat die in Pakistan geborene britische Autorin Kamila Shamsie 2017 unter dem Titel «Home Fire» einen Roman veröffentlicht, der an der Oberfläche vollkommen zeitgenössisch wirkt: Er handelt von der multikulturellen Gesellschaft und vom radikalen Islam, vom Terrorismus und von der Frage, wie weit der Staat bei seiner Bekämpfung gehen darf. Parvaiz, ein junger Londoner Muslim, hat sich für die Islamistenmiliz IS anwerben lassen, ist aber schließlich, desillusioniert und beim Versuch zu entkommen, von seinen Terrorgenossen umgebracht worden. Der Innenminister des Vereinigten Königreichs, der Parvaiz als einem Feind seines eigenen Landes die Staatsangehörigkeit entzogen hat, verbietet die Rückführung des Leichnams nach London, wo seine Angehörigen ihren Sohn und Bruder beisetzen möchten. Aneeka, die Schwester von Parvaiz, mobilisiert gegen diesen Akt der Staatsräson (oder der Grausamkeit?) die Öffentlichkeit: Sie platziert sich in einem glutheißen Park in Karatschi neben den unbeerdigten, mit Eisblöcken notdürftig vor der Verwesung bewahrten Toten, während die Kameras der globalen Medien und der Livestream des Internets ihren Protest weltweit übertragen. Es ist eine Szene von enormer Kraft, ihr Explosivstoff zusammengemischt aus moderner Kommunikationstechnologie und archaischer Familienloyalität. Der Staat mit seiner Macht, seinen Strafansprüchen und seinem überragenden Interesse an «innerer Sicherheit», wie der Innenminister ihn verkörpert, steht gegen ein alternatives moralisches Universum, in dem andere, ungeschriebene, aber darum nicht weniger unverbrüchliche Gesetze gelten.

Allerdings ist Kamila Shamsies packende, scheinbar tagesaktuelle Story in Wahrheit die Wiederauflage einer uralten Geschichte. Denn die Autorin hat ihren Roman nach dem Muster eines antiken Vorbilds angelegt: nach der Tragödie «Antigone» des athenischen Dramatikers Sophokles. Die Handlung des Stücks, das 442 vor Christus zum ersten Mal aufgeführt wurde, spielt in mythischer Götter- und Heldenzeit; die Titelfigur Antigone ist eine Prinzessin von Theben. Gegen den ausdrücklichen Befehl des Königs, ihres Onkels Kreon, bestattet sie den Leichnam ihres Bruders, der im Kampf gegen die eigene Stadt gefallen ist. Sie wird zur Rede gestellt, bereut nicht, sie wird zum Tode verurteilt und hingerichtet. Das göttliche Recht, das die Ehrung jedes gestorbenen Verwandten gebietet, steht für sie über der Anordnung eines Herrschers, der die politische Loyalität als letzten und höchsten Maßstab für Gut und Böse durchsetzen will.

Aneeka in «Home Fire» ist eine heutige Antigone, der britische Innenminister, der die Heimführung ihres toten Bruders blockiert, ein zeitgenössischer Kreon. Indem Kamila Shamsie in ihrem Roman auf ein klassisches Modell zurückgreift, kann sie dem Gegenwartsproblem Tiefe und Würde geben, sie holt es aus der Enge und Giftigkeit politischer Kontroversen heraus und stellt es in einen weiten menschheitlichen Zusammenhang. Aber für uns als Leserinnen und Leser bedeutet diese Verknüpfung von Alt und Neu, von Klassisch und Modern noch etwas anderes, nämlich eine Chance, eine Bildungschance: Wir können den Weg wieder zurückgehen, wir können die Aktualisierung nutzen, um einen Zugang zum Urtext, zum literarischen und kulturellen Ausgangspunkt zu finden. Aneeka und ihr Innenminister im Karatschi und London des frühen 21. Jahrhunderts machen uns Antigone und Kreon im sagenhaften Theben verständlich.

Denn auf den ersten Blick ist die berühmte Tragödie des Sophokles natürlich fast unerreichbar weit entfernt. Die handelnden Personen, die Gesellschaftsordnung, die Werte und Glaubensvorstellungen – alles wirkt vorsintflutlich, archaisch, als könne man damit in neueren Zeiten nichts mehr anfangen. Die Begegnung mit einer «Antigone», die mitten in der Einwanderungsgesellschaft unter Islamisten, Polizeispitzeln und chauvinistischen Boulevardzeitungen spielt, hebt diese Fremdheit auf und zieht den scheinbar entlegenen, abseitigen Konflikt auf einmal nahe an uns heran. Wir sehen mit Staunen, wie exakt sich der Zusammenstoß zwischen der Moral des Antiterrorkampfes und der Moral der muslimischen und familiären Pietät auf den Antigone-Mythos abbilden lässt. Die heutigen Positionen stehen einander genauso unausweichlich und unversöhnlich gegenüber wie menschliches und göttliches Gesetz bei Sophokles – genauso «tragisch». Es ist, als sei seit 442 vor Christus, als die «Antigone» im Dionysostheater von Athen ihre Premiere erlebte, kein Augenblick vergangen. Wir erkennen, dass diese thebanische Prinzessin keine poetische Antiquität ist, sondern unsere Zeitgenossin, die Zeitgenossin aller Zeiten: die ewige Heldin des Ungehorsams, des Neinsagens, des unbeugsamen Gewissens. Und das lässt uns dem erst einmal abweisenden Klassiker näherkommen.

Literaturwissenschaftler bezeichnen den Akt, mit dem Schriftsteller sich auf große Vorgänger und ihre Werke beziehen, als «Rezeption». In der abendländischen Kultur sind die griechischen und römischen Meister besonders fleißig rezipiert worden, aber die Sache ist keineswegs auf antike Autoren beschränkt. Solchen zeitübergreifenden Verbindungen nachzugehen, sich davon anregen und zu neuen Funden bringen zu lassen, ist eine der besten Methoden für die Erweiterung des eigenen Bildungshorizonts.

Zum Beispiel basiert Francis Ford Coppolas Film «Apocalypse Now» (1979) auf einer Erzählung aus dem späten 19. Jahrhundert: «Herz der Finsternis» (1899), von dem polnisch-britischen Autor Joseph Conrad. Während Coppola seine Geschichte vom Abstieg in Wahn und Inhumanität im Indochina des Vietnamkriegs ansiedelt, war Conrads Schauplatz das Afrika der Kolonialepoche: Das «Herz der Finsternis» hat als Hintergrund die brutale Ausbeutung des «Kongo-Freistaats» unter der Administration des belgischen Königs Leopold II., ein Menschheitsverbrechen von genozidalen Ausmaßen. Wer «Apocalypse Now» gesehen hat und danach den «Quellentext» liest, das Buch von Joseph Conrad, lernt in der düsteren, beunruhigenden Afrika-Geschichte eine der wichtigsten Schriften zur Auseinandersetzung mit Imperialismus und Rassismus kennen. «Herz der Finsternis» ist eines der Grunddokumente zur Diskussion über das Unrecht und die Gewalt, die Weiße Nichtweißen systematisch angetan haben. Aber Conrads Erzählung ist selbst nicht unumstritten geblieben: In einem nächsten Schritt ihrer Erkundungstour stößt die Leserin vielleicht auf einen Essay des nigerianischen Autors Chinua Achebe von 1975, der sich wiederum mit dem «Herz der Finsternis» auseinandersetzt, darin eine Fülle von rassistischen Klischees und eine ungebrochene europäische Kulturarroganz findet – und Protest dagegen erhebt, dass dieses höchst zweifelhafte Produkt heute solches Prestige als maßgebliche Kritik der Kolonialideologie genießt.

Übrigens ist auch der oben erwähnte Thriller «Der dritte Mann» eine kulturelle Spätfolge dieses hochgradig fruchtbaren «Herzens der Findernis»: Drehbuchautor Graham Greene und der Schauspieler Orson Welles haben sich für den Filmschurken Harry Lime den Elfenbeinhändler Kurtz, die monströse Zentralfigur von Joseph Conrads Erzählung, zum Vorbild genommen. Die gesamte Literatur- und Ideengeschichte ist voll von solchen Beispielen des Anknüpfens, Weiterführens oder Sichabstoßens.

Gerade die ganz großen, das Sagenhafte streifenden Geschichten, wie etwa der Antigone-Mythos, sind nie abgeschlossen, ihre Figuren sind permanent wandlungsfähig, sie lassen sich auf alle Weise variieren, parodieren, kritisieren. Die Schicksale der homerischen Helden, des unbesiegbaren Achilleus und des verschlagenen Odysseus, der zauberhaften Helena, des tapferen Hektor und des unglückseligen alten Trojanerkönigs Priamos, diese Fundamental-Storys wurden jahrhundertelang von der Literatur und Kunst weitererzählt, angereichert, abgewandelt, umgewertet, bis aus der «Schönen Helena» beim Komponisten Jacques Offenbach eine komische Operettengestalt wurde und aus dem listenreichen Odysseus in James Joyces «Ulysses»-Roman ein Anzeigenverkäufer im Dublin des Jahres 1904. Genau diese Flexibilität und Strapazierfähigkeit macht ihre Unsterblichkeit aus.

Es gibt also unendliche Einstiegs- und Mitwirkungsmöglichkeiten nicht nur für die kulturellen Produzenten, die Dichter, Maler, Bildhauer und Musiker quer durch die Epochen, sondern auch für uns, die Konsumenten. Wer neugierig ist, kann sich von der Bildungstradition gewissermaßen selbst an die Hand nehmen und durch ihr Labyrinth führen lassen, kann vertrauten, immer wiederkehrenden Figuren durch ihre unerschöpflichen Metamorphosen folgen.

Das bringt uns zu einem letzten Ratschlag, der im Grunde nichts weiter ist als eine Verallgemeinerung dieses Punktes. Er lautet: immer von dem ausgehen, was man schon hat, weiß oder mag, von Vorkenntnissen, aber auch von Vor-Lieben, persönlichen Tipps oder Autoritäten des eigenen Vertrauens, sogar von Zufallsfunden oder Zufallshinweisen, wenn sie irgendeine individuelle Beziehung zu einem Werk oder seinem Schöpfer herstellen. Wir sind viel seltener, als man denkt, irgendwelchen bedeutenden Kunst- oder Geistesschätzen intellektuell nicht gewachsen. Bildung ist kein Leistungssport, und Gegenstände, die sich nur Experten oder IQ-Genies erschließen, gehören eben definitionsgemäß nicht zur Allgemeinbildung. Das Problem ist in der Regel nicht unsere beschränkte Kapazität, sondern das Fehlen von Bezügen: Was hat das mit mir zu tun? Was sagt mir das? Wie kommt es in meinen Gesichtskreis? Wie kann ich mich dazu in ein Verhältnis setzen?

Darum sind die Empfehlungen von Freundinnen und Freunden so wichtig. Aber auch von Prominenten, denen man Geschmack und Urteil zutraut – die regelmäßig publizierten Lektürelisten von Barack Obama, der ein echter, begeisterter Leser ist, sind internationale Buchpropaganda von hoher Präzision und Effektivität. Ebenso lohnt es sich, bei einer Autorin, die man gern liest, oder bei einem Denker, dessen Ideen einem zusagen, nach ihren eigenen Lieblingsschriftstellern oder -philosophen zu forschen – die Chance ist gut, dass einem deren Bücher und Überlegungen auch gefallen werden.

Und wenn es nicht gleich so ist, wenn der Favorit unseres Favoriten erst einmal sperrig wirkt und Schwierigkeiten macht, dann hat man trotzdem einen Anreiz, die Sache nicht gleich hinzuwerfen, es besteht Grund zur Zuversicht, dass da doch etwas Interessantes zu finden sein muss – denn ganz töricht werden unsere Gewährsleute ihre Sympathien doch nicht verschenkt haben. Auf diese Weise hat etwa Graham Greene mich zu Henry James (1843 bis 1916) bekehrt, einem bis an die Grenze der Unverständlichkeit schwierigen amerikanisch-britischen Autor, dessen verschrobener Spätstil nicht krasser mit Greenes eigener sparsamer, klarer und spannender Erzählkunst kontrastieren könnte. Ich habe gelitten und geflucht, aber ich habe nicht aufgegeben, weil Greene, der James verehrte, in meinen Augen für ihn bürgte und mir garantierte, dass sein literarischer Held kein kompletter Blindgänger sein konnte. Ich habe weitergelesen, und inzwischen sprechen die absurden James'schen Satzungetüme zu mir mit einer gewissen anrührenden Poesie.

Reisen stecken voller Chancen zu dieser persönlichen kulturellen Expansion, die bei eigenen Erfahrungen und Erlebnissen ansetzt – nicht nur «Bildungsreisen», auf denen man Museen und Kirchen besichtigt. Ein Flug in die Vereinigten Staaten, auch wenn der Trip gar nichts mit Geschichte zu tun hat, kann Lust machen, eine Biographie von Lincoln oder Roosevelt oder ein Buch über die Bürgerrechtsbewegung zu lesen, einfach weil man durch die Reise in ihren Einzugsbereich, in ihre Sphäre eintritt. Es klingt ein bisschen magisch, aber es funktioniert tatsächlich. Selbst ein arg komplizierter Theoretiker kommt einem schon fast wie Familie vor, wenn man einmal vor seinem Geburtshaus gestanden hat oder auf dem Friedhof, wo er begraben liegt. Nicht Verständnishilfen sind es, die wir in erster Linie für die Ausweitung unseres Horizonts brauchen, sondern Anknüpfungspunkte.

Als ich zum ersten Mal in Japan war, um eine Reportage für «Die Zeit» zu schreiben, wollte ich nebenbei auch die japanische Literatur ein bisschen kennenlernen. Aber ich hatte keine Ahnung, wo ich beginnen sollte, alle Autoren waren mir gleich unbekannt, und selbst die Zahl der allgemein anerkannten Meisterwerke schien mir verwirrend groß zu sein. Eines Nachmittags hatte ich im Rahmen meiner Recherche (es ging um Japans Geschichtspolitik, um die Erinnerung des Landes an seine Rolle im Zweiten Weltkrieg) in einem Café in Tokio ein Gespräch mit einer Lehrerin. Am Ende unserer Unterhaltung schrieb sie mir irgendetwas auf, und auf dem persönlichen, briefpapierartigen Notizblock, den sie benutzte, las ich, wie eine Losung oder einen Wappenspruch, die Worte «I Am a Cat». Ich fragte sie, was das bedeute, und bekam zur Antwort, das sei der Titel ihres Lieblingsbuchs, von dem Erzähler Natsume Sōseki. Sofort wusste ich, wo ich mit dem Lesen anfangen würde: Natsume Sōseki, ein Klassiker der Moderne, wurde mein Wegweiser in die japanische Literatur, und ich habe es keinen Augenblick lang bereut.

Bildung ist ein Prozess des Anbauens und Ausbauens. Es geht nicht darum, das Wichtigste zu wissen, äußeren Erwartungen gerecht zu werden, einen vorher feststehenden, für jedermann identischen, objektiv gültigen Katalog abzuarbeiten. Alle Bildungsgeschichten sind verschieden: Man muss mit dem anfangen, was einem zu eigen ist oder wozu man sich hingezogen fühlt. Manchmal auch einfach mit dem, was der Zufall einem zuspielt, wie es mir bei dem Cafégespräch in Tokio passiert ist. Und es dann vertiefen und erweitern, hinein ins noch Unbekannte, vielleicht auch ins Unbequeme und Unwillkommene. Jede, jeder hat in ihrem Leben, in seinem Kopf schon die Ausgangspunkte. Das Buch, das uns in pubertärer Einsamkeit Gesellschaft geleistet hat. Das Musikstück, an dem eine ununterdrückbare Erinnerung hängt. Der Gedanke, der einmal im Seminar, auf einer Demonstration, im Kneipengespräch blitzartig eingeleuchtet hat und der immer unmittelbar wieder da ist, wenn in den Nachrichten ein Flüchtlingsbild oder eine Arbeitslosenstatistik auftauchen. Das muss man nehmen, was immer es sein mag, und daran anschließen: weiterlesen, weiterdenken, weitermachen. Das ist Bildung.

10. Tradition und Gegentradition:
DIE KLASSIKER DER REBELLION

Zuerst dachte ich, es würden nur Rentner kommen. Wir waren ein bisschen zu früh am Kino, dem «Babylon» am Rosa-Luxemburg-Platz in Berlin, und mit uns warteten im Foyer zuerst bloß ein paar ältere Leute. Gezeigt werden sollte der «Panzerkreuzer Potemkin» von Sergei Eisenstein, ein sowjetischer Stummfilmklassiker von 1925, der eine Rebellion unter Matrosen der kaiserlichen russischen Schwarzmeerflotte im Jahr 1905 als Vorspiel zur späteren kommunistischen Revolution unter Lenin und den Bolschewiki darstellt. Dass dieser Abend im «Babylon» der Sozialismusromantik in großem Stil gewidmet sein würde, signalisierte das Kino schon unmissverständlich auf den Platz hinaus: Über dem Eingang prangte als Plakat ein ikonisches Bild der italienischen Fotografin Tina Modotti aus den 1920er Jahren, das eine feierlich schreitende Mexikanerin im Profil mit einer riesenhaft über die Schultern fallenden roten Fahne zeigt.

Als endlich die Türen geöffnet wurden und wir im Zuschauerraum Platz nehmen konnten, waren wir mit der Handvoll der übrigen Herrschaften gesetzteren Alters immer noch ziemlich allein. Aber dann begann das Publikum zu strömen, und der ganze Kinosaal füllte sich unaufhaltsam, einschließlich der Galerie. Es waren überwiegend junge Leute, viele Paare, multinational, das volle Berliner Spektrum von nerdig bis stylish. Während das eigene

Stummfilmorchester des «Babylon» die tonlosen Bilder mit der für die Uraufführung komponierten expressiven Originalmusik begleitete, folgten die Zuschauer aufmerksam Eisensteins Story.

Der Film erzählt, wie die Mannschaft des Panzerkreuzers «Potemkin» meutert und ihre menschenverachtenden Offiziere über Bord wirft; wie die Matrosen die Unterstützung der Bevölkerung in der Hafenstadt Odessa gewinnen, bis die Solidaritätsdemonstration der Bürger blutig niedergeschlagen wird; wie schließlich das Rebellenschiff mit knapper Not der Vernichtung durch ein regierungstreues Flottengeschwader entgeht, dessen Besatzungen sich im letzten Augenblick weigern, mit ihren Geschützen das Feuer auf ihre meuternden Brüder zu eröffnen. Am Schluss flattert auf dem Bildschirm die rote Fahne, ein lebender, mit historischer Energie pulsierender Farbfleck, von Hand in das sonstige Schwarzweiß des Films hineinkoloriert. Die Marinerebellion erscheint als prophetisches Ereignis, als Vorwegnahme der «Großen Sozialistischen Oktoberrevolution» von 1917, mit der die Arbeiter, Bauern und Soldaten Russlands die Macht ergreifen und die Sowjetunion gründen werden.

Nicht auszuschließen, dass das mehrheitlich junge Publikum bloß aus filmhistorischem Interesse zu dieser Aufführung gekommen war. Die Szene auf den Treppenstufen von Odessa, wo sich erst die Einwohner der Stadt in einer fast festlichen Stimmung versammeln und dann die zaristischen Soldaten aufmarschieren, um an den unbewaffneten Männern, Frauen und Kindern ein kaltblütiges, kampfmaschinenhaft durchgezogenes Massaker zu verüben – diese

Szene ist ein bis heute unerreichtes Kunststück der Beklemmung, Spannung und Steigerung, des visuellen Umschlags von Hoffnung in Schrecken, der albtraumhaft treffsicheren Bildwerdung des Entsetzlichen. Ein Filmwissenschaftler hat die Passage «die einflussreichsten sechs Minuten der Kinogeschichte» genannt.

Trotzdem glaube ich nicht, dass reines Cineastentum hinter der Neugier der Zuschauer auf Eisensteins sowjetkommunistisches Meisterwerk steckte. Es ging auch um die Botschaft und um die Epoche des «Panzerkreuzers Potemkin», um den Reiz des Radikalen, Widerständigen und Umstürzlerischen – aber einer Radikalität, die gewissermaßen von der Zeit geadelt war, ausgestattet mit der Autorität der Geschichte (und überzogen von ihrer Patina). Klassische Radikalität. Man wollte den Geist und die Symbolik der Revolution, und man wollte sie an der Quelle, wo sie groß und authentisch waren. Noch (scheinbar) unschuldig, nicht diskreditiert von den späteren Verbrechen des stalinistischen Gulag oder der noch späteren bleiernen Ödnis der Breschnew-und-Honecker-Epoche. Der «real existierende Sozialismus» des 1989 untergegangenen Ostblocks ist inzwischen so weit weg, das Bedürfnis nach Gegenentwürfen zum Kapitalismus wieder so stark, dass viele Leute noch einmal neugierig auf die Urtexte und Urideen der marxistischen Tradition werden. Es ist nicht unbedingt so, dass man sich davon konkrete politische Anleitung erwartet. Es ist oft einfach das Gefühl, dass eine Gesellschaft in puncto Klassenkampf nicht so ignorant und analphabetisch sein sollte, wie dreißig Jahre angeblich alternativlose Marktwirtschaft die unsere hinterlassen haben, so abgeschnitten von den Kritik- und Protesterfahrungen der Vergangenheit. Dass etwas mehr revolutionshistorische Bildung nicht schaden würde.

Ich bin alles andere als ein Marxist, aber mir gefällt dieses Interesse am großen Erbe des Sozialismus, das Graben nach Wurzeln, das Verlangen nach mehr Tiefe und Substanz. Es ist gar nicht so selten. Eine jüngere Kollegin, die sich als links verstand, aber die Theorieexerzitien früherer linker Generationen nicht mehr mitgemacht hatte, kam einmal auf mich zu, um sich Rat zum Thema marxistische Lektüre zu holen. Vor allem wollte sie wissen, was sie von Georg Lukács lesen solle – einem von der kommunistischen Parteiorthodoxie misstrauisch betrachteten Denker, dessen Hauptwerk «Geschichte und Klassenbewusstsein» (1923) für die sogenannte Kritische Theorie, die Studentenbewegung der 1960er Jahre und den gesamten anspruchsvoll-avantgardistischen Sozialismus eine wichtige Inspiration geworden ist. Lukács (der selbst eigentlich lieber ein verlässlicher Dogmatiker gewesen wäre) hat in fast romantischer Manier das frustrierte Lebensgefühl des modernen Menschen als Verbündeten des Marxismus entdeckt: Er konzentrierte sich auf das Phänomen der Entfremdung und Verdinglichung, also auf die Art und Weise, wie das mechanische, tödlich kalte kapitalistische Warensystem das gesamte Erleben und Bewusstsein prägt und deformiert. Es ist eine Spielart des sozialistischen Denkens, die für sensible Intellektuelle erhebliche Anziehungskraft besitzt.

Aber es sind nicht nur die marxistischen Großmeister, die neue Aufmerksamkeit finden. In den Vereinigten Staaten hat «Black Lives Matter», die Bewegung, die Polizeigewalt gegen junge Afroamerikaner und andere Formen des Rassismus anprangert, auch die Geschichte des schwarzen Denkens wiederentdeckt. Die Romane und Essays von James Baldwin, der in den 1950er und 1960er Jahren die herrschende weiße Ideologie brilliant auseinandergenommen hat, wurden nie so viel und intensiv gelesen wie heute. Sie haben sich zu Kultbüchern des jüngsten afroamerikanischen Aufbruchs entwickelt. Mit zugleich vernichtender und befreiender Wucht macht Baldwin klar, dass nicht die Schwarzen, sondern die Weißen das eigentlich fatale Problem mit dem Rassismus haben, der für sie auf eine perverse Weise unentbehrlich geworden ist, als Quelle des Selbstverständnisses, als eine Persönlichkeitsfestung, die zunehmend Risse bekommt und wegbricht:

«Es gibt keinen Grund für dich», schreibt Baldwin in seinem «Brief an meinen Neffen», «zu versuchen, wie die Weißen zu werden, und es gibt überhaupt keine Basis für ihre impertinente Annahme, dass *sie dich* akzeptieren müssten. Die wirklich furchtbare Tatsache, alter Junge, ist, dass *du sie* akzeptieren musst.» Die Weißen sind laut Baldwin die wahren Gefangenen der Geschichte – einer Geschichte, die sie nicht verstehen und der sie darum nicht entrinnen können. Wenn ihre Überzeugung von der Minderwertigkeit der Schwarzen ins Wanken kommt, verlieren sie allen Halt. «Versuche dir vorzustellen», so Baldwin, «wie du dich fühlen würdest, wenn du eines Morgens aufwachtest und feststelltest, dass die Sonne am Himmel steht und gleichzeitig alle Sterne strahlen. Du wärest erschrocken, weil es der Ordnung der Natur widerspricht.» Die Emanzipation der Schwarzen ist nicht einfach eine Machtverschiebung, sondern das Ende einer Welt: der gesamten bisherigen Welt der Weißen, die durch nichts so sehr definiert wird wie durch ihre vermeintliche «rassische» Überlegenheit. «Aber diese Menschen», fährt Baldwin im Brief an seinen Neffen fort, «sind deine Brüder – deine verlorenen, jüngeren Brüder. Und wenn das Wort *Integration* irgendeine Bedeutung hat, dann diese: dass wir, mit Liebe, unsere Brüder zwingen werden, sich selbst zu sehen, wie sie sind, und aufzuhören, vor der Wirklichkeit zu fliehen, und anzufangen, sie zu ändern.»

Was für eine Sprache der unzweifelhaften Erkenntnis und des monumentalen Selbstbewusstseins, jenseits von allem Plädieren, Polemisieren oder Agitieren.

Auch solche Werke sind Klassiker, legitime und relevante Gegenstände von Bildung. Man versteht ja durchaus, warum progressive Kritiker den traditionellen Bildungskanon als privilegiertes Reservat, als eine Art «gated community» von toten weißen Männern aus den oberen Etagen der Gesellschaft sehen und deshalb seine Allgemeinverbindlichkeit in Zweifel ziehen. Von Thukydides bis Thomas Mann: lauter Figuren aus dem Establishment. Es lässt sich überhaupt nicht bestreiten, dass unsere Bibliotheken und Galerien voller Kunst- und Geistesprodukte von Sklavenhaltern, Sexisten oder Aristokraten sind, die nie in ihrem Erdendasein eine einzige Stunde für ihren Lebensunterhalt arbeiten mussten. Ein amerikanischer Altphilologe hat mir einmal erzählt, wie eine schwarze Studentin aus dem Süden der USA ihm ins Gesicht erklärte, dass alle diese antiken Griechen und Römer ihr letztlich nichts bedeuteten, dass sie nichts mit ihnen gemein habe, weder Probleme noch Erfahrungen, dass sie von solcher Literatur gewissermaßen nicht gemeint sei – warum eigentlich solle sie das alles lesen? Und obwohl er sein Fach und seine Autoren liebte, musste er zugeben, dass sie einen Punkt hatte.

Ein Teil der Antwort ist es, die Meisterwerke der Tradition gegen den Strich zu lesen, ihr inneres Unruhe- und Protestpotenzial freizulegen. Also etwa wie wir die Linie von den Propheten des Alten Testaments zu den Bürgerrechtskämpfern wie Martin Luther King gezogen haben. Oder sich klarzumachen, dass Immanuel Kant nicht der Philosoph des Kasernenhofs und der preußischen Beamtenkorrektheit war, sondern ein Anwalt der Gewissensfreiheit und ein Freund der Französischen Revolution. Dass die Kultur größtenteils von einer Elite geschaffen wurde, heißt noch lange nicht, dass sie der Elite gehören würde – oder dass sie den Interessen der Elite dienen müsste. Gerade die sozialistische Arbeiterbewegung hat das übrigens immer sehr genau gewusst. Sie fand die bürgerliche Zivilisation und ihre Höchstleistungen mitnichten unwichtig, überholt oder durch Komplizenschaft mit den Unterdrückern kompromittiert, sondern wollte sie den Proletariern erschließen und zugänglich machen. Die kleinen Leute sollten die großen Werke in Besitz nehmen, als etwas, das ihnen rechtmäßig zustand, als ihr legitimes Erbe. Das steckte hinter der Gründung der «Arbeiterbildungsvereine», die ein wesentliches, typisches Stück der sozialdemokratischen Sonder- und Gegenkultur im deutschen Kaiserreich ausmachten.

So ähnlich hat es auch mein amerikanischer Bekannter

mit der altertumsverdrossenen schwarzen College-Studentin gehalten. Vielleicht verbinde sie nichts mit den Lebensverhältnissen eines antiken athenischen Edelbürgers wie Aristoteles. Aber sie sei doch stark am Thema Gerechtigkeit interessiert. Aristoteles auch, das sei eines der zentralen Probleme für ihn als Philosophen. Ob nicht gemeinsame Fragen genauso etwas Verbindendes darstellten wie gemeinsame Schicksale, eine Gesprächsgrundlage für den Austausch über den Abstand der Epochen, Ideologien und sozialen Situationen hinweg?

Die andere Antwort auf die Kritik an den angeblich konservativen oder reaktionären Bildungsgütern ist das Bewusstsein, dass sie nicht die einzigen sind, dass es noch mehr und anderes zu wissen und zu kennen gibt, einen alternativen Kanon. Klassiker der Rebellion und Revolution, des Anders- und Dagegenseins, die Zeugnisse der Unterdrückten und ihres Widerstands. Zu einem zeitgemäßen, kompletten Bildungsverständnis gehört auch die Perspektive von unten und von außen, das Vermächtnis jener, die sich gegen Macht, Hierarchie und vermeintliche Normalität gewehrt haben. Sozialismus, Feminismus, die Emanzipation von Schwulen und Lesben, der Kampf der Afroamerikaner und der ganzen nichtweißen Menschheitsmehrheit gegen Rassismus und Kolonialherrschaft: Das alles hat Ideen und Werke hervorgebracht, die genauso zu unserem Zivilisationserbe zählen wie die Krönungsmusiken, die Händel und Mozart für Europas Monarchen geschrieben haben, oder die Ölgemälde, auf denen Tizian und Rubens die Reichen und Mächtigen der Barockzeit verewigen.

So sind in der abendländischen Literatur durch die Jahrhunderte Tausende von Liebesgeschichten zwischen Mädchen und Jungen, Frauen und Männern erzählt worden, vom Flachland der Trivialepik bis zum Gipfel von «Romeo und Julia». Es gab auch seit langem eine schmale, prekäre Tradition des Schreibens über Homosexualität oder wenigstens Homoerotik, meist mit dem Beigeschmack der skandalhaften Anrüchigkeit oder des exklusiv-morbiden Ästhetentums. Aber es war etwas Besonderes und Befreiendes, als der englische, seit 1939 in Kalifornien wohnende Schriftsteller Christopher Isherwood 1964 seinen Roman «A Single Man» veröffentlichte und ein schwules Leben ohne alle Verruchtheitsdramatik oder Nischenhaftigkeit schilderte.

George, der Held des Buchs, ist wie sein Autor ein in die Vereinigten Staaten verschlagener Engländer, der an einer Universität in Los Angeles Literatur unterrichtet. Ein exilierter Abendländer im geschichtsfernen, jugendlichen Reich des ewigen Sonnenscheins, auf einem Campus mit tennisspielenden, lesefaulen Studenten. Der Glücksterror Kaliforniens steht in besonders bitterem und ironischem Kontrast zu Georges persönlicher Situation: Er hat seinen Liebhaber, seinen Lebenspartner Jim, bei einem Autounfall verloren, und die Trauer über den Verlust beherrscht seine gesamte Existenz, die der Roman am Beispiel eines einzigen Tages vorführt. Es ist nicht einfach Liebenden-, sondern Hinterbliebenentrauer, die George empfindet. Er ist der Witwer einer homosexuellen Ehe, auch wenn in den 1960er Jahren an die Institution «same-sex marriage» noch gar nicht zu denken war. Die Leere und Sinnlosigkeit des mechanisch weitergeführten Lebens ohne den anderen, die gleichzeitige Unmöglichkeit und Notwendigkeit des Loslassens, das scheue Herantasten an einen emotionalen oder sexuellen Neubeginn – das alles erlebt die Hauptfigur und erleben die Leser kein bisschen anders, als wenn der verstorbene Jim eine Jane oder Judy gewesen wäre.

Das ist die Botschaft von «A Single Man»: die Normalität, die Alltäglichkeit des Schwulseins. Sie klingt heute natürlich weniger sensationell als 1964. Wobei man die Verbreitung und Selbstverständlichkeit solcher Einsichten leicht überschätzen kann: Als 2006 Ang Lees Film «Brokeback Mountain», über die langdauernde, heimliche, tragische Affäre von zwei Cowboys in Wyoming, in die Kinos kam und drei Oscars gewann, war überall, in der Werbung wie in den Kritiken, rühmend davon die Rede, dass dies keine bloß für Spezialinteressen relevante Schwulenstory, sondern eine richtige, allgemein zugängliche, universal aussagekräftige Liebesgeschichte sei. Wenn man das so nachdrücklich eigens betonen musste, dann ist das Verständnis von Homosexualität als etwas Exotischem in Wahrheit durchaus noch nicht ausgestorben. Dass nicht nur unter Modedesignern oder Werbeleuten in San Francicso oder New York, sondern auch in der uramerikanischen Welt von Viehtreibern und Rancharbeitern Männer Männer lieben können – diese Normalität wirkte eben alles andere als normal.

Auf jeden Fall muss man sich klarmachen, wie viel Kultur- und Moralschutt Christopher Isherwood in den 1960er Jahren für seine Witwergeschichte beiseitezuräumen hatte, was für Berge an Faszination oder Mitleid, an Schuldgefühl und innerer Zerrissenheit, die immer zum Bild des Homosexuellen gehört hatten. Es ist dabei keine harmlose, konfliktfreie Normalität, die Isherwood darstellt, und er idealisiert seinen Protagonisten mitnichten. George überlässt sich wilden Hassausbrüchen und Gewaltphantasien gegen homophobe Spießer, er sieht in düsteren Momenten die ganze nichtschwule Welt unterschiedslos als «den Feind», und er ist nicht frei von Misogynie: Sehen nicht Frauen jeden Mann automatisch als ihren rechtmäßigen Besitz an und nehmen ihn, wenn er wie Jim mit einem anderen Mann zusammenlebt, mit vollkommen ruhigem Gewissen, als anmaßende Vollstreckerinnen eines Weltgesetzes, seinem schwulen Partner weg? «Krude einsaugende Vulva», erinnert sich George unversöhnlich, als er eine Frau, die ihm seinen Jim einmal für eine Heteroaffäre abspenstig gemacht hat, im Krankenhaus an ihrem Sterbebett besucht, «tückisches, ruchloses, gieriges Fleisch, in allem Blühen und Glänzen und der arroganten Unverwüstlichkeit der Jugend, fordernd, dass George beiseitetreten soll, sich beugen und vor dem weiblichen Vorrecht zurückweichen, sein unnatürliches Haupt in Scham verhüllen. Ich bin Doris. Ich bin Die Frau. Ich bin Das Biest-Mutter Natur. Die Kirche und Das Gesetz und Der Staat existieren, um mich zu unterstützen. Ich erhebe Anspruch auf meine biologischen Rechte. Ich verlange Jim.» Zur Normalität des Schwulseins gehören auch die Aggressionen gegen eine Welt, in der das Schwulsein nicht normal ist.

In einem überzeugenden Bildungskanon stehen die Protest-Klassiker und die Außenseiter-Klassiker mit gleichem Recht neben den Establishment-Klassikern: der «Panzerkreuzer Potemkin» neben den opulenten Oberschicht-Opern von Richard Strauss und Isherwoods «Single Man» neben der wohlanständigen Partnersuche in den Liebesromanen von Jane Austen.

Ich war kein besonders renitenter Jugendlicher, aber einmal kurz vor dem Abitur habe ich versucht, in einem satten bürgerlichen Kulturambiente die Stimme der Gegentradition hörbar zu machen. Das war, als ein Freund und ich an unserer Schule, einem sehr traditionsreichen und bourgeoisen humanistischen Gymnasium in Hamburg, im sonst kulinarisch-gefälligen Weihnachtskonzert ein kleines widerspenstiges Leseprogramm einstreuten. Ich suchte mir dafür einen Brief von Rosa Luxemburg aus, der deutschen Sozialistin, die nach dem Ersten Weltkrieg, in den Revolutionstagen des Januar 1919, in Berlin von reaktionären Landsknechtstypen, sogenannten «Freikorpskämpfern», totgeschlagen worden war. Den Brief hatte sie ein gutes Jahr vor ihrem Tod geschrieben, im Dezember 1917 – im Advent, weswegen er mir für den Anlass des Weihnachtskonzerts besonders passend vorkam. Er setzte der behaglichen Kerzenstimmung etwas anderes entgegen, etwas Ernstes, Schmerzhaftes, eine Art Passionsgeschichte, die außerdem noch von einer kommunistischen Revolutionärin stammte – also dem äußersten Gegenpol unseres bürgerlichen Schulmusikpublikums. Es war eine rührend gymnasiastenhafte Provokation, aber irgendwie funktionierte die Herausforderung. Als ich ankündigte, ich würde nun etwas von Rosa Luxemburg vortragen, regte sich Unruhe im Saal, und als ich fertig gelesen hatte, blieb der Beifall aus.

Rosa Luxemburg hatte ihren Brief im Winter 1917 im Gefängnis verfasst, in Breslau, wo sie wegen ihrer Proteste gegen die Kriegspolitik des kaiserlichen Deutschland in

«Schutzhaft» gehalten wurde. Sie beschreibt ihrer Freundin, der Frau des damals ebenfalls inhaftierten Sozialistenführers Karl Liebknecht, eine Szene auf dem Gefängnishof, wo sie ab und zu spazieren gehen darf. Dort kommen Kleiderlieferungen für das Militär an, auf Wagen, die normalerweise von Pferden gezogen werden, einmal aber auch von Büffeln. Die Büffel, «ganz schwarz, mit großen sanften Augen», sind, wie die Briefautorin in Erfahrung gebracht hat, Kriegsbeute: keine Zucht-, sondern Wildtiere, die in Rumänien auf üppigen Weiden ihre Heimat haben, dort eingefangen wurden und nun gegen ihre Natur gezwungen werden, in dieser schlesischen Stadt als Arbeitsvieh zu dienen.

«Vor einigen Tagen», schreibt Rosa Luxemburg in ihrem Brief, «kam also ein Wagen mit Säcken hereingefahren, die Last war so hoch aufgetürmt, dass die Büffel nicht über die Schwelle bei der Toreinfahrt konnten. Der begleitende Soldat, ein brutaler Kerl, fing an, derart auf die Tiere mit dem dicken Ende des Peitschenstieles loszuschlagen, dass die Aufseherin ihn empört zur Rede stellte, ob er denn kein Mitleid mit den Tieren hätte! ‹Mit uns Menschen hat auch niemand Mitleid!›, antwortete er mit bösem Lächeln und hieb noch kräftiger ein ... Die Tiere zogen schließlich an und kamen über den Berg, aber eins blutete ... Sonitschka, die Büffelhaut ist sprichwörtlich an Dicke und Zähigkeit, und die war zerrissen. Die Tiere standen beim Abladen ganz still, erschöpft, und eins, das, welches blutete, schaute dabei vor sich hin mit einem Ausdruck in dem schwarzen Gesicht und den sanften schwarzen Augen wie ein verweintes Kind. Es war direkt der Ausdruck eines Kindes, das hart bestraft worden ist und nicht weiß, wie es der Qual und der rohen Gewalt entgehen soll … Ich stand davor, und das Tier blickte mich an, mir rannen die Tränen herunter – es waren seine Tränen, man kann um den liebsten Bruder nicht schmerzlicher zucken, als ich in meiner Ohnmacht um dieses stille Leid zuckte. Wie weit, wie unerreichbar, verloren die freien, saftigen, grünen Weiden Rumäniens! Wie anders schien dort die Sonne, blies der Wind, wie anders waren die schönen Laute der Vögel oder das melodische Rufen der Hirten. Und hier – diese fremde, schaurige Stadt, der dumpfe Stall, das ekelerregende muffige Heu mit faulem Stroh gemischt, die fremden, furchtbaren Menschen, und – die Schläge, das Blut, das aus der frischen Wunde rinnt … Oh, mein armer Büffel, mein armer, geliebter Bruder, wir stehen hier beide so ohnmächtig und stumpf und sind nur eins in Schmerz, in Ohnmacht, in Sehnsucht. – Derweil tummelten sich die Gefangenen geschäftig um den Wagen, luden die schweren Säcke ab und schleppten sie ins Haus, der Soldat aber steckte beide Hände in die Hosentaschen, spazierte mit großen Schritten über den Hof, lächelte und pfiff einen Gassenhauer. Und der ganze herrliche Krieg zog an mir vorbei … Sonjuscha, Liebste, seien Sie trotz alledem ruhig und heiter. So ist das Leben, und so muss man es nehmen, tapfer, unverzagt und lächelnd – trotz alledem.»

Rosa Luxemburg, die hier ihre schwesterlichen Empfindungen für den geprügelten Büffel offenbart, war alles andere als eine sentimentale Gefühlssozialistin. Sie hatte sich als eine in Polen geborene jüdische Frau, in jeder Hinsicht eine Außenseiterin, ein freies Leben im intellektuellen Zentrum der deutschen Arbeiterbewegung geschaffen – auch ein freies Liebesleben in diesem ansonsten eher puritanischen SPD-Milieu. Sie war eine überzeugte, wissenschaftlich gebildete Marxistin, die vor dem Ersten Weltkrieg in der Parteischule der Sozialdemokratie Vorlesungen über die kapitalistische Nationalökonomie gehalten hatte. Sie war auch keine Vertreterin einer unbedingt friedlichen Reformpolitik, sondern propagierte den gewaltsamen, revolutionären Umsturz der herrschenden Macht- und Besitzverhältnisse.

Ihr berühmtester Satz, der sich in das populäre Politikbewusstsein eingegraben hat, hat ihr dennoch den Ruf einer demokratischen Sozialistin eingetragen, einer Art roten Liberalen; sie ist damit zur Heldin von ungezählten Postern und T-Shirts geworden: «Freiheit ist immer nur Freiheit des anders Denkenden.» Das war gegen den Bevormundungs- und Unterdrückungskurs gerichtet, mit dem Lenin und seine Partei bald nach der russischen Oktoberrevolution alle Kritik und Opposition erstickten. Damals begann bereits der Weg in den Terror- und Kontrollstaat, der die Sowjetunion dann tatsächlich geworden ist – und Rosa Luxemburg hat die Gefahr frühzeitig erkannt. Aber an der prinzipiellen Richtigkeit einer radikalen kommunistischen Strategie, an der Notwendigkeit der Diktatur des Proletariats, hat diese deutsche Revolutionärin durchaus nicht gezweifelt. Sie war ganz und gar keine Liberale, und eine demokratische Sozialistin kann man sie auch schwerlich nennen.

Trotzdem muss, das zeigt der Brief aus dem Breslauer Gefängnis, am Grunde von Rosa Luxemburgs politischem Engagement etwas anderes gelegen haben als bloß das Dogma vom Klassenkampf und der Glaube an eherne, von Marx und Engels unwiderleglich aufgewiesene Gesetze der Weltgeschichte. Das ist es, was ihre Zeilen so anrührend und bewegend macht. Die Solidarität mit den Ausgebeuteten der Gesellschaft war bei dieser Revolutionärin Teil einer weiteren, größeren Sympathie, einer umfassenden Begabung zum Mitleiden, Mitfreuen, Mitempfinden. Vom Schmerz der gequälten Kreatur zur Ungerechtigkeit der sozialen Verhältnisse führt eine durchgehende Linie, und sie führt auch wieder zurück; wer gelernt hat, das eine zu sehen, kann das andere nicht ignorieren. Man begreift, wenn man den Brief liest, dass Politik nichts Separates ist, das vom Leben getrennt wäre – man begreift auch, dass man sich nicht an einer einzelnen Lieblingsungerechtigkeit festhalten und so tun darf, als sei sie der Fundamentalskandal des moralischen Universums. Nicht Standesdünkel, Rassismus, Homophobie oder Frauenverachtung sind für sich genommen, als isoliertes Phänomen, das eigentliche soziale Übel, sondern die Ignoranz und Herzensträgheit, die hinter allen Formen der Diskriminierung steckt: unsere Weigerung, die Augen aufzumachen und Wirklichkeiten wahrzunehmen, die wir nicht sehen wollen; unsere Unfähigkeit, uns in jene hineinzuversetzen, die anders sind als wir. Die im Südafrika der Apartheidzeit geborene Schriftstellerin Doris Lessing hat dasselbe über die Rassendiskriminierung bemerkt: «Obwohl die Grausamkeiten des weißen Menschen gegen den schwarzen Menschen zu den schwersten Schuldvorwürfen in der Anklageschrift gegen die Menschheit zählen, ist das Vorurteil wegen der Hautfarbe nicht unsere ursprüngliche Sünde. Es ist nur ein Aspekt der Verkümmerung unserer Vorstellungskraft, die uns daran hindert, uns selbst in jedem Geschöpf zu sehen, das unter der Sonne atmet.»

Die Klassiker der Rebellion, des Anders- und Dagegenseins, sind genau deshalb «Bildungsgüter», weil sie der Verkümmerung der Phantasie entgegenwirken, weil sie unsere soziale und moralische Beschränktheit aufbrechen, weil sie uns verdrängte Wirklichkeiten sehen und bisher geleugnete Rechts- und Lebensansprüche anerkennen lassen. Man braucht deswegen nicht mit ihren politischen Weltbildern übereinzustimmen oder sie besonders sympathisch zu finden. Einer der größten Texte des Feminismus zum Beispiel, ein epochaler Augenöffner für die von Männern auferlegten Verkrüppelungen der weiblichen Existenz, stammt von einer Frau, der mit guten Gründen der Vorwurf elitärer Abgehobenheit gemacht worden ist; manche aufrechten Kämpferinnen und Kämpfer für Gerechtigkeit können die Autorin schlichtweg nicht ausstehen.

Virginia Woolf war eine der Begründerinnen der literarischen Moderne, zusammen mit Autoren wie Marcel Proust, James Joyce oder Franz Kafka. Sie wurde 1882 als Tochter von Sir Leslie Stephen geboren, einem angesehenen und wohlhabenden Literaten im spätviktorianischen England. Zeit ihres Lebens hat Woolf sich ausschließlich in einem hochkultivierten Milieu bewegt, besonders unter den Malern, Dichtern und Intellektuellen der «Bloomsbury-Gruppe», die ihr Künstlerdasein im Wesentlichen zwischen großbürgerlichen Londoner Stadtwohnungen und idyllischen Landhäusern im Süden Englands verbrachten. Schloss Knole, der Stammsitz der Familie ihrer Freundin und zeitweiligen Liebhaberin Vita Sackville-West (Virginia Woolf hat ihn in ihrem Roman «Orlando» schriftstellerisch verewigt), hatte, wenn man Vitas Zählung trauen darf, sieben Höfe, zweiundfünfzig Treppen und dreihundertfünfundsechzig Zimmer. In einem Vortrag, den sie 1931 vor den Mitgliedern einer Frauenorganisation hielt, hat Woolf ihre eigene Privilegiertheit mit ironischer Offenheit einbekannt, am Beispiel ihres ersten selbstverdienten Geldes – ein Pfund, zehn Schillinge und sechs Pence, die sie für einen Zeitungsartikel bekam: «Um Ihnen zu zeigen, wie wenig ich eine arbeitende Frau genannt werden kann, wie wenig ich von den Mühen und Schwierigkeiten solcher Biographien weiß, muss ich zugeben, dass ich, statt diesen Betrag für Brot und Butter auszugeben, für Miete, Schuhe und Strümpfe oder für die Fleischerrechnung, losgegangen bin und eine Katze gekauft habe – eine schöne Katze, eine Persianerkatze, die mich sehr bald in bittere Auseinandersetzungen mit meinen Nachbarn verwickelt hat.»

Doch so bevorzugt und äußerlich sorgenfrei Virginia Woolf auch war: Sie blieb den Einschränkungen unterworfen, denen eine Frau in ihrer Zeit ausgesetzt war – jede Frau, auch eine aus der Mittel- oder Oberschicht. Während ihre Brüder exklusive Internate und später die Universität Cambridge besuchten, bekamen sie und ihre Schwester ihre Bildung zu Hause. Als sie längst eine etablierte Autorin war, musste sie sich noch von einem Rezensenten dazu gratulieren lassen, dass sie in ihren Romanen «die Grenzen ihres Geschlechts» einhalte, also offenbar eine bescheidene Damenliteratur produziere. Selbst die Berufswahl «Schriftstellerin» zeigte bereits die engen Grenzen, in die weibliche Lebensläufe eingeschlossen waren. Literatur, stellte Woolf im eben zitierten Vortrag über «Berufe für Frauen» fest, war seit dem 19. Jahrhundert eine leidlich akzeptierte Tätigkeit für künstlerisch interessierte Mädchen. «Daher standen mir, als ich zu schreiben anfing, sehr wenige materielle Hindernisse im Weg. Zu schreiben war eine respektable und harmlose Beschäftigung. Der Familienfrieden wurde durch das Kratzen eines Federhalters nicht gebrochen. Kein Anspruch an das Familienbudget wurde erhoben ... Klaviere und Modelle, Paris, Wien und Berlin, Lehrerinnen und Lehrer sind für eine Autorin nicht erforderlich. Dass Schreibpapier so billig ist, das ist natürlich der Grund dafür, dass Frauen als Schriftstellerinnen erfolgreich waren, bevor sie in anderen Berufen Erfolg hatten.»

Aus dieser außerordentlichen Position zwischen Exklusivität und Gängelung heraus hat Virginia Woolf 1929 den Essay «Ein Zimmer für sich allein» publiziert – ein Buch, das für die Geschlechterbeziehungen so fundamental erhellend ist wie das «Manifest der Kommunistischen Partei» von Marx und Engels für den Klassenkonflikt zwischen Kapital und Arbeit. Der Titel verrät einen erstaunlich robusten, fast materialistischen Realismus: Ein Zimmer für sich allein und ein Einkommen von fünfhundert Pfund Sterling pro Jahr sind laut Woolf die Voraussetzung dafür, dass eine Frau ihre eigenen Fähigkeiten entwickeln und ein selbstbestimmtes, schöpferisches Leben führen kann. Gleichzeitig ist dies das Buch einer Dichterin: Zur Illustration ihrer These stellt Woolf sich vor, William Shakespeare habe eine Schwester gehabt, Judith, poetisch genauso begabt wie ihr Bruder, mit der gleichen Leidenschaft für das Drama, nur eben ein Mädchen in der patriarchalischen Gesellschaft des 16. Jahrhunderts.

Was wäre aus ihr geworden? Ihre Eltern hätten sie von

den Büchern weggeholt, ihr das Schreiben verboten, sie an einen Wollhändler aus der Nachbarschaft verheiraten wollen. Sie hätte in einer Sommernacht ein kleines Bündel mit ihren Sachen gepackt, sich an einem Seil aus dem Fenster hinuntergelassen und zu Fuß nach London aufgemacht. Sie wäre am Bühneneingang ausgelacht worden für ihren Wunsch, es mit dem Theater zu probieren – im England der Shakespearezeit wurden alle Frauenrollen von Jungen, von männlichen Teenagern, gespielt. Hätte sie auch nur in einer Kneipe zu Abend essen oder um Mitternacht durch die Straßen ziehen können, wohin ihre Neugier auf Charaktere und Situationen sie zog? Irgendein schmieriger Schauspieltruppen-Manager wäre ihr Beschützer geworden: «Sie fand sich von diesem Herrn geschwängert, und so – wer kann die Hitze und Gewalt eines Dichterherzens ermessen, wenn es in einem weiblichen Körper gefangen und verstrickt ist? – hat sie sich eines Nachts im Winter selbst umgebracht und liegt begraben an irgendeiner Kreuzung, wo jetzt die Omnibusse halten.»

Wenn jemand fragt, was Feminismus ist: Seit 1929, seit Virginia Woolfs Essay «Ein Zimmer für sich allein», kann man eine sehr einfache Antwort darauf geben. Feminismus ist das Streben nach einer Welt, in der Judith und William Shakespeare gleichberechtigt sind, einer Welt, in der die Schwester dieselbe Chance wie der Bruder hat – Shakespeare zu werden. Woolf selbst sagt es schöner, wieder in einem Akt poetischer Imagination: Wenn Frauen wirtschaftlich, intellektuell und moralisch selbständig werden, wenn sie aufhören, sich immer nur auf Männer zu beziehen, und anfangen, sich mit der gesamten Wirklichkeit auseinanderzusetzen – dann wird der Augenblick kommen, «und die tote Dichterin, die Shakespeares Schwester war, wird den Leib annehmen, den sie so oft niedergelegt hat. Sie wird ihr Leben aus den Leben der Unbekannten ziehen, die ihr vorangegangen sind, wie ihr Bruder es vor ihr getan hat, und wird geboren werden. Dass sie ohne diese Vorbereitung kommt, ohne diese Anstrengung auf unserer Seite, ohne die Entschlossenheit, dass sie, wenn sie wieder geboren wird, es möglich finden wird, zu leben und ihre Dichtung zu schreiben – das können wir nicht erwarten, das ist unmöglich. Aber ich behaupte, dass sie kommen würde, wenn wir für sie arbeiteten, und dass diese Arbeit, auch in Armut und Ruhmlosigkeit, der Mühe wert ist.»

«Ein Zimmer für sich allein» ist nicht einfach eine Polemik gegen die traditionelle Entmündigung der Frau und ein Plädoyer für die Ausweitung ihrer Rechte. Das wäre nicht so ungewöhnlich, dafür gibt es andere Beispiele seit dem späten 18. Jahrhundert. Mein liberaler Lieblingsphilosoph John Stuart Mill hat, wie im Kapitel «Staatsbürgerkunde» erwähnt, ein für seine Zeit provozierend kühnes Buch mit dieser Botschaft verfasst («Über die Unterdrückung der Frauen», 1869). Das Besondere bei Virginia Woolf ist die ironische Anstrengungslosigkeit und Souveränität, mit der sie die ganze männerdominierte Kultur und Gesellschaft durchschaut, samt der seelischen Dynamik, die ihr zugrunde liegt. Die Einsicht in die Natur des Patriarchats ist es, die ihren Text bis heute aktuell macht, auch wenn sich der soziale Status des weiblichen Geschlechts längst dramatisch verbessert hat. Wenn ein Mann sich gegen den Feminismus wehrt, so Woolf, dann steckt darin «ein Protest gegen eine

Beeinträchtigung seiner Fähigkeit, an sich selbst zu glauben. Frauen haben in all diesen Jahrhunderten als Spiegel gedient, mit der magischen und köstlichen Fähigkeit, die männliche Gestalt in doppelter Größe zu reflektieren.» Die gesamte bisherige Geschichte, alles Erobern, Herrschen und Führen, hängt an der Gewissheit, überlegen zu sein, und nur die Unterlegenheit der Frau garantiert dieses Superioritätsbewusstsein. «Wie kann er», schreibt Woolf über den Mann, «weiterhin zu Gericht sitzen, Eingeborene zivilisieren, Gesetze verabschieden, bei Festbanketten herausgeputzt Reden halten, es sei denn, er kann sich selbst beim Frühstück und beim Abendessen mindestens doppelt so groß sehen, wie er wirklich ist?» Sie weist darauf hin, dass der italienische Faschistenführer Benito Mussolini besonders nachdrücklich auf der Minderwertigkeit der Frau besteht. Das war 1929 der Inbegriff des «starken Mannes» in Europa. Man könnte genauso gut die Namen der heutigen maskulinen Machtpolitiker einsetzen.

Einer der meistdiskutierten, im Netz sofort global verbreiteten feministischen Texte der vergangenen Jahre war 2008 ein kurzer Essay von Rebecca Solnit, «Wenn Männer mir die Welt erklären», mit dem die Autorin das Phänomen des «mansplaining» notorisch gemacht hat: die automatische männliche Wissens- und Belehrungsanmaßung, selbst wenn der Dozierende über einen Gegenstand redet, zu dem die von ihm angepredigte Frau eine ausgewiesene Expertin ist. Dass das Patriarchat vor allem in Diskursherrschaft besteht, in einer Lufthoheit über die Gesprächslandschaft, nicht bloß in Fremdbestimmung, sondern mindestens genauso in Fremddeutung – exakt dieses Phänomen hat Virginia Woolf bereits gesehen und beschrieben. Einer Frau, so erklärt sie es, wird ihr Dasein unablässig von außen vorinterpretiert, ihr liegt ihr Leben lang eine männliche Stimme im Ohr, «diese unentwegte Stimme, bald grollend, bald gönnerhaft, bald herrisch, bald betrübt, bald schockiert, bald zornig, bald onkelhaft, diese Simme, die Frauen nicht in Ruhe lassen kann, sondern sich ihnen immer aufdrängt, wie eine übereifrige Gouvernante». Für diese Stimme, für die «dauernden Ermahnungen des ewigen Pädagogen» taub zu werden, ihnen nicht zu folgen, aber gegen sie auch nicht mehr anzureden, sondern sie einfach zu ignorieren, sie gar nicht mehr zu hören – das bedeutet nach dem Verständnis von Virginia Woolf weibliche Selbstbefreiung.

Sie hat dabei eine Idee entwickelt, die erst heute, wo der fließende, unbestimmte oder bewegliche Charakter von Geschlechtsidentitäten («gender») sich herumspricht, wo Trans- und Intersexualität kein Tabu mehr sind, so richtig begriffen werden kann. Es ist die Idee der Androgynie, der «Mannweiblichkeit» oder «Weibmännlichkeit». Androgynie prägt den schon erwähnten Roman «Orlando», der aus derselben Zeit und demselben Ideenkreis stammt wie der «Zimmer»-Essay. Das Buch erzählt die Geschichte eines jungen Hocharistokraten (von fast weiblicher Anmut), dessen Biographie im England von Shakespeare und Königin Elisabeth I. beginnt, sich dann aber über eine normale Lebenszeit hinaus ausdehnt und durch die Jahrhunderte forterstreckt, bis in die Gegenwart des Erscheinungsjahrs 1928 – mit der besonderen Wendung, dass Orlando irgendwann im späten 17. Jahrhundert, in der Regierungszeit von König Karl II., dem er als Botschafter am Hof des türkischen Sultans in

Konstantinopel dient, aus einem mehrtägigen, tranceartigen Schlaf erwacht und feststellt, dass er eine Frau geworden ist (von fast männlicher Kraft).

«Orlando» ist ein stimmungsmäßig leichtes, verspieltes Buch, vielleicht der zugänglichste, für Einsteiger am besten geeignete Virginia-Woolf-Roman. Aber mit der Androgynie meint es die Autorin durchaus ernst, darin steckt eine ganze Philosophie vom Menschen. In jedem Mann, so Woolf, gibt es ein feminines, in jeder Frau ein maskulines Element. Diese andere Seite zu unterdrücken, eine eindeutige, zweifelsfreie Geschlechtlichkeit zu erzwingen, führt zu Sterilität und Beschränktheit: «Es ist fatal, rein und einfach bloß Mann oder Frau zu sein; man muss weibmännlich oder mannweiblich sein», wenn man fruchtbar, schöpferisch sein will. Shakespeare, sagt Woolf, war androgyn; sie hätte es auch über Mozart oder Goethe sagen können oder über den italienischen Renaissancemaler Raffael. Man steht vor deren weiblichen Geschöpfen und fragt sich: Wie konnte ein Mann das wissen, wie konnte er in diese Seele, in dieses Leben so tief hineinschlüpfen? Die allergrößten Künstler sind ihren Frauengestalten genauso nahe, sie geben ihnen nicht weniger von sich selbst mit als ihren Männerfiguren. Sie sind, in der Bildwelt des «Zimmers für sich allein» geredet, zugleich ihre eigenen Schwestern.

Man kann sich fragen, siehe Virginia Woolfs Persianerkatze und die dreihundertfünfundsechzig Zimmer im Familienschloss ihrer Freundin, was solche feinsinnigen Spekulationen für politische Relevanz besitzen, was sie noch mit den Problemen normaler Frauen und mit der alltäglichen Auseinandersetzung um Gerechtigkeit zu tun haben. Aber das wäre ein sehr enges Verständnis von Relevanz; es würde übersehen, dass Fortschritt nicht nur den Kampf braucht, sondern auch den Traum. Das ist gerade das Besondere an Virginia Woolfs Feminismus: dass sie über den Geschlechterkonflikt hinausblickt, in eine sexuell und rollenmäßig weniger reglementierte und schubladisierte Welt. Auch das ist Emanzipation; um frei zu sein, muss man sich nicht nur von Fesseln und Ohnmacht befreien, sondern auch von Denk- und Phantasieblockaden. Daher hat die komplizierte Avantgardekünstlerin und Boheme-Aristokratin Virginia Woolf mit vollem Recht ihren Platz unter den Klassikern des revolutionären Bewusstseins.

Wenn der politische Wert von ästhetischen oder intellektuellen Raritäten à la Woolf bezweifelt wird, muss ich immer an eine Episode aus der ersten Hälfte des 19. Jahrhunderts denken. Der Journalist und Schriftsteller Ludwig Börne war damals in Deutschland der Prototyp des engagierten Literaten, ein unermüdlicher Streiter gegen Fürstenwillkür und für die liberale und demokratische Sache, der die Idee einer «reinen», von den Zeitproblemen abgewandten Kunst entschieden missbilligte. Der Dichter Jean Paul dagegen war ein Erzromantiker, der Autor von verschlungenen, ausufernden, märchenblühenden Romanen, denen schwerlich Parolen und Rezepte zu drängenden gesellschaftlichen Themen zu entnehmen waren. Man braucht nur die Titel seiner Bücher oder von einzelnen Kapiteln zu lesen, barock verschnörkelte Sprachtürschilder wie «Des Luftschiffers Gianozzo Seebuch» oder «Rede des toten Christus vom Weltgebäude herab, dass kein Gott sei» oder «Zirkelbrief des vermutlichen katechetischen Professors Attila Schmelzle an seine Freunde» – und man weiß sofort, dass hier keine praktischen Handreichungen für Reform oder Revolution geboten werden.

Nichts wäre natürlicher gewesen, als dass der Freiheitsleitartikler Börne den Weltenträumer und Einbildungskünstler Jean Paul abgelehnt oder wenigstens ignoriert hätte. Aber ganz im Gegenteil: Er hat ihn geliebt. Im Dezember 1825, nach Jean Pauls Tod, hat Börne in Frankfurt auf ihn eine «Denkrede» gehalten, in der er dem romantischen Prosadichter nicht nur bescheinigt, ein Feind der Unterdrückung und Freund der kleinen Leute gewesen zu sein. Vor allem erklärt er, dass die Politik, der Einsatz für progressive Ideen, nicht das Einzige und vielleicht nicht einmal das Wichtigste ist, was man zur Emanzipation des Menschen, zum Triumph der Humanität, tun kann. Nicht nur die Tyrannei und Bevormundung, auch die seelische Verkümmerung muss aufhören, wenn die Unmenschlichkeit ein Ende haben soll; und der Protest gegen emotionale Enge ist noch schwieriger und seltener als der Widerstand gegen Diktatur oder Zensur. «Für die Freiheit des Denkens», sagt Börne, «kämpfte Jean Paul mit andern; im Kampfe für die Freiheit des Fühlens steht er allein.» Der «linke» Politschriftsteller hatte die Größe, die Menschheitsmission des kindsköpfig himmelserkletternden Poeten zu erkennen und sich davor zu verneigen. Kämpfer und Kämpferinnen für die Freiheit des Fühlens: Das ist die Gesellschaft, in die Virginia Woolf gehört. Und letztlich vielleicht auch Rosa Luxemburg.

Die Gefahr bei der Suche nach «anderen» Klassikern, nach Meisterwerken der Opposition und des Außenseitertums, ist die Quotenhaftigkeit, das Syndrom von Wiedergutmachung und Trostpreis: Jahrhundertelang benachteiligte Gruppen und Minderheiten, vom Westen unterdrückte oder ignorierte Weltregionen sollen im Bildungskanon endlich auch vertreten sein, daher bekommen ihre Vertreter postum virtuelle Orden angeheftet und imaginäre Ehrendoktorhüte aufgesetzt – aber man nimmt sie nicht wirklich ernst.

Bevor ich nach Indien zog, war Gandhi, der Vater der indischen Unabhängigkeit, so ein Fall für mich: ein hochrespektabler, sogar verehrungswürdiger, aber gänzlich uninteressanter Friedlichkeitsurgroßonkel. Ich wusste, dass er mit seinen gewaltlosen Protesten in den 1930er und 1940er Jahren die britische Kolonialmacht nach zweihundertjähriger Fremdherrschaft aus dem Land getrieben hatte. Gandhi war für seine konsequente Verweigerung von Hass und Militanz zur globalen Pazifismusikone geworden, auch optisch eine sofort erkennbare Marke mit seiner dünnen, lendenschurzbekleideten Figur und der runden Metallbrille (die in Indien heute als unverwechselbares Logo für die regierungsamtliche Kampagne zur Sauberhaltung des Landes verwendet wird, manchmal in der Form von Blumengestecken im Zentrum der Kreisverkehrsinseln im Stadtzentrum von Neu-Delhi). Ich verstand, dass Gandhi enorme, fast heiligmäßige Bedeutung für viele Bewegungen und Aktivisten besaß, die sich irgendwo auf der Welt gegen weiße Dominanz und weißen Rassismus wehrten, von Martin Luther King in den USA bis zu Nelson Mandela, dem unbeugsamen und am Ende siegreichen Gegenspieler der Apartheidpolitik in Südafrika. Aber Gandhis moralische Autorität bedeutete nicht im mindesten, dass ich ihn für geistig oder politisch bedeutsam, für einen wichtigen Gesprächspartner unserer Gegenwart gehalten hätte. Er war einfach ein Denkmal.

Das änderte sich erst im Haus meines Freundes Aseem Shrivastava in Delhi. Bei Aseem zu Besuch zu sein, ist schon an sich ein kulturelles Erlebnis, sein Wohnzimmer wirkt wie ein kleines Privatmuseum indischer und asiatischer Kunst, und wenn er für seine Gäste kocht, hat man das schmeichelhafte Gefühl, der Adressat einer mit priesterlicher Sorgfalt zelebrierten, ehrenvollen Zeremonie zu sein. Außerdem ist Aseem ein überaus scharfsinniger Kopf: ein in den USA ausgebildeter Ökonom, mit allen Wassern der deutschen Philosophie gewaschen, und einer der führenden ökologischen Denker seines eigenen Landes. Das bisschen Bildung in indischer Zivilisation und Ideenwelt, das ich aus fünf Jahren in Delhi mitbringen konnte, habe ich zu einem großen Teil ihm zu verdanken. Er war, wie man in Indien in ganz nüchterner, keineswegs automatisch religiöser Bedeutung sagt, in diesen Dingen mein Guru, mein Lehrer.

Aseem hat mir bei meinen Besuchen in seinem häuslichen Geistesreich einen ganz anderen Gandhi beigebracht als den langweiligen vorbildlichen Sanftmutsapostel, den ich mir bisher vorgestellt hatte. Mein Freund verblüffte mich mit der Behauptung, dass er heute intellektuell ganz anders dastehen würde, wenn er als junger Mann nicht Marx studiert hätte, sondern eine Schrift mit dem Titel «Hind Swaraj» («Indische Selbstregierung»), in der Gandhi 1909 seine Lebens- und Sozialphilosophie dargelegt hat. Und wirklich, wenn man «Hind Swaraj» liest, findet man kein Monument eines längst vergangenen nationalen Befreiungskampfes.

Auch nicht einfach die spirituellen Weisheitslehren eines religiösen Asketen. Sondern ein provozierend radikalökologisches Gesellschaftskonzept. Vor mehr als hundert Jahren entwickelte Gandhi das Programm einer umweltfreundlichen Basisdemokratie. In «Hind Swaraj» redet ein Mann, der nicht bloß das britische Kolonialregime loswerden und den Imperialismus überwinden will. Er lehnt vielmehr die ganze Brutalmoderne der Großstaaten und der industriellen Massenproduktion als ein irregeleitetes, seelen- und naturzerstörendes Projekt ab. Das freie Indien, auf das er hofft, soll kein zentralisiertes Machtgebilde sein, sondern eine lockere Assoziation von Dorfrepubliken mit einer lokalisierten, wohnortnahen Wirtschaftsweise.

Dabei geht es nicht ohne einige grotesk reaktionäre Statements ab: Die Eisenbahnen etwa verdammt Gandhi, weil sich ihretwegen angeblich ansteckende Krankheiten schneller verbreiten. Die neuzeitliche Medizin passt ihm nicht, weil sie den Menschen die schädlichen Folgen ihrer Laster wegtherapiert, statt ihnen durch Leiden Gelegenheit und Anreiz zu moralischer Besserung zu geben. Doch selbst in solchen Provokationen ist Gandhi nie einfach ein blinder Nostalgiker, immer besitzt er einen scharfen Blick für die wirklich faulen Stellen der modernen Zivilisation, für ihre Widersprüche, Inkonsequenzen und Heucheleien, für die Barbarei im Kellergeschoss des Fortschrittspalasts. Lange bevor solche Einsichten sich in weiteren Kreisen verbreiteten, hat Gandhi etwa gesehen, dass zur Bilanz unserer Heilkunst nicht nur die Menschenleben gehören, die sie rettet, sondern auch die Tiere, die in ihren Versuchslaboren ausgenutzt und verbraucht werden.

Aseem jedenfalls brauchte bei meinen Besuchen nur aus dem Fenster in Richtung der nächsten großen Straße zu zeigen, auf die Blechhölle des chaotischen Autoverkehrs im heutigen Delhi, um die Fragwürdigkeit dieser Art Modernisierung und die Aktualität von Gandhis Gegenentwurf zu illustrieren. Indien hat, wie die übrigen vom Kolonialismus befreiten «Entwicklungsländer», die Mäßigungsappelle seines Gründervaters weitgehend ignoriert. Man kann nicht sagen, dass das Ergebnis ein ungemischtes Glück wäre.

Anders als mein Freund habe ich starke Zweifel, ob die Ideen von «Hind Swaraj» wirklich eine brauchbare Alternative, ob sie tatsächlich Rezepte für eine bessere Welt sein können. Meinem persönlichen Geschmack entspricht Gandhis Entsagungsphilosophie nicht. Ich glaube in der Tiefe meines Herzens immer noch an Fortschritt und Aufklärung. Aber in Gandhi und anderen Kritikern des westlichen Daseinsmodells nur Quotenklassiker zu sehen, denen man aus neuerdings gebotenem multikulturellem Pflichtrespekt einen Platz im zeitgenössischen Gedankenkosmos einräumt, ohne von ihnen echte Einsichten zu erwarten – das habe ich mir abgewöhnt. Und ich bin mir ziemlich sicher, dass das ein Bildungsgewinn ist.

11. Erinnerung:
WAS DEM LEBEN WAHRE TIEFE GIBT

Einer meiner liebsten Plätze in Berlin ist der Dorotheenstädtische Friedhof. Er liegt im Stadtteil Mitte, dem Touristen- und Ausgehviertel, etwa eine Viertelstunde zu Fuß vom Bahnhof Friedrichstraße entfernt. Man biegt von der Chausseestraße auf einen Kiesweg ein, entlang der Brandmauer eines Hauses, in dem von 1953 bis 1956 der Dichter Bertolt Brecht gewohnt hat, und nach ein paar Schritten ist man da. Es beginnt ein Spaziergang im Totenreich des deutschen Geistes, zwischen den Gräbern von Schriftstellern, Denkern, Gelehrten und Theaterleuten. Brecht ist hier beigesetzt, die Romanciers Anna Seghers und Heinrich Mann, die idealistischen Philosophen Hegel und Fichte aus der großen Kulturepoche Preußens zu Anfang des 19. Jahrhunderts, der Architekt Schinkel und der Industriellenpatriarch Borsig, der Dramatiker Heiner Müller und die Regisseurin Ruth Berghaus. Ein ehemaliger Bundespräsident ist auch auf dem Friedhof bestattet, er fällt aber nicht weiter auf.

Der Musiker und Lyriker Wolf Biermann hat über den Dorotheenstädtischen Friedhof ein Lied geschrieben. Es erzählt, wie der Sänger mit seiner Liebsten über die klassische Begräbnisstätte bummelt:

> Wir gehn manchmal zwanzig Minuten
> Die Mittagszeit nicht zu verliern
> Zum Friedhof der Hugenotten

Gleich hier ums Eck spaziern
Da duftet und zwitschert es mitten
Im Häusermeer blüht es. Und nach
Paar wohlvertrauten Schritten
Hörst du keinen Straßenkrach

Wir hakeln uns Hand in Hand ein
Und schlendern zu Brecht seinem Grab
Aus grauem Granit da, sein Grabstein
Passt grade für Brecht nicht schlecht
Und neben ihm liegt Helene
Die große Weigel ruht aus
Von all dem Theaterspielen
Und Kochen und Waschen zu Haus
Dann freun wir uns und gehen weiter
Und denken noch beim Küssegeben:
Wie nah sind uns manche Tote, doch
Wie tot sind uns manche, die leben

Wir treffen das uralte Weiblein
Das harkt da und pflanzt da und macht
Und sieht sie uns beide kommen
Dann winkt sie uns ran und lacht
Die Alte erzählt uns von Achtzehn
Novemberrevolution:
«Hier schossen sich Spartakisten
Mit Kaiserlichen, die flohn!

Karl Liebknecht und Luxemburg Rosa
– so muss es den Menschen ja gehn! –

lebendig und totgeschlagen
Hab ich sie noch beide gesehn!
Als ich noch ein junges Ding war
– ich bin ja schon viel zu alt! –
Von hier bis zur Friedrichstraße
War alles noch dichter Wald!»
Dann freun wir uns und gehen weiter …

Da liegt allerhand große Leute
Und liegen auch viel kleine Leut
Da stehn riesengroße Platanen
Dass es die Augen freut
Wir gehn auch mal rüber zu Hegel
Und besuchen dann dicht dabei
Hanns Eisler, Wolf Langhoff. John Heartfield
Wohnt gleich in der Nachbarreih'

Von Becher kannst du da lesen
Ein ganzes Gedicht schön in Stein
Der hübsche Stein da aus Sandstein
Ich glaub, der wird haltbarer sein
Die Sonne steht steil in den Büschen
Die Spatzen jagen sich wild
Wir halten uns fest und tanzen
Durch dieses grüne Bild
Dann freun wir uns und gehen weiter …

Der Spaziergang ist ein Besuch auf dem Olymp des deutschen Sozialismus und seiner Kulturelite: vom Denker Hegel, der zwar selbst ein Konservativer war, aber Karl Marx die Dialektik beibrachte, bis zu den linken Kunstikonen des 20. Jahrhunderts wie dem Komponisten Hanns Eisler, dem Theatermann Wolfgang Langhoff und dem Fotomontagen- und Plakatemacher John Heartfield. «Becher», die Hauptfigur der letzten Strophe, die mit spürbarer Ironie behandelt wird, ist Johannes R. Becher, der erste Kulturminister der DDR – ein ehemals expressionistischer Lyriker, der sich in seinen späten Jahren in einen parteikommunistisch systemtreuen Möchtegernklassiker verwandelt hatte und den Biermann offenbar von Herzen verachtete.

Mit der offiziellen Kultur und Politik seines Landes nämlich war Wolf Biermann Ende der 1960er Jahre, als er das Lied schrieb, komplett überworfen. Er lebte als verfemter Oppositioneller in der kommunistischen DDR. Faktisch hatte er Auftrittsverbot; für einen Musiker, der sein Live-Publikum braucht, eine erstickende, die künstlerische Lebensluft abschnürende Strafmaßnahme. Biermann war ein «Dissident», der gegen die bürokratische Parteidiktatur rebellierte, aber er war ein Linker, er war Marxist: Er griff das Regime nicht an, weil es sozialistisch gewesen wäre, sondern weil es in seinen Augen in Wahrheit gerade nicht sozialistisch war, weil es die Ideale der Arbeiterbewegung und die Ideen von Marx und Engels verraten hatte. Diese Art Kritiker, die das System an seinen eigenen Ansprüchen maßen und seine Legitimität von innen in Frage stellten, fürchtete der DDR-Staat am meisten – und er verfolgte sie besonders unnachsichtig.

Das ist der Hintergrund für den Friedhofsspaziergang. Im Mittagspausenidyll steckt eine politische Provokation: Der Dissident holt sich bei den großen Toten ideologische

Unterstützung. Hegel ist sakrosankt als Lehrmeister des Partei-Stammvaters Marx. Brecht, Hanns Eisler und John Heartfield sind kommunistische, vom Staat offiziell geehrte Intellektuelle. Indem Biermann ihnen seine Reverenz erweist, nimmt er ihre Autorität für sich in Anspruch und stellt sich in ihre Tradition. Er, lautet die Botschaft, ist der wirkliche Sozialist, nicht die verknöcherten Funktionäre im Zentralkomitee und im Politbüro der SED, der «Sozialistischen Einheitspartei Deutschlands». Für ihn sind die Heroen der Vergangenheit Familie, sie waren zu ihrer Zeit den dogmatischen Spießern genauso verdächtig, wie er es heute ist, und wenn sie ins Leben zurückkämen, würden sie den widerspenstigen Sänger zu ihrem Erben erklären und nicht den Generalsekretär der SED.

Biermanns Lied über den Friedhofsspaziergang der Liebenden und ihre Verbrüderung und Verschwisterung mit den großen Toten ist ein Hymnus auf die Seelenverwandtschaft über die Zeiten hinweg. Auf einen unsichtbaren Zusammenhang, der aus Vorfahren Vorgänger macht und aus Nachgeborenen Nachfolger. Auf die Kraft, die man aus der Erinnerung an das Gestern und manchmal noch mehr an das Vorgestern schöpfen kann. Das Vergangene ist eine Quelle von Inspiration, der Maßstab für Urteile über das Hier und Jetzt; es verleiht innere Unabhängigkeit von den herrschenden Mächten und Stimmungen; es versetzt uns in verlässlich gute Gesellschaft: «Wie nah sind uns manche Tote, doch / Wie tot sind uns manche, die leben».

Wolf Biermanns marxistische Weltanschauung (von der er sich später entfernt hat) ist nicht meine. Aber sein Geschichtsgefühl kenne ich genau. Ich liebe solche Friedhofsspaziergänge auch. Ein Platz wie der «Cimitero acattolico» an der alten Stadtmauer Roms, wo frühere Italienreisende wie die romantischen englischen Dichter Percy Bysshe Shelley und John Keats beigesetzt sind, ist nicht bloß eine idyllische Parklandschaft mitten im Großstadtlärm. Er erinnert daran, dass vor uns Heutigen schon viele Generationen von der «ewigen Stadt» angezogen wurden. Dass das Fernweh nach Schönheit und Größe nicht vom Erdboden verschwindet. Dass ein Rombesucher nicht einfach ein Tourist ist, sondern Teil eines langen, nie abreißenden kulturellen Pilgerzuges. Man könnte meinen, dass so ein Friedhof das Ende von etwas darstellt. Aber es ist genau umgekehrt: Er bedeutet, dass die Sache weitergeht, immer weiter.

«Die Vergangenheit», hat der amerikanische Romancier William Faulkner geschrieben, «ist niemals tot. Sie ist nicht einmal vergangen.» Es steht mit ihr so ähnlich wie mit dem Ausgedachten und Erfundenen, von dem im zweiten Kapitel die Rede war. Auch da ließ sich denken, dass eine imaginäre Wirklichkeit nichts zählt und nur die beweisbare, belastbare Realität Bedeutung hat und die Mühe des Studiums lohnt. Doch es ist anders: Die Phantasie schafft ihr eigenes Universum, und das Interesse an fiktiven Welten macht einen wesentlichen, unentbehrlichen Teil der Bildung aus.

Genauso ist es mit den vergangenen Welten. Die Floskel «It's history», im Sinne von: «Das ist erledigt, das kann man vergessen», kommt einem gebildeten Menschen nicht über die Lippen. Gebildete Menschen wissen, dass eine Idee nicht automatisch weniger wahr ist, ein Buch oder ein Kunststil nicht weniger gut, weil sie zwanzig, zweihundert oder sogar zweitausend Jahre alt sind. Sie sind vielleicht nicht einmal weniger aktuell. Die britische Schriftstellerin Naomi Alderman, die im Nebenberuf Videospiele entwirft, hat sich einmal über Kreative in der Digitalindustrie lustig gemacht, die in Workshops und Kolloquien länglich die Frage diskutieren, ob es für das «Storytelling» bestimmte organisierende Muster oder Strukturprinzipien gibt – ohne offenbar jemals von Aristoteles' «Poetik» gehört zu haben, die schon vor mehr als zweitausendfünfhundert Jahren genau solche Handlungs- und Erzählschemata identifiziert hat. Die Fixiertheit aufs Jetzt ist eine schwere Verblödungsgefahr. Wann immer jemand selbstverständlich behauptet, dass etwas Vergangenes «heute nicht mehr» interessant sei, muss man gleich misstrauisch und bockig werden. Nicht weil die Vergangenheit unbedingt so großartig gewesen wäre. Sondern weil das Heute in Wahrheit keine besonders eindrucksvolle Autorität und schon gar nicht die letzte Instanz ist. Bildung bedeutet Protest gegen eine naive und intolerante Gegenwartsdiktatur.

Der englische Schriftsteller Gilbert Keith Chesterton, der Schöpfer des kleinen, rundlichen Detektivs Pater Brown, hat die Kirche, also die Institution, von der man das normalerweise am wenigsten denken würde, einmal als eine besonders perfekte Demokratie beschrieben. Seine Begründung: weil in ihr nicht nur die Lebenden, sondern auch die Toten Stimmrecht haben. Denn was das christliche Credo ausmacht, das kann die Jetztzeit nicht für sich allein entscheiden, sie muss Rücksicht nehmen auf die Offenbarungen und Bekenntnisse früherer Epochen. Auf die Bibel, die Jahrtausende zurückreicht, und auf Heilige, Theologen und

Gläubige, die über die ganze Geschichte verstreut sind und allesamt voll entscheidungsberechtigte Anteilseigner am Gesamtunternehmen Christentum. Eine solche überzeitliche Demokratie, in der man nicht einfach deshalb zum Schweigen verurteilt ist, weil man der Vergangenheit angehört, ist auch die Welt der Bildung.

Sie ist deswegen keineswegs automatisch konservativ. Beim Stichwort «Tradition» denken wir instinktiv an stehengebliebene Zeit, kleinbürgerlich oder (pseudo-)aristokratisch, Schützenverein oder «Downton Abbey». An Krawattenzwang im Herrenclub und an Religionsnostalgiker, die ihre katholische Messe auf Latein feiern wollen. Aber auch Protestler und Revolutionäre brauchen Gedächtnis und kollektive Erinnerung. Aus den Ungerechtigkeiten und aus dem Aufbegehren in der Vergangenheit kommen ihre Motivation und ihre Hoffnung für die Zukunft. Feministinnen, Gewerkschaftler und Sozialisten, afroamerikanische Bürgerrechtler, Schwulen- und LesbenaktivistInnen – für sie alle hat die Historie ihrer Bewegungen enorme Bedeutung. Es ist nicht der Fortschritt, zu dem das Geschichtsbewusstsein im Gegensatz steht. Es ist die Vergesslichkeit.

Über die progressive Kraft der Erinnerung habe ich im Frühjahr 2015 etwas von einer Gruppe indischer Analphabeten gelernt. Meine Frau und ich waren von der Filmemacherin Taran Khan zu einer Veranstaltung eingeladen worden, die dem Andenken ihres Vaters gelten sollte. Iqbal Ghani Khan war Historiker und Dozent an der Muslimischen Universität Aligarh gewesen, der ältesten, noch aus dem 19. Jahrhundert stammenden islamisch geprägten Hochschule Indiens. Sie liegt gut drei Fahrstunden mit dem Auto von Delhi entfernt auf einem Campus, der einer märchenhaften Phantasiekulisse gleicht: halb Oxford, halb Tausendundeine Nacht. Neben seiner Lehrtätigkeit hier hatte Khan sich besonders für die sozialen Belange der Rikschafahrer eingesetzt, die in Aligarh die Studenten recht herrschaftlich-feudal zwischen den Wohnheimen, Seminarräumen und Bibliotheken hin und her transportieren. Khan hatte ihre wenig effektive Gewerkschaft neu organisiert, er hatte den Fahrern moderne, wirksame Protestformen beigebracht und ihnen gegen korrupte Polizisten und arrogante Studenten beigestanden. 2003 war er durch einen bis heute unaufgeklärten Mord ums Leben gekommen. Seine Tochter hat zu Ehren ihres Vaters eine Stiftung gegründet, die sich vor allem für die Schulbildung armer Kinder einsetzt. Außerdem richtet der «IG Khan Memorial Trust» einmal im Jahr eine Art Gedenktagung aus. In diesem März 2015 lautete das Thema: «Warum sich erinnern?»

Die Familie Khan, ihre Freunde und die Referenten hatten sich morgens zum Frühstück in Tarans Elternhaus versammelt, einem verwunschenen klassizistischen Bungalow aus der britischen Kolonialepoche, mit einer Halle, die wie das Bühnenbild einer Tschechow-Inszenierung aussieht, und einer großen, von Säulen eingefassten Terrasse, die fließend in das Dschungelgrün des Gartens übergeht. Den Festvortrag am Vormittag hielt eine bekannte Anwältin an Indiens Oberstem Gerichtshof, über Menschenrechtsverletzungen gegen Frauen, Angehörige der unteren Kasten und religiöse Minderheiten. Am Nachmittag gab es dazu eine Podiumsdiskussion. Wir saßen im Freien, auf dem Rasen zwischen den Universitätsgebäuden waren Stühle aufgestellt worden, es war wie eine akademische Gartenparty. Als ich mich freilich umdrehte, bemerkte ich in den hinteren Reihen einige Männer, die nicht ins Bild passten. Sie waren kleiner, dunkler und dünner als das übrige Publikum, statt Jeans oder hellen Baumwollhosen trugen sie strapazierte und nicht ganz saubere Arbeitskleidung. Es waren die Rikschafahrer, für die Iqbal Ghani Khan sich bis zu seinem Tod engagiert hatte.

Sie konnten kaum ein Wort verstehen, das auf dem Podium gesprochen wurde – die Diskussion fand auf Englisch statt, in der Bildungssprache des indischen Bürgertums, und die meisten sehr einfachen Leute im Land haben nicht einmal passabel Lesen und Schreiben gelernt, geschweige denn, dass sie Englisch könnten. Aber diese Rikschafahrer waren trotzdem gekommen und hielten stoisch bis zum Schluss der Veranstaltung durch. Sie waren sich im Klaren darüber, was sie Khan zu verdanken hatten, und wollten ihm mit ihrer Anwesenheit die Ehre erweisen. Zugleich gaben sie damit ihrem täglichen Kampf um Anerkennung in einer oft brutal ungerechten Gesellschaft eine zusätzliche Dimension: Dieser Kampf war eben nicht bloß «täglich», sondern eine Daueranstrengung, ein Langzeitprojekt, etwas, wofür man Geduld und Gedächtnis braucht.

Das ist der Grund dafür, dass die Geschichte einen besonderen Platz in der Bildung hat. In ihr gedenkt die Menschheit ihrer Niederlagen und Siege: als Quelle von Perspektive und Solidarität. Geschichte bedeutet, dass die Vergangenheit uns nicht allein lässt und dass wir die Zukunft nicht allein lassen dürfen. Sie befreit uns aus der Isolation und aus der Selbstbezogenheit.

Die Rikschafahrer von Aligarh hätten sich auf einen ungewöhnlichen Geschichtsprofessor berufen können, der all das schon vor zweihundertdreißig Jahren in Worte gefasst hat. Friedrich Schiller hatte sich mit dem Skandaldrama «Die Räuber» und anderen Stücken einen Namen als Starautor der Literaturmode «Sturm und Drang» gemacht. Doch mit reiner Schriftstellerei war schwer anständig zu leben, und der junge Dichter, der heiraten wollte, sah sich nach einem respektablen Brotberuf um. Die Universität schien die besten Chancen zu bieten. Zwei von Schillers Dramen behandelten historische Themen, und um seine Reputation auf diesem Gebiet weiter zu stärken, schrieb das ehrgeizige Genie in ziemlicher Eile eine Geschichte des Unabhängigkeitskampfes, mit dem die Niederländer im 17. Jahrhundert die Oberherrschaft des Königreichs Spanien abgeschüttelt hatten. Die strategische Karriereplanung hatte Erfolg: Friedrich Schiller wurde auf eine Professur in Jena berufen, und am 26. und 27. Mai 1789 hielt er seine Antrittsvorlesung über das Thema «Was heißt und zu welchem Ende studiert man Universalgeschichte?». Der Zustrom der Studenten zum ersten Auftritt ihrer neuen akademischen Celebrity war ungeheuer.

Für Schiller ist die Geschichte bei aller Buntheit und allen Konflikten letztlich eine Chronik des Fortschritts, und das verleiht ihr ihren unersetzlichen Wert: als Ansporn und Ermutigung. «Unser sind alle Schätze», erklärt er seinen Zuhörern (Zuhörerinnen waren damals noch nicht darunter) in der rhetorischen Prunksprache eines humanistischen Zeitalters, «unser sind alle Schätze, welche Fleiß und Genie, Vernunft und Erfahrung im langen Alter der Welt endlich heimgebracht haben. Aus der Geschichte erst werden Sie lernen, einen Wert auf die Güter zu legen, denen Gewohnheit und unangefochtener Besitz so gern unsre Dankbarkeit rauben: kostbare teure Güter, an denen das Blut der Besten und Edelsten klebt, die durch die schwere Arbeit so vieler Generationen haben errungen werden müssen! Und welcher unter Ihnen, bei dem sich ein heller Geist mit einem empfindenden Herzen gattet, könnte dieser hohen Verpflichtung eingedenk sein, ohne dass sich ein stiller Wunsch in ihm regte, an das kommende Geschlecht die Schuld zu entrichten, die er dem vergangenen nicht mehr abtragen kann? Ein edles Verlangen muss in uns entglühen, zu dem reichen Vermächtnis von Wahrheit, Sittlichkeit und Freiheit, das wir von der Vorwelt überkamen und reich vermehrt an die Folgewelt wieder abgeben müssen, auch aus *unsern* Mitteln einen Beitrag zu legen und an dieser unvergänglichen Kette, die durch alle Menschengeschlechter sich windet, unser fliehendes Dasein zu befestigen.» Die Geschichte ist das Medium, in dem der Mensch sein Bewusstsein zum Menschheitsbewusstsein erweitert.

Dieser herausgehobene Platz der Geschichte in der Bildung ist freilich nicht unumstritten. Und es sind nicht erst effizienzbesessene Banausen oder zukunftsgläubige Technologiefreaks in unseren Tagen, die den Sinn und Zweck der Beschäftigung mit der Vergangenheit in Frage stellen. Schillers optimistische Vision ist schon viel früher in Zweifel gezogen worden. 1874 veröffentlichte der Philosoph Friedrich Nietzsche einen der einflussreichsten Essays der deutschen Geistesgeschichte. Die Schrift trug den abwägenden Titel «Vom Nutzen und Nachteil der Historie für das Leben» –

aber vom Nachteil war auf diesen Seiten deutlich mehr die Rede als vom Nutzen. Nietzsche hielt die Kultur seiner Zeit für überladen und verstopft mit Wissensplunder. Die Forschung über das Altertum und andere Epochen hatte in seinen Augen so viele Details zusammengetragen, die Schüler und Studenten wurden so mit gelehrten Bedenklichkeiten, Rücksichten und Abwägungen eingeschüchtert, die ganze Gegenwartszivilisation war so überschattet und niedergedrückt von einer übermächtigen Vergangenheit, dass man geistig und seelisch nicht mehr frei atmen konnte. Geschichte, die früher einmal als nützliches Modell für große Taten gedient hatte, war giftig und verderblich geworden, sie hatte die Naivität, das intellektuelle Urvertrauen zerstört, ohne die man nicht schöpferisch sein und letztlich überhaupt nicht existieren kann. «Es gibt», schrieb Nietzsche, «einen Grad von Schlaflosigkeit, von Wiederkäuen, von historischem Sinne, bei dem das Lebendige zu Schaden kommt und zuletzt zugrunde geht, sei es nun ein Mensch oder ein Volk oder eine Kultur.» Nicht das Erinnern, so Nietzsche, müssen wir lernen und üben. Sondern das Vergessen.

In einem wichtigen Punkt hatte der Philosoph recht. Nicht bloß kann eine Zeit zu viel historischen Ballast mit sich herumschleppen und davon mutlos und träge werden. Das war im späten 19. Jahrhundert ohne Zweifel der Fall; man braucht sich nur die totgeborene, unoriginelle Architektur dieser Epoche mit ihren scheingriechischen Giebelfronten und scheingotischen Spitzbögen anzusehen. Vor allem aber ist es gar nicht das bloße Faktenwissen über die Vergangenheit, das einen gebildeten Menschen ausmacht. Es ist viel eher die Fähigkeit, sich von dieser Vergangenheit berühren und bewegen zu lassen – wie es Wolf Biermann und seiner Freundin auf ihrem Mittagsspaziergang passierte. Die Geschichte, bemerkt Nietzsche in seinem Essay, gehört legitimerweise «dem, der einen großen Kampf kämpft, der Vorbilder, Lehrer, Tröster braucht und sie unter seinen Genossen und in der Gegenwart nicht zu finden vermag». Er nennt diese Art Vergangenheitsbewusstsein «monumentalisch», was für unseren Geschmack ein bisschen zu stark nach Marmor und Bronze klingt. Aber im Grunde geht es darum, dass Geschichte nichts Abgeschlossenes sein soll, sondern etwas Weiterwirkendes, eine Energiezufuhr für das Leben. Das ist auch heute noch wahr und ein notwendiges Plädoyer gegen eine seelenlose, rein expertenhafte Beschäftigung mit der Vergangenheit.

Was Nietzsches Betrachtung «Vom Nutzen und Nachteil der Historie für das Leben» dagegen fragwürdig macht, ist zweierlei. Das eine ist banal und offensichtlich: Wir leben nicht mehr in einer Epoche, in der die Vergangenheit überschätzt wird und zu viel Gewicht besitzt. Die Zivilisation des frühen 21. Jahrhunderts ächzt nicht unter dem Ballast der Zeiten, sie reist mit leichtem Gepäck. Die elektronischen Medien und die Netzwelt, die zunehmend dominanten, repräsentativen Kommunikations- und Zeichensysteme der Gegenwart, sind weit weniger traditionsfromm, als die alte Archiv- und Bibliothekskultur es war. Das Vergessen, das Nietzsche als eine so seltene, kostbare Fähigkeit, gewissermaßen als eine vom Aussterben bedrohte Kulturtechnik vorkam, beherrscht unsere Zeit. Der rebellische Impuls gegen die Vergangenheitsüberfütterung läuft also heute ins Leere, weshalb man die Geschichte inzwischen wieder mit mehr Sympathie behandeln sollte. Der andere Grund ist schwerer zu fassen. Man könnte ihn, im weitesten Sinne, moralisch nennen. Es gibt eine Pflicht zur Erinnerung.

Man kennt das von jenen polizeilichen Ermittlungen, bei denen es darum geht, lange vergangene, teilweise vergessene Morde aufzuklären, sogenannte «cold cases». Manche TV-Krimiserien erzählen davon («Unforgotten» ist mein Favorit). Bisweilen ist nicht einmal die Identität des Opfers klar, es gibt vielleicht nur einen verdachterregenden Skelettfund; niemand weiß, ob dieser unbekannte Tote irgendwo vermisst wird und von wem. Aber irgendeine Beamtin gibt keine Ruhe, bis zu den Knochen ein Name und ein Gesicht gehören. Und dann eine Geschichte. Aus einer rätselhaften Entdeckung wird ein ungelöster Fall und schließlich die Suche nach einem Täter. Hätte man die Sache auch einfach auf sich beruhen lassen können? Alles ist viele Jahre her, Familie und Freunde des Toten haben sich längst ihre Versionen seines Ablebens zurechtgelegt und damit zu leben gelernt, der Mörder hat nie wieder eine Straftat begangen und führt ein Dasein als guter Bürger. Aber irgendetwas sagt uns, dass das nicht das Ende sein kann. Warum eigentlich?

Natürlich: weil die Rechtsordnung wiederhergestellt werden muss, weil ein Verbrechen nicht ungesühnt bleiben darf. Doch gibt es noch einen anderen, womöglich fundamentaleren und stärkeren Grund: Das Opfer hat einen Anspruch darauf, dass sein Schicksal nicht vergessen und verloren bleibt. Dass es aus dem Dunkel der Anonymität und postumen Hilflosigkeit hervortritt, dass sein Name und Gesicht aktenkundig werden, dass wir uns bewusst und anderen bekannt machen, was mit ihm geschehen ist und wer dafür die Verantwortung trägt. Die Toten haben ein Recht auf Erinnerung, und wir haben die Pflicht, für diese Erinnerung zu sorgen. Vergessen ist, wenn man es genau und ernst nimmt, nicht einfach eine natürliche Schwäche oder eine harmlose Unterlassung. Schon gar nicht ist es, wie Nietzsches Historismus-Kritik uns glauben machen will, eine wohlverdiente Befreiung, das Abwerfen einer unzumutbaren Vergangenheitslast, die der Mensch billigerweise gar nicht tragen sollte. Vergessen ist Schuld.

Für mich ist die Idee der Erinnerung besonders mit einem Stück Literatur verbunden, mit einer Lieblingserzählung meiner Mutter. Es ist sonst gar nicht so häufig, dass ihre Vorlieben auf mich abgefärbt haben, sie ist mit ihrem Geschmack weniger missionarisch als mein Vater (der mir mit der Emphase des nachgeborenen Aufklärungsintellektuellen Kant und Schiller beigebracht hat). Aber in diesem Fall hat sie mir einmal eine Lektüre, wie soll ich sagen? Nachdrücklich nahegelegt. Und es hat Spuren hinterlassen. Meine Mutter war Lehrerin, ausgesprochen gern und mit großer Überzeugung, und so ist es vielleicht kein Zufall, dass es sich um eine Schul- oder jedenfalls um eine Schülerinnengeschichte handelt. Sie heißt «Der Ausflug der toten Mädchen», und geschrieben hat sie Anna Seghers – die kommunistische Autorin, die wie Brecht und Hegel auf dem Dorotheenstädtischen Friedhof in Berlin begraben liegt. Ihren berühmtesten Roman, «Das siebte Kreuz», über die Flucht eines KZ-Häftlings, hat sie in den 1940er Jahren in Mexiko verfasst, wohin sie während der Nazizeit aus Deutschland geflohen war, als doppelt Verfolgte: wegen ihrer jüdischen Herkunft und wegen ihrer politischen Überzeugung. Aus diesen Emigrationsjahren stammt auch «Der Ausflug der toten Mädchen».

Es ist, glaube ich, die einzige Geschichte, die Anna Seghers jemals in der Ichform geschrieben hat. Die Erzählerin ist auf dem Land in Mexiko unterwegs, erschöpft von Hitze und Müdigkeit, betritt sie einen Hof oder Garten. Vor ihren Augen verwandelt er sich rätselhafterweise in die Szenerie eines Schulausflugs, den sie mit ihrer Mädchenklasse Jahrzehnte vorher, in ihren Kindertagen noch vor dem Ersten Weltkrieg, in Deutschland unternommen hat. Ein Sommertag, eine Restaurantterrasse über dem Rhein, rot-weiß karierte Decken und Kaffeegeschirr auf den Tischen, unten auf dem Fluss die Dampfer und am gegenüberliegenden Ufer Dörfer, Felder und Obstbäume. Die Erzählerin findet sich mitten unter ihren Mitschülerinnen von damals, sie ist wieder eine von ihnen, um sie herum spielen die Freundschaften, ersten Liebesabenteuer und kleinen Eifersuchtsdramen der Teenagermädchen.

Gleichzeitig jedoch weiß sie alles, was später mit ihren Klassenkameradinnen passiert ist, sie weiß, wer Nazi wurde und wer ins Konzentrationslager kam, wer als Krankenschwester ins Feldlazarett ging und wer die beste Freundin wegen ihrer sozialistischen Sympathien verriet, welches Mädchen den Bräutigam im Krieg verlor und welches vor Scham den Gasofen aufdrehte, weil der Ehemann am 1. Mai die Hakenkreuzfahne aus dem Fenster hängte, aus Angst um seine Arbeitsstelle. Am Ende fährt die Klasse mit dem Rheindampfer zurück in ihre Heimatstadt, die nicht mit Namen genannt wird, aber die Mainz sein muss, in dem Anna Seghers 1900 geboren wurde – unzerstört in der Traumwirklichkeit der Geschichte, während die Erzählerin das gespenstische Vorwissen hütet, dass dies alles unter Bombenangriffen in Schutt und Asche fallen wird. Dann wacht sie im immer noch hellen Licht des mexikanischen Spätnachmittags aus ihrer fatamorganahaften Vision auf.

Das Besondere der Erzählung besteht in der paradoxen literarischen Optik: der gläsern klaren, fast überscharfen Wahrnehmung einer irrealen, phantastischen Wirklichkeit; der Intensität, mit der die Toten in ein geisterhaftes Leben zurückgerufen werden, in dem ihr Tod zugleich ständig unentrinnbar und unverstanden über ihnen liegt. Aber mir geht es um ein anderes Motiv: die Pflicht zur Erinnerung. Als die Mädchen auf dem Rückweg in die Stadt sind, mit dem Dampfer auf dem Fluss, fällt die Erzählerin in eine kleine Träumerei über Wasser, Reisen, Vergänglichkeit, die Ungreifbarkeit der Welt. In dieser irrlichternden Meditation wird sie von ihrer Lehrerin gestört: «Da stellte sich plötzlich Fräulein Sichel vor mich. Sie sah in der Sonne sehr jung aus in ihrem getupften Kleid mit ihrer festen kleinen Brust. Sie sagte zu mir mit blanken grauen Augen, weil ich gern fahre und weil ich gern Aufsätze schreibe, sollte ich für die nächste Deutschstunde eine Beschreibung des Schulausfluges machen.» Die Geschichte spricht hier gewissermaßen über sich selbst, denn die Schülerin, die von Fräulein Sichel die Aufgabe gestellt bekommt, wird zur Schriftstellerin, und der Aufsatz, den sie abfassen soll, ist die Erzählung, die wir lesen.

Am Schluss des «Ausflugs der toten Mädchen» wird diese Poetik der Erinnerung und des Festhaltens, die zugleich eine Moral ist, geradezu unerbittlich eingeschärft. Die Erzählerin ist aus ihrem Tagtraum aufgewacht, sie fühlt sich erschöpft, ohne Orientierung, ziellos treibend zwischen Realität und Phantasie, Gegenwart und Vergangenheit, Exil und Heimat: «Ich fragte mich, wie ich die Zeit verbringen sollte, heute und morgen, hier und dort, denn ich spürte jetzt einen unermesslichen Strom von Zeit, unbezwingbar wie die Luft.» Dann kommt, nüchtern, abrupt und final, die Lösung, das Fazit der Geschichte: «Plötzlich fiel mir der Auftrag meiner Lehrerin wieder ein, den Schulausflug sorgfältig zu beschreiben. Ich wollte gleich morgen oder noch heute Abend, wenn meine Müdigkeit vergangen war, die befohlene Aufgabe machen.» Die Sätze klingen streng, mit einer Strenge, die über das Schulische noch hinausgeht und ans Militärische heranreicht; die Erledigung der Aufgabe ist nicht bloß verlangt oder geboten, sondern «befohlen». Es gibt keine Entschuldigung dafür, sie zu vermeiden, und sie duldet keinen Aufschub.

Anna Seghers erklärt hier, was in ihren Augen Literatur, was der Auftrag der Dichterin ist: Zeugnis ablegen, das Gedächtnis einer Zeit sein, das Leben der Toten für die Nachwelt aufbewahren. Doch diese Erinnerungsarbeit ist nicht nur Schriftstellern «befohlen». Sie ist der Kern von Kultur, auf ihr beruht unser Anspruch, mehr als Eintagsfliegen und Leichtgewichte zu sein. Erinnerung gibt dem Leben zeitliche Tiefe, so wie Reisen ihm Weite im Raum verleiht. Vom Alten Testament, in dem Gott das Volk Israel ermahnt, für immer seiner Befreiung aus der Unterdrückung in Ägypten bewusst zu bleiben, bis zu Marcel Prousts Romanwerk «Auf der Suche nach der verlorenen Zeit», wo der Erzähler wie bei einer archäologischen Ausgrabung die Empfindungen seiner Kindheit freilegt: Die gesamte Zivilisation ist von der Anstrengung des Eingedenkens durchzogen, vom zähen, sich stets wieder aufraffenden Widerstand gegen die ebenso pausenlos wirkende, erschöpfende und abstumpfende Schwerkraft des Vergessens.

Es geht dabei nicht bloß um Leid und Unrecht, sondern genauso um Glück, Glanz und Größe der Geschichte; auch ihre unverwechselbare, einmalige Besonderheit verlangt den Respekt der Erinnerung. Homers «Ilias» erzählt von den Ruhmestaten ihrer Helden ebenso wie von ihrem bitteren, gottverlassenen Sterben. Man muss das Wunderbare und das Entsetzliche der Menschenvergangenheit im Gedächtnis zusammenbringen, man muss ihre Untrennbarkeit aushalten und ertragen. Ein intellektuelles oder künstlerisches Meisterwerk, hat Walter Benjamin, auch ein Exilant, 1940 kurz vor seinem Selbstmord auf der Flucht vor den Nazis in Frankreich notiert, «dankt sein Dasein nicht nur der Mühe der großen Genien, die es geschaffen haben, sondern auch der namenlosen Fron ihrer Zeitgenossen. Es ist niemals ein Dokument der Kultur, ohne zugleich ein solches der Barbarei zu sein.» Das eine wie das andere, die Erhabenheit der pharaonischen Pyramiden wie die Knechtschaft der steineschleppenden Sklaven, hat einen Anspruch auf Erinnerung. Gleich morgen oder noch heute Abend, wenn unsere Müdigkeit vergangen ist.

Wer vergisst, wer das Vergessen zum Programm erhebt oder halb so schlimm findet, wer eine Kultur des Vergessens propagiert oder ihr nicht widersteht und entgegentritt – der drückt sich vor einer grundlegenden menschlichen Verantwortung. Vergessen ist Verrat an der Humanität. Bildung ist die Entscheidung, ihn nicht zu begehen.

12. Musik:
DER DIREKTESTE WEG IN DIE SEELE

Wer in einem tristen Augenblick an der Welt zu verzweifeln droht, der braucht sich zur Aufmunterung nur auf Youtube Filme von musikalischen Flashmobs anzusehen. Irgendwo auf dem Globus, unter Massen von Leuten in einer Einkaufspassage oder Bahnhofshalle, fängt jemand an zu singen oder packt ein Instrument aus und beginnt zu spielen, immer mehr kommen dazu oder fallen ein (die scheinbar spontane Szene ist vorher natürlich minutiös geplant), Passanten bleiben stehen und lassen die Kameras ihrer Smartphones laufen, Kinder werden auf die Schultern ihrer Eltern gesetzt und schauen sich das Spektakel mit großen Augen an, und in wenigen Minuten wird eine banale Alltagsszene unter den Klängen von Beethovens «Ode an die Freude» oder Händels «Halleluja»-Chor in einen überraschenden Fest- und Andachtsaugenblick verwandelt. Über einer improvisierten Kunstgemeinde erhebt sich das temporär errichtete Tongebäude wie das Gewölbe einer unsichtbaren Kathedrale.

Aber zum Bewegendsten an diesen Flashmobs gehören regelmäßig die Online-Kommentare unter den Videos. Die Schreiber erklären, dass ihnen beim Betrachten des vorstehenden Filmchens die Tränen in Strömen die Wangen heruntergeflossen seien. Dass es auf Erden keine Kriege mehr geben würde, wenn wir nur lernen könnten, auf die himmlische, grenzüberschreitende, versöhnungstiftende Stimme der Musik zu hören. Oder dass man trotz aller ihrer Schwächen und Verbrechen auf die Menschheit stolz sein dürfe, weil sie solche überirdisch schönen Werke hervorgebracht habe. Kein idealistischer Humanist vergangener Epochen könnte vollmundiger das Lob der Kunst und ihrer veredelnden, rettenden Kraft singen als dieses ortlose, über den gesamten Globus verstreute Youtube-Publikum des Internetzeitalters.

Die Verfasser solcher Kommentare sind oft erkennbar keine Beethoven- oder Händel-, Mozart- oder Bach-Experten. Manchmal nennen sie das Musikstück, das sie so anrührt, arglos einen «song», was kein geübter Besucher klassischer Konzerte tun würde, der natürlich genau wüsste, dass es sich bei der «Ode an die Freude» um den Schlusssatz einer Sinfonie und beim «Halleluja» um einen Chor aus einem Oratorium handelt. Zur Qualität der Interpretation haben die Online-Fans normalerweise ebenfalls kaum etwas zu sagen; sie zerbrechen sich nicht den Kopf darüber, ob die Streichereinsätze präzis waren oder die Gesangssolisten es vielleicht mit dem Vibrato, der Schwingung der Stimme, ein wenig übertrieben haben. Es ist der Enthusiasmus des Musizierens, der diese Cyber-Zaungäste der Tonkunst anzieht, und es ist die machtvolle, Beschränkungen aller Art wegspülende Wirkung, die Musik auf die menschliche Seele hat.

Klassische Musik ist einerseits auf dem Weg, eine Geheimwissenschaft zu werden. Früher gehörte es zur normalen bürgerlichen Erziehung, dass man Klavier oder Geige spielen lernte oder Gesangsunterricht nahm. Inzwischen ist das eine Rarität. In den Konzertsälen sitzen, wenn nicht gerade absolute, medial popularisierte Superstars auftreten, fast nur noch ältere Leute im Publikum.

Andererseits besitzen jahrhundertealte Kompositionen bis heute unerschöpfte Lebendigkeit und manchmal ein geradezu magisches klangikonisches Potenzial. Klassische Musik ist einer der gesuchtesten kulturellen Exportartikel des Abendlands. Die Konservatorien in Europa und in den USA sind voll von koreanischen, chinesischen oder japanischen Studentinnen und Studenten. Sie würden kaum mit erheblichen Kosten und Mühen im Westen ihre Instrumentalvirtuosität verfeinern, wenn sie das Gefühl hätten, damit eine sterbende, irrelevante Kunst zu pflegen. Im Gegenteil: Diese Tradition gilt als besonders prestigeträchtig und als Ausweis eines privilegierten Bürgerrechts in der globalisierten Welt, wie die Beherrschung der englischen Sprache.

Man merkt die fortwirkende Faszination der klassischen Meisterwerke aber auch in der Populärkultur, besonders an den Filmmusik-Karrieren berühmter Stücke. Der Schlusschor von Bachs «Matthäuspassion», «Wir setzen uns in Tränen nieder», den Martin Scorsese unter die Eröffnungssequenz seines Gangsterfilms «Casino» gelegt hat, in der Robert de Niro mit seinem Auto in die Luft gesprengt und durch ein flammendes Inferno geschleudert wird. Der bombastische orchestrale Sonnenaufgang in Richard Strauss' Tondichtung «Also sprach Zarathustra», mit dem Stanley Kubrick seine Visionen in «2001: Odyssee im Weltraum» überhöht. Das berühmteste Beispiel ist wahrscheinlich Richard Wagners «Walkürenritt», den Francis Ford Coppola in «Apocalypse Now» zum Soundtrack eines amerikanischen Kampfhubschrauberangriffs auf ein vietnamesisches Dschungeldorf gemacht hat. Der Effekt ist so immens, weil diese Musik Aura und Wucht zugleich besitzt. Sie ist unverkennbar nicht von heute, sondern kommt mit dem Pomp und der Würde einer großen Tradition daher – und gleichzeitig haut sie den Hörer höchst ungeniert um.

Ich sage besser gleich, dass ich hier nur über diese sogenannte klassische Musik schreiben werde, nicht über Jazz, Rock oder Pop. Das hängt nicht mit einem bornierten Bildungsbegriff zusammen: Ich weiß schon, dass der Blues oder die Beatles genauso zum kulturellen Menschheitserbe gehören wie Bach oder Wagner. Ich habe auch meine eigene kleine Hitliste nichtklassischer Lieblingsstücke: darunter den utopischen «Redemption Song» von Bob Marley und das unheimliche «The End» von den «Doors» mit Jim Morrison, Leonard Cohens Freiheitshymne «Democracy is Coming to the USA» oder ein paar der nervenaufreibenden Lieder von David Bowie, die wie aus irritierend gefärbtem klingendem Glas sind. Doch was Musik ist und was sie bedeuten kann, welche Rolle sie im Leben zu spielen vermag, das habe ich persönlich am Beispiel der klassischen Musik gelernt und erfahren – und daher kann ich es auch nur an diesem Beispiel erklären und davon erzählen. Das ist kein Werturteil, es ist einfach meine Geschichte. Was ich mit «meiner» Musik erlebt habe, werden meine Leserinnen und Leser dann vielleicht aus ihren Erlebnissen mit «ihrer» Musik wiedererkennen. Ganz gleich, ob sie selbst lieber Puccini hören oder Punk.

Musik greift tiefer und direkter in die Seele ein als andere Künste. Sie halten uns auf Distanz, in Betrachterpose vor den Gemälden einer Galerie oder vor den innerlich angeschauten Szenenfolgen einer Romanhandlung, in einer Haltung der Objektivität. Dagegen verfügt Musik über die

Unmittelbarkeit der Wirklichkeit: Sie zu hören, ist nicht wie das Anschauen eines Bildes, das die Berge oder das Meer zeigt, sondern wie die direkte Konfrontation mit den Bergen oder dem Meer selbst. Wir sind nicht gegenüber, wir sind mittendrin. Schon die antiken Griechen haben diese unvergleichlich intensive Wirkung gekannt. Sie erzählten von dem mythischen Sänger Orpheus, der nach dem Tod seiner geliebten Frau Eurydike in die Unterwelt hinabsteigt und die Götter des Totenreichs mit seiner Stimme und den Klängen seiner Leier so sehr rührt und verzaubert, dass sie ihm erlauben, seine Gattin wieder mit zurück auf die Erde und ins Leben zu nehmen. (Orpheus verdirbt die Sache dann dadurch, dass er sich auf dem Weg nach oben verbotswidrig zu der hinter ihm einherschreitenden Eurydike umdreht, woraufhin sie ihm zur Strafe wieder entzogen wird.)

Das andere altgriechische Sagenexempel von der Macht der Musik sind die Sirenen, zwei zugleich verführerische und verderbliche Göttinnen, in Homers «Odyssee». Der Gesang der beiden, die auf einer Insel in der Ägäis ihr Quartier haben, ist so bestrickend, dass vorbeifahrende Seeleute unwiderstehlich davon angezogen werden und auf dem tückischen Eiland anlegen, wo sie dann elend zu Tode kommen. Der listenreiche Odysseus, der auf seiner Heimkehr aus dem Trojanischen Krieg mit seinem Schiff die Insel passieren muss, verstopft seinen rudernden Gefährten vorher die Ohren, während er sich selbst am Schiffsmast festbinden lässt und so die Kunst der Sirenen gefahrlos genießen kann: Zwar wird er von der Schönheit ihrer Stimmen schwer betört und fleht seine Leute an, unbedingt an Land zu gehen – aber da sie selbst nichts hören, kann die Versuchung ihnen nichts anhaben, sie ignorieren seine Wünsche und rudern ungerührt weiter in Sicherheit. Im Orpheus-Mythos und in der Sirenengeschichte haben die Griechen die Zweischneidigkeit der überwältigenden, seelenbezwingenden Kraft der Musik ausgedrückt: Es steckt etwas Himmlisches, aber auch etwas Dämonisches darin, ein Glücksversprechen und Erlösungspotenzial ebenso wie die Gefahr von Kontrollverlust, Selbstzerstörung und Untergang.

An diese dunkle Seite der Tonkunst knüpft die berühmteste Musikdebatte an, ein seit anderthalb Jahrhunderten andauerndes unerschöpfliches Gesellschaftsspiel und Partygespräch, von dem auch Leute gehört haben, die selbst nie ins Sinfoniekonzert oder in die Oper gehen: der Glaubenskrieg um Richard Wagner. Der Komponist wird von den einen so sehr verehrt wie von den anderen verachtet. Nun will ich niemanden abschrecken, wenn ich über Wagner schreibe – aber so ganz kann ich es nicht lassen. Nicht nur wegen persönlicher Verstrickungen (davon gleich mehr). Dass Wagner so polarisiert, ist genau die Sache, auf die es hier ankommt. Die Auseinandersetzung mit ihm ist die symbolisch verdichtete Konfrontation mit dem unheimlichen, irrationalen, sittlich unzuverlässigen und anrüchigen Element, das wesensmäßig mit zur Musik gehört.

Richard Wagner, geboren 1813, gestorben 1883, ist der Inbegriff des Komponisten als Magier und Guru. Für seine Anhänger ein unvergleichlich subtiler Tonmaler mit feinschattierten ästhetischen und emotionalen Nuancen, wenn nicht sogar eine Quelle quasireligiöser Offenbarungen. Für seine Gegner ein seelischer Rattenfänger und vulgärer Effekthascher, dessen abstoßender persönlicher Charakter in seiner unerträglichen Musik einen würdigen Ausdruck gefunden hat. Er ist die personifizierte Doppelnatur der Musik im Sinne der beiden griechischen Sagengeschichten über den beseligenden Orpheus und die todbringenden Sirenen.

Wagners Lebenslauf und seine Karriere hätte sich kein Verfasser eines klischeehaften Künstlerromans plakativer ausdenken können: Er begann als frustrierter Hasser der herrschenden Gesellschaft, von der er sich verkannt und missachtet fühlte (während ein jüdischer Komponist wie Giacomo Meyerbeer bei seinen Zeitgenossen hohen Ruhm genoss, was beträchtliches Neidmaterial zu Wagners lebenslangem, bösartigem Antisemitismus beisteuerte). An der fürstenfeindlichen Revolution von 1848/49 nahm Wagner in Dresden als Propagandist und halbwegs sogar als Straßenkämpfer teil, worauf er in die Schweiz ins Exil fliehen musste. Umso nachdrücklicher entwickelte er später Gefallen am Luxus und an der Nähe zum Establishment, ließ er sich unter Einsatz hemmungsloser Schmeichelei vom romantischen Bayernkönig Ludwig II. großzügig aushalten (wofür die Münchner Minister ihn als ruingefährlichen Schnorrer und rasputinhaften Einflüsterer ihres Monarchen verabscheuten und kaltzustellen versuchten) und beschloss seine Laufbahn endlich als Gründer eines allein auf sein Genie und sein Werk zugeschnittenen Opernfestivals: der Bayreuther Festspiele, die bis heute ein zentrales Event im Sommerkalender der mitteleuropäischen Edelbourgeoise darstellen. «Ein Monstreerfolg», hat Thomas Mann 1933 geschrieben, «wie Wagners Musiktheater ihn ‹erzielt› hat, ist großer Kunst sonst überhaupt niemals zugefallen. Der Erdball ist, fünfzig Jahre nach des Meisters Tode, allabendlich in diese Musik eingehüllt.»

Zu Hause bei meinen Eltern wurde der Komponist von Herzen verachtet. Er galt als geschmackloser Bombastiker und Gefühlsmanipulator. «Erhabener Lärm», pflegte man bei Roßens daheim zu diesem Gegenstand zu zitieren – auch das eine Formulierung von Thomas Mann, der Wagner zwar für einen kapitalen Künstler hielt und ihm als Fan geradezu verfallen war, der aber gleichzeitig einen scharfen Blick für seine charakterliche und ästhetische Windigkeit, für den verdächtig theatralischen Einschlag seiner Größe besaß. Bis heute kann meine Mutter den brutalfeierlichen Trauermarsch aus der «Götterdämmerung», zu dessen Klängen die Leiche des ermordeten Helden Siegfried zum Scheiterhaufen getragen wird, nur mit Schaudern anhören, wie ein Dokument des akustischen Faschismus. Diese Musik strahlt die gleiche Gewaltsamkeit aus, die auch der von Francis Ford Coppola in «Apocalypse Now» cineastisch benutzte «Walkürenritt» verbreitet: ein dröhnendes oder peitschendes Klanggeschehen, in dem die Orchesterinstrumente wie Kriegswaffen gegen die inneren Widerstandskräfte des Publikums eingesetzt werden, mit dem Ziel der Eroberung, der Unterwerfung, der bedingungslosen Kapitulation des Hörers. Es ist durchaus kein Zufall, dass Wagner der Lieblingskomponist Adolf Hitlers war.

Dass wir uns dann doch als Familie irgendwann einmal in der Hamburger Oper den «Tristan» angesehen haben, Wagners musikalische Liebestragödie aus dem Jahr 1859 (der Komponist lebte damals nach seinem gescheiterten Dresdner Revolutionsabenteuer noch immer im Schweizer Exil), war unter diesen Umständen eine überraschende Ausnahme. «Tristan und Isolde» ist, wie Shakespeares «Romeo und Julia», die Geschichte einer verbotenen, unmöglichen und am Ende zerstörerischen Leidenschaft: Der Ritter Tristan, der für den alten König Marke die junge, schöne Isolde als Braut geworben hat, endet gegen seinen Willen und wider besseres Wissen mit ihr in einer totalen, absoluten, moralisch und sozial rücksichtslosen, alle Wirklichkeit ausschließenden Liebe. «Nun war», schildert Wagner selbst die verheerenden Wirkungen dieser Passion, die er auf die Bühne bringt, «des Sehnens, des Verlangens, der Wonnen und des Elendes der Liebe kein Ende: Welt, Macht, Ruhm, Glanz, Ehre, Ritterlichkeit, Treue, Freundschaft, alles wie wesenloser Traum verstoben: nur eines noch lebend: Sehnsucht, Sehnsucht, unstillbares, ewig neu sich gebärendes Verlangen – Schmachten und Dürsten; einzige Erlösung – Tod, Sterben, Untergehen, Nichtmehrerwachen!»

Der Zusammenhang von Liebe und Tod, von Eros und Thanatos, ist ein ehrwürdiges Thema der Geistes- und Kulturgeschichte, bis hin zu Sigmund Freud. In «Tristan und Isolde» hat Wagner das Motiv auf eine extreme, ekstatische Spitze getrieben, in der tondramatischen Darstellung eines sexualisierten Auflösungsrauschs. Während das Orchestervorspiel der Oper der Dramaturgie eines Orgasmus folgt, klingt das ganze Stück schließlich mit Isoldes «Liebestod» aus – einer halb sinnlichen, halb mystischen Selbstaufgabe in die endlosen Abgründe des Nichts: «unbewusst –, / höchste Lust!»

Wagner kleidet das alles in eine Musik, die sich weit von der wohlgeordneten harmonischen und melodischen Welt entfernt, auf der die europäische Kompositionskunst seit dem 17. Jahrhundert, seit der Barockzeit, beruht hat. Die «Tristan»-Musik besitzt ein eigentümlich gleitendes und unfassbares Gepräge, voller irritierender Halbtonschritte und schmerzlicher Dissonanzen: eine Tonsprache, die nirgendwo wirklich Halt und Ruhe findet, die keine Befriedigung kennt und dem Hörer keine gewährt. Mit jedem raffinierten Klangbissen, den man vom Komponisten gereicht bekommt, wird man nur noch hungriger. Wagner selbst sah seine größte Leistung in der «Kunst des Übergangs», mit der seine Musik eine Stimmung bruchlos in die nächste, womöglich komplett entgegengesetzte, überführen und das Publikum dabei in kompletter seelischer Willenlosigkeit mitziehen konnte. In einer Mischung aus Stolz und Erschrecken war er sich der bedenklich enervierenden Konsequenzen seiner Tonzauberei voll bewusst: «Ich fürchte», schrieb er während der Arbeit am «Tristan» an seine Freundin Mathilde Wesendonck, «die Oper wird verboten – falls durch schlechte Aufführung nicht das Ganze parodiert wird –: nur mittelmäßige Aufführungen können mich retten! Vollständig gute müssen die Leute verrückt machen.»

Die Hamburger «Tristan»-Aufführung, die ich damals mit meinen Eltern besuchte, war vielleicht nicht «vollständig gut», aber um mich ziemlich verrückt zu machen, reichte sie auf jeden Fall. Das Erlebnis hat mich vollkommen geplättet. Ich weiß noch genau, in welchem halb seligen, halb verblödeten Betäubungszustand ich den nächsten Schultag mühsam überstanden habe. Ich war noch nie einem Kunstwerk ausgesetzt gewesen, das so unmittelbar in meinen Gefühlshaushalt eingriff. Es war, als hätten die Musiker nicht auf ihren Instrumenten gespielt, sondern direkt auf meinen Nerven. Oder als gehe diese Kunst, um ein anderes Bild zu nehmen, gleichsam nicht durch den Magen, sondern werde intravenös gespritzt. Wagner ist ein ästhetischer Drogendealer.

Ich wurde also zum Wagnerianer. Gleichzeitig bin ich es aber auch wieder nicht geworden, meine ganze Geschichte als Wagner-Hörer und -Liebhaber ist gerade keine Geschichte der ungebrochenen Hingerissenheit und Hingabe. Ich vergesse nie, was für ein menschliches Monster der Mann war und was für ein musikalischer Trickspieler er ist. Der Fall Wagner hat mich mit der Ambivalenz großer Künstlerfiguren bekannt gemacht, mit der Tatsache, dass ein Genie ein Ungeheuer und ein Ungeheuer ein Genie sein kann – ein quälendes Paradox, mit dem man nie befriedigend fertigwird, wie zuletzt die MeToo-Debatte wieder gezeigt hat.

Vor allem aber habe ich durch das Wagner-Problem gelernt, dass Musik nicht nur schön oder bewegend sein kann, sondern auch interessant. Dass sie Stoff zur Diskussion und zum Streit liefert; dass man sich trotz ihres nichtsprachlichen, vielleicht sogar antisprachlichen Charakters herrlich über sie unterhalten kann; dass sie sich historisch verorten und intellektuell deuten lässt. Dass es bei Musik also nicht nur etwas zu hören, sondern auch eine Menge zu denken gibt. Das klingt kompliziert und anstrengend, aber es ist das genaue Gegenteil, es ist gerade umgekehrt: Es bietet gewissermaßen eine Seitenpforte ins Innere und in die Rätsel der Musik für uns, die wir keine professionellen Musiker sind. Man kann auch auf eine «unmusikalische»

Weise, in einem anderen Medium und aus einer anderen Perspektive, etwas von der Musik haben und ihr gerecht werden.

Die kühnste, weitreichendste Deutung der Tonkunst hat Arthur Schopenhauer gegeben; passenderweise war er der Lieblingsdenker von Richard Wagner und eine wichtige Inspirationsquelle für ihn. Schopenhauers Philosophie kreist um die Idee, dass der Wesenskern, das beherrschende Prinzip der Wirklichkeit der Wille sei – kein individueller Wille im Sinne der Psychologie, sondern eine Art kosmische Kraft, eine nimmermüde, nie endgültig befriedigte Energie des Verlangens und Strebens, die von der unbelebten Natur bis zum menschlichen Bewusstsein und Handeln das gesamte Universum durchzieht und beherrscht. (Wir haben gerade bei Wagner vom «unstillbaren, ewig neu sich gebärenden Verlangen» gelesen; solche Bilder und Gedanken stammen direkt von Schopenhauer.) Musik ist für Schopenhauer die Wiedergabe, der gestaltete, formgewordene Ausdruck dieses Weltwillens. Sie spiegelt nicht wie die anderen Künste Wirkliches wider, sondern die innere Natur der Wirklichkeit, ihre Formel und ihr Geheimnis.

Eine Sinfonie von Beethoven etwa, schreibt Schopenhauer, zeigt uns «die größte Verwirrung, welcher doch die vollkommenste Ordnung zum Grunde liegt, den heftigsten Kampf, der sich im nächsten Augenblick zur schönsten Eintracht gestaltet: es ist ein treues und vollkommenes Abbild des Wesens der Welt, welche dahinrollt im unübersehbaren Gewirre zahlloser Gestalten und durch stete Zerstörung sich selbst erhält.» Zugleich sprechen aus einer solchen Komposition «alle menschlichen Leidenschaften und Affekte: die

Freude, die Trauer, die Liebe, der Hass, der Schrecken, die Hoffnung usw. in zahllosen Nuancen» – aber nicht gebunden an irgendwelche speziellen Erlebnisse und Einzelfälle, sondern gleichsam in Reinform, als pure Trieb- und Seelenelemente. Musik macht die Grundstruktur der Realität transparent, sie eröffnet einen Blick in die Werkstatt der Schöpfung oder in ihren Maschinenraum.

Die Schopenhauer'sche Theorie klingt ziemlich hochgestochen und gewagt, aber nach meiner Erfahrung hilft sie tatsächlich, wenn man in einem klassischen Konzert sitzt. Was da besonders oft zu hören ist, sind Werke der Instrumentalmusik vom späten 18. bis zum frühen 20. Jahrhundert, von den Anfängen bei Haydn und Mozart über Beethoven und Schubert, Brahms und Bruckner bis zu Mahler und Schostakowitsch – teils für Orchester geschrieben, teils für kleinere, intimere Besetzung (die sogenannte Kammermusik). Es gibt viel Technisches und Historisches über solche Kompositionen zu sagen, und sie bis in ihre hinteren Winkel zu verstehen, verlangt langwieriges Studium. Aber das braucht es nicht, um sie trotzdem mit Sinn und Verstand zu genießen. Dafür muss man sich nur auf den besonderen, eigentümlichen Charakter dieser Musik einlassen, den Schopenhauer ganz wunderbar beschreibt.

Sie führt nämlich wirklich so etwas wie ein körperloses, ungegenständliches Schauspiel in Tönen und Klängen auf. Musikalische Motive von unterschiedlichem Charakter werden wie auf einer unsichtbaren, akustischen Bühne gegeneinander in Stellung gebracht, in Konfrontationen verwickelt und wieder zum Ausgleich geführt. Die Abschnitte einer

Sinfonie oder eines Streichquartetts, «Sätze» genannt, erzählen keine Geschichten, sie haben keine Handlung – aber trotzdem passiert etwas in der Musik, sie entwickelt sich, verdunkelt sich und hellt sich wieder auf, wird verdichtet und erneut gelockert, entfaltet sich vom Einfachen zum Komplexen und schrumpft manchmal auch wieder in die Schlichtheit zurück. Es sind Dramen, die man im Konzert zu hören bekommt, mit Melodien und Akkorden als Akteuren, und die Komponisten sind, wie ein altmodischer Ausdruck lautet, Tondichter, Klangpoeten.

Der Schriftsteller E.T.A. Hoffmann hat in diesem Sinne 1810 den Stil der Begründer der musikalischen Klassik gleichsam nachgedichtet. In seinem Aufsatz «Beethovens Instrumentalmusik» vergleicht er drei Meister, die zeitlich nahe aufeinanderfolgen, drei sukzessive Schritte der kompositorischen Entwicklung: Joseph Haydn, den Stammvater der Orchesterkunst des späten 18. und frühen 19. Jahrhunderts, das jung verstorbene Jahrtausendgenie Wolfgang Amadeus Mozart (1756 bis 1791) und eben Ludwig van Beethoven, Schopenhauers Weltwesensmusiker. Hoffmanns Sprache und Bilderwelt sind romantisch, man würde heute nicht mehr so überschwänglich und gefühlsbetont schreiben – aber es gelingt ihm, zur Musik Bilder zu schaffen, das Gehörte in Phantasieszenen vor dem inneren Auge zu übersetzen. Und er versteht etwas von der Sache. Hoffmann war nicht nur ein interessanter Autor (den Spitznamen «Gespenster-Hoffmann» verdankte er seiner Vorliebe für Schauergeschichten; sein Zeitgenosse Goethe mochte ihn wegen seiner Überspanntheit und Skurrilität überhaupt nicht), sondern selbst ein professioneller Musiker: Er hat komponiert und als Kapellmeister, als Dirigent, gearbeitet. Seine Beschreibungen klingen blumig, aber sie beruhen auf genauer Kenntnis der Partituren und des musikalischen Handwerks.

«Der Ausdruck eines kindlichen, heitern Gemüts», fängt Hoffmann seine kleine Musikgeschichte an, «herrscht in Haydns Kompositionen. Seine Symphonie führt uns in unabsehbare grüne Haine, in ein lustiges, buntes Gewühl glücklicher Menschen. Jünglinge und Mädchen schweben in Reihentänzen vorüber; lachende Kinder hinter Bäumen, hinter Rosenbüschen lauschend, werfen sich neckend mit Blumen. Ein Leben voll Liebe, voll Seligkeit, wie vor der Sünde, in ewiger Jugend; kein Leiden, kein Schmerz, nur süßes, wehmütiges Verlangen nach der geliebten Gestalt, die ferne im Glanz des Abendrotes daherschwebt, nicht näherkommt und nicht verschwindet; und solange sie da ist, wird es nicht Nacht, denn sie selbst ist das Abendrot, von dem Berg und Hain erglühen.»

Bei Wolfgang Amadeus Mozart, der mit seiner scheinbaren Lieblichkeit und Leichtigkeit zum Gegenstand verkitschter Rokokoklischees («Götterliebling») geworden ist, spürt Hoffmann ganz im Gegenteil die unheimlichen Dimensionen heraus. Die Instrumentalkunst geht nun über die gesunde, sinnliche Lebendigkeit von Haydn hinaus, in raffiniertere, aber auch weniger gemütliche Zonen: «In die Tiefen des Geisterreichs führt uns Mozart. Furcht umfängt uns: aber, ohne Marter, ist sie mehr Ahnung des Unendlichen. Liebe und Wehmut tönen in holden Stimmen, die Macht der Geisterwelt geht auf in hellem Purpurschimmer, und in unaussprechlicher Sehnsucht ziehen wir den Gestalten nach, die freundlich uns in ihre Reihen winken, im ewigen Sphärentanze durch die Wolken fliegen.»

Bei Beethoven verliert das Unheimliche dann seine zarte Mozart'sche Spukhaftigkeit, es wird dynamisch und dramatisch, kämpferisch und passioniert: «So öffnet», schreibt Hoffmann, «uns auch Beethovens Instrumentalmusik das Reich des Ungeheueren und Unermesslichen. Glühende Strahlen schießen durch dieses Reiches tiefe Nacht, und wir werden Riesenschatten gewahr, die auf- und abwogen, enger und enger uns einschließen und alles in uns vernichten, nur nicht den Schmerz der unendlichen Sehnsucht, in welcher jede Lust, die schnell und in jauchzenden Tönen emporgestiegen, hinsinkt und untergeht, und nur in diesem Schmerz, der, Liebe, Hoffnung, Freude in sich verzehrend, aber nicht zerstörend, unsre Brust mit einem vollstimmigen Zusammenklange aller Leidenschaften zersprengen will, leben wir fort und sind entzückte Geisterseher.»

Wer da nicht mitsehnen und mitjauchzen will, wen selbst solche hymnischen Beschwörungen nicht zum Konzertbesuch bewegen – den kann ich in Wahrheit sehr gut verstehen. Der Versuch, Musik sprachlich wiederzugeben, ist letztlich aussichtslos, und im Spiegel von Hoffmanns betagter Gefühlsprosa wirken die angepriesenen Kompositionen am Ende dann doch ziemlich weit weg und arg vergangen. Was haben wir mit puttenartigen Kindchen zu tun, die sich gegenseitig mit Blumen bewerfen?

Das Frappierende ist nur: Wenn man Haydn, Mozart oder Beethoven wirklich hört, dann klingen sie viel weniger zeitgebunden und museal als diese poetischen Nachempfindungen. In der Tonsprache der Zeit um 1800 stören uns keine akustischen Äquivalente zu Signalwörtern wie «Rosenbüsche» oder «Reihentänze», die sofort eine feudale oder biedermeierliche Genrehaftigkeit signalisieren. Musik altert oft deutlich langsamer oder besser als das Wort und die Literatur. Sie bleibt gegenwärtig und frisch, wenn das Papier vergilbt oder zerbröselt ist. Ein barockes Drama von Andreas Gryphius oder Daniel Casper von Lohenstein werden heute in der Regel nur noch gelehrte Spezialisten lesen. Ein barockes Musikwerk wie das «Weihnachtsoratorium» von Johann Sebastian Bach dagegen wird Jahr für Jahr in der Adventszeit vor Abertausenden von interessierten und begeisterten Zuhörern aufgeführt.

Bei Vokalkompositionen, also bei Musik, die mit menschlichem Gesang arbeitet, sei es von einem Chor oder von Solisten, braucht es keine poetischen, gleichnishaften Interpretationsanstrengungen, wie E. T. A. Hoffmann sie unternehmen musste. In einem Lied, einer Arie (einer Sologesangsnummer in einer Oper) oder einem Choral deuten sich Text und Komposition gegenseitig: Man nimmt die Musik hier ganz natürlich als Ausdrucksmittel, das den Sinn oder die Emotionalität der «vertonten» Worte verstärkt, nuanciert oder manchmal auch ironisch durchkreuzt. Vokalmusik erschließt sich in diesem Sinne leichter als Instrumentalmusik; man versteht unmittelbarer, wozu der ganze Aufwand mit den Tönen gut ist. Ich glaube daher, dass eine Gattung, die oft als besonders abseitig und exklusiv gilt, in Wahrheit einen besonders geeigneten Zugang zur klassischen Musik bietet. Ich meine die Oper.

Man begreift unschwer, wie die Oper an ihren schlechten Ruf bizarrer Künstlichkeit gelangt ist: Dass Akteure in einer

Dramenhandlung auf einer Bühne stehen, ihr Agieren aber auf Schritt und Tritt mit ausführlichen Gesängen begleiten, dass sie sich gegenseitig endlos liebesmelodisch anschmachten, bevor es zum Kuss kommt, oder dass sie ihre Rachepläne erst in minutenlangem, monologischem Zorngekoller dem Publikum darlegen, ehe sie endlich den Degen ziehen und zur Tat schreiten – das alles widerspricht der Lebenswahrscheinlichkeit so eklatant, dass es einem unbefangenen Betrachter erst einmal lächerlich vorkommen muss. Vollends kurios und realitätswidrig wirkt es, wenn dabei Gesangspassagen mehrfach wiederholt werden, oft exakt wort- und tongleich, was zumindest in der älteren Opernliteratur regelmäßig geschieht. Es scheint kein artifizielleres und anachronistischeres Kunstgenre zu geben als diese alberne Singspielerei.

Doch hat die Oper noch eine andere, durchaus nicht so absurde Seite. Sie trägt nämlich der Tatsache Rechnung, dass die intensive menschliche Selbstartikulation wirklich zur Musik drängt. Es ist ja kein Zufall, dass die Liebenden aller Zeiten sich nicht mit dem Verfassen von Briefen oder Gedichten begnügen, sondern Lieder geschrieben und gesungen haben. Dass Gläubige Choräle anstimmen, Nationen ihren Patriotismus in Hymnen feiern und Soldaten zum Klang von Märschen und Kriegsliedern in den Kampf ziehen. Musik ist gesteigerte Sprache, das Ausdrucksmittel für den seelischen Ernstfall, in dem das Wort nicht mehr ausreicht. Etwas steckt in uns und in der Welt, das wir nicht herausbekommen, das Allerwichtigste, das einzig Wichtige, es macht uns halb verrückt, und wir ersticken fast daran, und dann tun wir den Mund auf und singen, und es ist da.

Das, nicht irgendwelche Prunkvorführungen von Stimmvirtuosität, sind die lohnenden, unvergesslichen Augenblicke der Oper. Nehmen wir die menschliche Ursituation der Vergebung, der Gnade, der Barmherzigkeit. Es gibt ein Schauspiel, Goethes «Iphigenie auf Tauris» aus dem Jahr 1787, eines der wichtigsten Dokumente der deutschen Literaturklassik, das mit einer imponierend großzügigen Versöhnungsszene endet. Die griechische Fürstentochter Iphigenie, die im Barbarenland Tauris festgehalten und zu einem ungeliebten Priesterdienst gezwungen wird, soll von ihrem Bruder und einem Freund befreit werden. Das Unternehmen scheint auch auf gutem Wege, doch erträgt Iphigenies reine Seele die Lügen und Täuschungsmanöver nicht, die zur Umsetzung des Rettungsplans nötig sind. Sie entschließt sich zur moralischen Flucht nach vorn und beichtet alles dem Barbarenherrscher, König Thoas.

Goethe lässt nun ein doppeltes Humanitätswunder geschehen, das dieses Theaterstück zum Musterbeispiel des idealistischen Menschlichkeitsglaubens gemacht hat. Nachdem er die ganze Geschichte gehört hat, verzichtet Thoas tatsächlich auf Rache und erklärt sich bereit, Iphigenie und die anderen Griechen ziehen zu lassen. Er tut es allerdings (was man in Anbetracht der Gründlichkeit, mit der er zuvor manipuliert und betrogen wurde, vollkommen verstehen kann) recht unwillig, mit dem barschen Befehlssatz: «So geht!» Mit dieser Entlassung zweiter Klasse, die schon erstaunlich genug wäre, gibt sich Iphigenie jedoch nicht zufrieden. Die bloße Befreiung reicht ihr als Happy End nicht aus, sie will auch noch Verzeihung und Freundschaft. «Nicht so mein König! ohne Segen / Im Widerwillen scheid ich nicht von dir» – in dreiundzwanzig beschwörenden Versen erbittet Iphigenie von Thoas eine Geste der Gunst und der Versöhnung. Und Thoas, das ist das zweite Wunder, gewährt sie ihr tatsächlich, er nimmt sein bitteres und hartes «So geht!» gleichsam zurück, er ersetzt es gewissermaßen durch die beiden Worte, die er nun ausspricht und mit denen das ganze Stück endet: «Lebt wohl!»

Die banale, im Alltag gedankenlos dahingesagte Formel hat auf einmal ein enormes Gewicht und eine ungeheure Kostbarkeit gewonnen, als schwer errungenes Zeugnis der Charaktergröße und der Überwindung des Grolls. Goethe gibt der Floskel die unverbrauchte Kraft einer Elementaräußerung des Wohlwollens zurück. Es ist, hat der geniale österreichische Sprachkenner und Essayist Karl Kraus 1910 über die Schlussszene der «Iphigenie» bemerkt, «als ob zum ersten Mal in der Welt Abschied genommen würde».

Das ist es, was Dichtung kann. Musik kann – man scheut sich zu sagen: noch etwas mehr, aber so ist es doch. Am Ende von Wolfgang Amadeus Mozarts Oper «Figaros Hochzeit», 1786, also ziemlich genau um dieselbe Zeit geschrieben wie Goethes «Iphigenie auf Tauris», geht es ebenfalls um Vergebung und Versöhnung. Das Stück ist eine Komödie, doch nicht ohne gesellschaftskritische Untertöne; in der theatralischen Vorlage, einem Schauspiel des vorrevolutionären französischen Dramatikers Beaumarchais, waren sie noch stärker. «Figaros Hochzeit» handelt von einem Aristokraten, dem Grafen Almaviva, der in Erinnerung an das traditionelle Feudalprivileg des «ius primae noctis» (des herrschaftlichen «Rechts der ersten Nacht» mit einer zu verheiratenden Dienstbotin) auf Sex mit Susanna, der

Kammerzofe seiner Frau und Braut seines Butlers Figaro, aus ist. Es sind nicht mehr ganz die alten Zeiten, der Graf kann sein Begehr nicht einfach geradeheraus durchsetzen, er muss allerlei Umwege gehen, und so kommt es zu einem verwickelten Intrigengeschiebe, bei dem Almaviva am Ende, in der Schlussszene der Oper, zum Irrglauben verleitet wird, seine eigene Frau habe eine Affäre mit Figaro. Während er in selbstgerechter Empörung gegen alle Gnadenbitten der Umstehenden Rache schwört, wird durch eine letzte Wendung des Täuschungs- und Enthüllungsspiels die Wahrheit offenbar, nämlich dass der ganze vermeintliche Liebesverrat der Gräfin nur ein Schein war, während der wirklich Treulose der Graf selbst mit seiner Jagd auf Susanna ist. Auf einmal steht er blamiert und kompromittiert vor seiner Frau und dem gesamten Schlosspersonal als der Schurke des Stückes da, wie nackt in seiner Niedrigkeit.

In diesem beinahe etwas banalen Lustspielaugenblick veranstaltet Mozart sein Humanitätswunder, und es ist eines, das mit dem Wort allein nicht hinzubekommen wäre. In eine entgeisterte Stille hinein (wenige Augenblicke zuvor hat noch erregtes Durcheinander oder fahle Konsternation der Stimmen und Instrumente geherrscht) bittet der Graf seine Frau um Vergebung: «Contessa, perdono». Es folgt eine Pause, noch mehr Stille. Und dann kommt sie, die Vergebung, auf den Flügeln der hohen Sopranstimme der Gräfin Almaviva, die erst sogar noch weiter nach oben steigt, bevor sie in gemessenen Tonschritten niedergeht, als unverdientes musikalisches Gnadensakrament auf den Scheitel des Sünders. Als senke sich vom Himmel eine Taube.

Es ist ein Moment, in dem den Zuhörern unweigerlich

der Atem stockt, und Mozart verdoppelt den Effekt der Szene noch einmal, indem er auch das Staunen über den Verzeihungsakt wieder auskomponiert und musikalisch Gestalt annehmen lässt. Die übrigen Akteure auf der Bühne nämlich, die Zeugen des «perdono», stimmen nun, melodisch an die Gräfin anknüpfend, einen hymnischen Gesang an, der in den Kommentaren zum «Figaro» gelegentlich als choralartig bezeichnet wird. Aber das klingt ein bisschen zu sehr nach frommer Solidität. Eher wirkt die Musik trancemäßig, traumverloren, als würde die Verblüffung über die mirakulöse Wendung der Dinge und die souveräne Seelenmajestät der Gräfin noch wie ein Schock nachwirken. Die Sänger tasten sich eine Weile halb betäubt in diesem schwer durchdringlichen Glücksnebel voran, bevor sie sich einen entschlossenen Ruck in Richtung Feierstimmung geben. Die Oper mündet in ein Finale von irrwitzig beschleunigtem Jubel, das alle Ambivalenzen, die aus den vorigen Gefühlsverwirrungen zurückgeblieben sein könnten, im vollen Galopp von Ensemble und Orchester rücksichtslos niederwirft.

Goethe ist ein ebenso großer Künstler wie Mozart. Doch ich kann das Ende von «Figaros Hochzeit» nicht sehen und hören, ohne zu denken, dass die Musik eine größere Kunst ist als die Dichtung. Der Gnadenaugenblick hat in der Oper eine Dimension mehr als im Schauspiel, er wirkt voller und realer; es ist, als leide alles bloß Sprachliche unter einer Begrenzung, einer Beschränkung, einer Behinderung, und hier falle sie endlich weg. Aber solche Rankings der Künste sind vielleicht müßige Schlaumeierei, eines jener Nebenprodukte der Bildung, die man nicht unbedingt braucht.

Die Schlussszene des «Figaro» kann man sich übrigens auf Youtube in vielen verschiedenen Inszenierungen ansehen. Sie lässt sich zwar schwerlich per Flashmob aufführen. Gehört aber auch zu den Musikstücken, bei denen irgendwelche Cyber-Zuschauer aus Krefeld oder Kyoto ihren Glauben an die Menschheit wiederfinden.

Schluss:

MACHT UNS BILDUNG ZU BESSEREN MENSCHEN?

Diese Frage habe ich am Anfang des Buchs halb beiseitegeschoben; wir müssen sie uns zum Schluss noch einmal vornehmen. Es ist eine entscheidende Frage, wenn man Bildung so versteht, wie sie in dieser «Anleitung» verstanden wird: nicht als Karrierevehikel oder Statusmerkmal, sondern als Lebensbegleiterin. Wenn Bildung menschlich so wichtig sein soll, dann muss sie auch mit uns als Menschen etwas machen. Begleitet sie uns wirklich zu einem guten Leben? Und gut nur für uns – oder auch für andere?

Frühere Epochen kannten in diesem Punkt weniger Zweifel als wir. Sie waren fest davon überzeugt, dass Bildung Maßstäbe und Modelle für das eigene Verhalten liefert, dass sie uns Vorbilder vor Augen stellt, denen man nacheifern soll. Lernen bedeutete nicht nur Wissensgewinn, sondern auch die Einübung in Leistung und Tugend. Über Jahrhunderte hinweg haben Jünglinge der herrschenden Klassen Europas in diesem Geist die Politikerbiographien des antiken Autors Plutarch studiert, der die Lebens- und Heldengeschichten der bekanntesten Staatsmänner des griechischen und römischen Altertums erzählt und zu einem umfangreichen Werk, einer regelrechten Bibliothek der Größe, zusammengestellt hat. Hier konnte man nachlesen, wie Caesar oder Perikles mächtig und ruhmreich geworden waren – und den eigenen Ehrgeiz davon beflügeln lassen. Das ist uns heute zu machohaft und monumental.

Ich selbst habe zwei Antworten auf die Frage nach dem humanen Wert der Bildung. Sie klingen verschieden, sie scheinen einander erst einmal sogar zu widersprechen. Aber ich bin mir ziemlich sicher, dass sie beide wahr sind.

Der eine Gedanke ist im Prolog und im Kapitel über die Klassiker der Rebellion schon kurz angeklungen. Bildung, hatte ich behauptet, bricht die Enge unserer Routine und Beschränktheit auf, sie erweitert unser Einfühlungsvermögen und unsere moralische Phantasie. Sie konfrontiert uns mit dem Fremden und mit dem Vergangenen, mit Ideen, auf die wir nicht gekommen wären, und mit Weltbildern, die uns irritieren. Sie öffnet uns die Augen – und das ist ein viel größerer Schritt in Richtung Menschlichkeit, als man meist annimmt. Denn moralisches Versagen stammt meist weniger aus bösem Willen als aus einem Mangel an Vorstellungskraft: Wir können uns in den Schmerz eines anderen, in seine Geschichte, in die Berechtigung seines Standpunkts nicht hineinversetzen. Nicht hartnäckige, abgründige Schlechtigkeit liegt in der Regel am Grund unserer Lieblosigkeit, sondern Blindheit.

In der Mitte des 19. Jahrhunderts, als das wohlhabende Bürgertum seinen Blick vom Elend der Land- und Fabrikarbeiter und überhaupt vom Schicksal der sozialen Randgruppen abwandte, hat die englische Schriftstellerin Mary Ann Evans genau in der Störung dieser selbstgerechten Borniertheit die Funktion der Kultur erkannt. Evans wusste aus eigener Erfahrung über die Scheuklappen der Gesellschaft gut Bescheid: Ihr Zusammenleben mit einem verheirateten Mann, der sich nicht scheiden lassen konnte, verlangte von ihr den Mut zu einem Außenseiterdasein, und ihre Bücher (darunter das Meisterwerk «Middlemarch», das mühelos den Vergleich mit den Jahrhundertromanen von Leo Tolstoi aushält) veröffentlichte sie in einer patriarchalischen Zeit und Literaturszene lieber unter dem Männer-Pseudonym «George Eliot».

1856, ein Jahr vor der Publikation ihres eigenen ersten Buchs, entwickelte George Eliot in einem Aufsatz ihre Rechtfertigung der Kunst, in der, wie mir scheint, auch die Rechtfertigung der Bildung steckt – jedenfalls zur Hälfte. «Der größte Gewinn, den wir dem Künstler verdanken», erklärte sie, «sei er Maler, Dichter oder Romancier, ist die Ausdehnung unserer Sympathien. Appelle, die auf Verallgemeinerungen und Statistiken beruhen, verlangen eine bereits fertige Sympathie, ein moralisches Empfinden, das schon aktiv ist; aber ein Bild des Lebens, wie ein großer Künstler es geben kann, macht selbst Flachköpfe oder Egoisten überraschend aufmerksam auf das, was außerhalb ihrer selbst existiert – und das kann man das Rohmaterial des moralischen Empfindens nennen.» Durch literarische Schilderungen von Armut und Diskriminierung, fährt Eliot fort, «ist mehr für die Verbindung der höheren mit den unteren Klassen, für die Überwindung des vulgären Standesdünkels getan als durch Hunderte von Predigten und philosophischen Abhandlungen. Kunst ist die Sache, die dem Leben am nächsten kommt; sie ist ein Weg, die Erfahrung zu vermehren und unseren Kontakt mit unseren Mitmenschen über die Grenzen unserer persönlichen Bekanntschaft hinaus auszudehnen.» Berührung mit den Werken der Kultur bietet die Chance, die eigene Ignoranz, die eigenen Vorurteile, die eigene Engherzigkeit zu überwinden.

Aber ist das nicht vollkommen anachronistisch und überholt? George Eliot schrieb vor mehr als anderthalb Jahrhunderten, mitten im Viktorianischen Zeitalter, als die Privilegierten vielleicht wirklich in einem Elfenbeinturm von sozialem Desinteresse und moralischer Selbstgerechtigkeit lebten. Heute dagegen, in einer hochgradig sensibilisierten Informationsgesellschaft, in der wir gelernt haben, für jede Opfergruppe und jede verdrängte Realität aufmerksam zu sein – da scheint die von Eliot diagnostizierte Verweigerung von Empathie und Mitgefühl kein so dringendes Problem mehr darzustellen. Warum sollen immer noch ausgerechnet die Produkte der Hochkultur dazu nötig sein, der Vernagelung und Herzensträgheit entgegenzuwirken?

Es hat damit zu tun, dass wir auch als moderne, wohlunterrichtete Zeitgenossen keineswegs automatisch seelisch wach und einfühlsam sind. Wir besitzen genauso wie die Angehörigen früherer Epochen die Fähigkeit, das Unwillkommene aus dem Kreis unserer Wahrnehmung auszuschließen und dem Ungeliebten unsere Anteilnahme zu versagen. Was wir aus der Fülle der uns überreichlich zugänglichen Realität wirklich an uns heranlassen, hängt von Meinungsmoden, persönlichen Interessen und den Wertmaßstäben unserer Peergroups und Milieus ab; unsere Wahrnehmung ist in Wahrheit äußerst selektiv und bestätigt uns, wenn wir ehrlich sind, viel öfter in unseren mitgebrachten Annahmen, als dass sie uns und unsere Lieblingsvorstellungen in Frage stellt. Kein Bericht über die Verfolgung von Muslimen irgendwo auf der Welt vertreibt den

Widerwillen, den der Islamfeind im Angesicht einer Kopftuchträgerin empfindet. Keine Nachricht über die wohltätige Stiftung eines Unternehmers lässt einen harten Linken seinen Hass auf die Kapitalistenklasse vergessen. Unsere Parteinahmen und Gesinnungsgewohnheiten begrenzen unsere moralische Phantasie und oft auch schon unsere Neugier.

Bildung funktioniert anders. Man kann sich entschließen, ein Buch gar nicht erst zu öffnen, und man kann die Lektüre wieder abbrechen – aber solange man liest, ist man in der Hand des Autors oder der Autorin und ihren Gestalten oder Gedanken weitgehend schutzlos ausgesetzt. Was sie uns zeigen wollen, das müssen wir anschauen. Wir haben es auszuhalten und uns damit zu beschäftigen. Die Augen, die zum Lesen geöffnet sind, lassen sich für die Vorstellungskraft nicht schließen. An einem Bettler, der am Rand des Bürgersteigs sitzt, können wir vorübergehen und auch von ihm wegsehen. Dem Bettler, der in einem Roman vorkommt, vermögen wir dagegen nicht auszuweichen. Er ist aus der Handlung nicht wegzudenken, wir müssen seine Geschichte anhören, wir können ihn nicht auf ein Stück Statistik reduzieren und ihm die volle Menschlichkeit verweigern. Ein Kunst- oder Denkwerk zwingt uns paradoxerweise unerbittlicher zur Auseinandersetzung mit der Realität als die Wirklichkeit selbst oder ihre scheinbar so exakte mediale Wiedergabe.

«Wenn wir», schreibt George Eliot in ihrem eben erwähnten Roman «Middlemarch», «ein genaues Bild und Empfinden alles normalen menschlichen Lebens hätten, dann wäre es, als würden wir das Gras wachsen und das Herz des Eichhörnchens schlagen hören, und wir würden tot umfallen von dem Brüllen, das auf der anderen Seite des Schweigens liegt. So wie die Dinge stehen, laufen die Gescheitesten von uns dick eingepackt in Dummheit herum.» Von dieser Dummheit der Empfindungslosigkeit befreien uns die Meisterwerke der Kultur, es ließe sich auch sagen: Sie verbieten sie uns. Unserer dicken Seelenpolster ledig, können und müssen wir das Gras wachsen und das Eichhörnchenherz schlagen hören.

Oft ist es dabei gerade die vermeintliche Ferne der großen Werke, ihre mangelnde unmittelbare Aktualität und Eingängigkeit, die sie zu einer Schule der Einfühlung macht. Studenten beklagen sich gelegentlich, dass sie sich mit den Figuren eines literarischen Klassikers oder einer historischen Konstellation nicht identifizieren könnten, dass sie sich darin nicht wiederfänden. Doch liegt eben darin der Sinn der Sache, das Wesen von Bildung: nicht immer und überall nur sich und seine Welt wiederzufinden.

Bildung konfrontiert uns mit Problemen, von denen nicht schon dauernd im Fernsehen die Rede ist. Sie bringt uns mit Ideen und Leuten zusammen, die uns keineswegs von vornherein vertraut und sympathisch sind und die wir uns selbst als Gesellschaft vielleicht gar nicht ausgesucht hätten – von den aggressiven Helden Homers bis zu den nervösen Heldinnen von Virginia Woolf. Genau dieser Zwang zur Selbstüberschreitung, zum Verlassen der eigenen Bequemlichkeitszone und zum Sicheinlassen auf das Unbehagliche ist der, wenn man so reden will, moralische Effekt der Bildung. «Ich glaube», hat Franz Kafka 1904 in einem Brief geschrieben und das Lob der Sensibilisierungswirkung der Literatur in einer ganzen Kaskade von dramatischen Bildern auf die Spitze getrieben, «man sollte überhaupt nur noch solche Bücher lesen, die einen beißen und stechen. Wenn das Buch, das wir lesen, uns nicht mit einem Faustschlag auf den Schädel weckt, wozu lesen wir dann das Buch? ... Ein Buch muss die Axt sein für das gefrorene Meer in uns.»

Nicht ganz ehrlich wäre es aber, bei den Lebenskonsequenzen der Bildung nur an humane Aufrüttelung zu denken, an selbstlose Gefühle wie Toleranz, Solidarität oder Empathie. Es gibt auch noch eine andere Art menschlichen Gewinns, rein persönlich und individuell, etwas, das bloß für uns und uns allein da ist. Es ist das Geschenk der inneren Freiheit.

Denn sosehr Bildung Einfühlung lehren kann, so sehr schafft sie auch Distanz – Distanz nicht zu Menschen, sondern zu Betriebsamkeit und ödem Nützlichkeitsdenken, zum Diktat von Trends, Mehrheiten und Konsensen, zu einer vermeintlich alternativlosen Gegenwart. Bildung macht selbstbewusst, sie verleiht einem die ruhige Gewissheit, dass man nicht alles mitmachen und nicht bei allem dabei sein muss. Sie weiß, dass es Dinge gibt, die keinem praktischen Zweck dienen und trotzdem kostbar sind. Sie lehrt und lernt nicht für den Standort Deutschland, den sozialen Fortschritt oder das eigene Vorankommen, sondern weil Wissen besser ist als Ignoranz und Schönheit ein Grundbedürfnis des Menschen. Bildung respektiert das «Wir» der großen, auch anspruchsvollen und verpflichtenden Tradition, und sie pflegt das «Ich» des Einzelnen mit seinen Vorlieben, seinen Leidenschaften und selbst seinen Kuriositäten. Was ihr dagegen vollkommen gleichgültig ist, worauf sie keinerlei Rücksicht nimmt, wofür ihr jede Achtung fehlt, ist das anonyme, angepasste, graue «Man».

Irgendwann in meiner Schulzeit tauchte bei uns zu Hause ein Band mit den Reden, Essays und Interviews des Schriftstellers Stephan Hermlin auf. Mein Vater liebte dieses Buch und las gelegentlich besonders schöne Passagen daraus vor. Hermlin war ein DDR-Autor (den sozialistischen deutschen Staat gab es damals ja noch); er ist auf dem Dorotheenstädtischen Friedhof in Berlin beigesetzt, von dem ich im Kapitel über die Erinnerung erzählt habe. Obwohl Stephan Hermlin ein alter Kommunist und mit hohen Parteiführern befreundet war, ließ seine Linientreue immer wieder zu wünschen übrig, und er geriet öfter ins Visier der dogmatischen Gesinnungshüter, die in der DDR über die Rechtgläubigkeit des Kulturlebens wachten.

Auf einem Schriftstellerkongress im Mai 1978 verteidigte Hermlin sich gegen seine Kritiker und Verdächtiger. Er bezeichnete sich selbst als «spätbürgerlichen» Autor, was in den Ohren seiner Gegner nach Dekadenz und überkomplexer Verfeinerung geklungen haben muss. Aber Hermlin dachte gar nicht daran, sich für sein Geschichtsbewusstsein, seine Belesenheit und seinen exklusiven ästhetischen Geschmack zu entschuldigen. Im Gegenteil: Er stellte den Marxismus selbst als ein immens voraussetzungsreiches Projekt dar, das sich allein vor dem Hintergrund eines gewaltigen historischen Erbes verstehen und nur als seine Fortsetzung verwirklichen ließ. «In der Tat», erklärte Hermlin seinem Publikum in Ostberlin, «ist ein kommunistischer Schriftsteller ein Sohn aller nach vorn und nach rückwärts gewandten Utopien, ein Sohn von Ketzern und heiligesprochenen Märtyrern, die vor ihm haben die Zehn Gebote geschrieben und die Bergpredigt, er stammt von Spartakus ab, aber auch von Franz von Assisi.»

Doch Marxismus hin oder her: Stephan Hermlins stolzer Auftritt war vor allem eine Demonstration der inneren Freiheit eines gebildeten Menschen. Niemand, auch seine Freunde und Genossen nicht, sollte glauben, ihn an die Kette des Hier und Jetzt legen zu können. Er hatte immer die Möglichkeit, sich zu entziehen: ins Märchenreich der Phantasie, ins Hochgebirge der Gedanken, in die Felsenhöhlen der Geschichte. Hermlin schloss mit einem kurzen Gelegenheitsgedicht des österreichischen Autors Franz Grillparzer aus der Mitte des 19. Jahrhunderts. Wenn das Land Bildungstan eine Hymne bräuchte, würde ich diese vier Zeilen in Musik setzen lassen:

Will unsere Zeit mich bestreiten,
Ich lasse es ruhig geschehn.
Ich komme aus anderen Zeiten
Und hoffe, in andre zu gehn.

MIX
Papier aus verantwortungsvollen Quellen
FSC® C083411
www.fsc.org

Das für dieses Buch verwendete Papier ist FSC®-zertifiziert.